高职高专公共基础课教材

应用文写作实训教程

（第2版）

郭雪峰　岳五九　主编

U0361863

清华大学出版社

北　京

内 容 简 介

应用文写作既是一门文化基础课，也是一门职业能力训练课，更是一门人文素质课。本书在编写过程中，本着"以服务为宗旨，以就业为导向"的原则选择文种，突出"理论够用，重在实践"的职业教育特色，以能力培养为根本，以工作过程为主线，以工作项目为载体进行教材整体设计。全书分为 3 个模块：就学期间文书、从业期间文书及专业领域文书，每个模块下面分设若干项目，每个项目下又分设若干任务。在每一个任务下，又设计了案例赏析、范文选读、知识聚焦、小卡片、特别提醒、病文评析、任务演练等栏目。

本书可作为高职高专各专业的教材，还可作为机关、企事业单位文员和其他相关从业人员的培训用书或自学参考用书。

图书在版编目(CIP)数据

应用文写作实训教程 / 郭雪峰，岳五九　主编. —2 版. —北京：清华大学出版社，2016(2024.3 重印)
(高职高专公共基础课教材)
ISBN 978-7-302-44094-9

Ⅰ. ①应… Ⅱ. ①郭… ②岳… Ⅲ. ①汉语－应用文－写作－高等职业教育－教材 Ⅳ. ①H152.3

中国版本图书馆 CIP 数据核字(2016)第 132432 号

责任编辑：王燊娉　胡花蕾
封面设计：赵晋锋
版式设计：方加青
责任校对：成凤进
责任印制：刘海龙

出版发行：清华大学出版社
　　　　网　　址：https://www.tup.com.cn，https://www.wqxuetang.com
　　　　地　　址：北京清华大学学研大厦 A 座　　　　邮　　编：100084
　　　　社 总 机：010-83470000　　　　　　　　　　邮　　购：010-62786544
　　　　投稿与读者服务：010-62776969，c-service@tup.tsinghua.edu.cn
　　　　质 量 反 馈：010-62772015，zhiliang@tup.tsinghua.edu.cn
　　　　课 件 下 载：https://www.tup.com.cn，010-62781730
印 装 者：三河市铭诚印务有限公司
经　　销：全国新华书店
开　　本：185mm×260mm　　　印　　张：20.25　　　字　　数：408 千字
版　　次：2012 年 6 月第 1 版　　2016 年 11 月第 2 版　　印　　次：2024 年 3 月第 10 次印刷
定　　价：59.00 元

产品编号：069292-03

前　言

　　"应用文写作"既是一门文化基础课，也是一门职业能力训练课，更是一门人文素质课。作为一门操作性极强的学科，其在学生的学校生涯、求职过程、就职期间和日常生活中都发挥着重要作用。对于职业院校学生来说，他们的学习是为将来的就业作准备，能否掌握必需的应用文写作技巧和使用方法，对其求职、工作和生活将产生重要的影响。

　　《国务院关于加快发展现代职业教育的决定》(国发〔2014〕19 号)指出高等职业教育的基本任务是"培养高素质劳动者和技术技能人才"，强调要"全面实施素质教育"。据本教材编写组前期调查，"文案写作及表达能力"是当前用人单位最需要的能力素质之一。带着这份责任，我们组织了相关领域的资深专家和一线的教育工作者，并与行业企业联手，探讨文化素质课程"应用文写作"的建设与改革。2013 年，本编写组开发的"财经应用文"获省级精品资源共享课程立项。该课程依托安徽工商职业学院校内精品资源共享课程网络建设平台，建立了课程网站，免费对外开放。目前，该网站的点击量已经超过 7 万次，免费下载教学材料千次以上，教学成果得以推广，社会反响很好。在此基础上，应清华大学出版社的邀请，研发了本教材。

　　本书在编写过程中，本着"以服务为宗旨，以就业为导向"的原则选择文种，突出"理论够用、重在实践"的职业教育特色，以能力培养为根本，以工作过程为主线，以工作项目为载体进行了教材整体设计，并体现出如下特点：

　　(1) 充分体现工学结合、任务驱动、项目导向的课程设计思想。

　　(2) 强调学生职业能力的培养，将能力目标置于首位。

　　(3) 教学项目设置充分发挥学生学习的自主性，贴近学生，贴近生活。

　　(4) 编写体例新颖。全书以项目、任务为载体，穿插案例赏析、范文选读、病文评析、知识聚焦、特别提醒、任务演练、知识拓展等。

　　(5) 注重权威性。书中案例多采用国企、事业单位、著名私企、外企的实际例子，以提高本书的含金量。

　　本书由安徽工商职业学院郭雪峰老师、安徽水利水电职业技术学院岳五九老师担任主编，负责全书的整体结构设计及修改定稿工作；由安徽工商职业学院周新春老师担任副主编；其他参与编写的还有安徽工商职业学院葛成飞、刘晓红、刘海燕等老师。

　　本书在编写过程中，参考了一些相关资料，引用了一些研究成果，在此一并表示谢忱。由于编写时间仓促、编者水平有限，不足之处在所难免，恳请各位专家、同行和读者批评指正，以期日臻完善。我们的反馈邮箱是：wangshenping2006@sina.com。本书的相关教学课件、习题答案，可以从 http://www.tupwk.com.cn/网站下载。

郭雪峰

2016 年 3 月

目　　录

项目综述 …………………………………………………………………………… 1
　　任务一　应用文概述 ………………………………………………………… 2
　　任务二　应用文的写作基础 ………………………………………………… 6

模块一　就学期间文书 ………………………………………………………… 18
　项目一　校园活动 ……………………………………………………………… 18
　　任务一　申请书 ……………………………………………………………… 19
　　任务二　演讲稿 ……………………………………………………………… 24
　　任务三　主持词 ……………………………………………………………… 31
　项目二　实习实践 ……………………………………………………………… 37
　　任务一　实习报告 …………………………………………………………… 38
　　任务二　毕业设计 …………………………………………………………… 46
　　任务三　毕业论文 …………………………………………………………… 52
　项目三　求职应聘 ……………………………………………………………… 60
　　任务一　求职信 ……………………………………………………………… 61
　　任务二　个人简历 …………………………………………………………… 68
　　任务三　竞聘书 ……………………………………………………………… 73

模块二　从业期间文书 ………………………………………………………… 82
　项目一　行政公务 ……………………………………………………………… 82
　　任务一　通告 ………………………………………………………………… 83
　　任务二　通知 ………………………………………………………………… 92
　　任务三　通报 ………………………………………………………………… 99
　　任务四　报告 ………………………………………………………………… 105
　　任务五　请示 ………………………………………………………………… 114
　　任务六　函 …………………………………………………………………… 121
　项目二　事务活动 ……………………………………………………………… 130
　　任务一　条据 ………………………………………………………………… 131
　　任务二　计划 ………………………………………………………………… 135
　　任务三　总结 ………………………………………………………………… 142

任务四　述职报告 ………………………………………………… 148

项目三　社交礼仪 …………………………………………………… 159

任务一　请柬 ………………………………………………………… 160

任务二　欢迎词 ……………………………………………………… 163

任务三　欢送词 ……………………………………………………… 167

任务四　答谢词 ……………………………………………………… 172

任务五　感谢信 ……………………………………………………… 176

项目四　专题会务 …………………………………………………… 182

任务一　会议通知 …………………………………………………… 182

任务二　开幕词与闭幕词 …………………………………………… 187

任务三　会议记录 …………………………………………………… 195

任务四　会议简报 …………………………………………………… 199

任务五　纪要 ………………………………………………………… 205

模块三　专业领域文书 ……………………………………………… 214

项目一　调研策划 …………………………………………………… 214

任务一　市场调查报告 ……………………………………………… 215

任务二　市场预测报告 ……………………………………………… 222

任务三　可行性分析报告 …………………………………………… 230

任务四　营销策划书 ………………………………………………… 237

任务五　活动策划书 ………………………………………………… 249

任务六　广告策划书 ………………………………………………… 257

项目二　经贸合作 …………………………………………………… 271

任务一　招标书 ……………………………………………………… 271

任务二　投标书 ……………………………………………………… 278

任务三　合同 ………………………………………………………… 283

项目三　法律事务 …………………………………………………… 293

任务一　起诉状 ……………………………………………………… 293

任务二　上诉状 ……………………………………………………… 300

任务三　答辩状 ……………………………………………………… 306

参考文献 ……………………………………………………………… 315

项 目 综 述

能 力 目 标

● 正确把握应用文的写作特点，并能运用写作知识在实践中应用。

知 识 目 标

● 了解应用文的性质、作用等方面的知识以及应用文与一般文体写作的区别。
● 理解应用文的主题、材料、结构、表达方式及语言的概念、特点。
● 掌握应用文体写作要求。

项 目 导 航

秋风送爽，丹桂飘香，安琪同学考上了一所理想的高职院校。很快，安琪和她的同学们就接到了一个任务：辅导员让每位新同学写一份入学计划。安琪心想，这太简单了，自认为在写作方面不是弱项，还在校报上发表过许多散文、诗歌。很快她就把新学期计划交给了辅导员，没想到被退了回来。辅导员说她写的是一篇散文，不是应用文体。安琪陷入了思考……什么是应用文呢？该如何写这个入学计划呢？

任务一 应用文概述

 案例赏析

"博士"寻驴

从前，有一位老先生，学富五车、才高八斗，人称"博士"。有一天家人告诉他，家里一头黑驴丢失了，请老爷写个寻驴启事。"博士"磨墨铺纸，提笔运腕，一张《寻驴启事》一气呵成，墨迹未干就张贴在闹市口了。几天过去了，一点消息也没有。"博士"来到闹市口一看，启事还在，不少人在围观。有人正摇头晃脑地给大家念着："……我中华古国历史悠久、文化灿烂、民风淳朴、文明教化……盘古开天……唐宗……宋祖……"一个寻驴启事洋洋洒洒几千字下去，还没提到一个"驴"字。围观的人没等念完，就四下散去。

上述案例中"学富五车、才高八斗的'博士'"的寻驴启事之所以没有达到预期的目的，重要的原因就是他没有把握好应用文写作的特点。

范文选读

关于联系教师进修学习的函

××大学：

为了提高我校青年教师的教学能力，我们拟抽出五名教师，到贵校文学院脱产进修一年，2014年9月1日开始，到2015年6月30日结束。有关费用按照上级文件规定缴纳。

特此函达

××中学(印章)

××××年××月××日

简评：

这是一份公文。全文由标题、主送机关、正文、落款几部分组成，结构完整，格式规范，行文简洁庄重。

一、应用文的概念和特点

应用文，是指国家机关、社会团体、企事业单位及人民群众在处理各种事务时，经常使用的、具有直接实用价值和规范体式的文字信息载体。

应用文在不同的历史时期起着不同的作用，随着社会的发展，应用文的使用范围将更加广泛，其作用也越来越被人们重视。它不但是国家机关、社会团体、企事业单位等进行行政管理、开展业务工作、传达信息情况的重要载体，也是个人表达意愿、沟通关系、处理事务的重要工具。

作为一种"应用"文体，应用文与小说、诗歌、戏剧、散文等文学作品相比，有着自己独特、鲜明的个性。

(一) 鲜明的实用性

实用，是应用文的根本属性，是应用文与其他文体最本质的区别，也是衡量应用文优劣的一条重要标准。如找工作，需要写求职信等文书；开发出来的新产品要投放市场，就需要写产品(商品)说明书；要组织货源，就要与有关单位签订经济合同；产生了纠纷，要诉诸法律，要写诉讼文书等。

(二) 客观的真实性

真实，是一切应用文的共同特点。真实性是指内容必须从实际出发，实事求是地反映客观事物的真实面貌，准确无误地传递信息。例如向上级报告或请示时，如果材料虚假，就是欺骗上级；一篇市场预测报告，如果没有深入地进行市场调查，闭门造车，就不能正确地指导生产和经营；一份起诉书，如果不符合实际情况，就成为诬告；一则新闻，如果虚构人物、事件，就破坏了新闻工作者在群众中的威信。

(三) 规范的程式性

程式性是指应用文大多有固定的文体格式和处理程序。尤其是党政机关公文，其版面格式、书写规范、用纸规格、行文规则等都有着明确而具体的规定，任何人无权更改。

(四) 严格的时效性

时效性是指应用文要写得及时、发得及时、办得及时。应用文不同于一般文章，可以随意有感而发，它是服务于生活或工作的实际需要的，是为某项具体事务而写作的，而事务又总是在不断发展变化，人们的决策、措施要适应当前形势，才能充分发挥应用文的作用。例如，会议通知一定要在开会之前发出，否则就会耽误工作；

计划、合同之类的应用文，都是有阶段性的，当其执行的期限一过，也就随即失去了效力。

(五) 明确的针对性

针对性是指应用文有着明确的范围、特定的读者。应用文是为处理具体事务、解决实际问题而写作的，讲究有的放矢。如求职信要针对求职的意向，来突出求职者在这方面的优势，否则就难以达到写作的目的。批复必须是针对请示的问题进行答复，否则就是答非所问。

二、应用文的作用

作为一种工具，应用文在国家行政机关的管理工作、工商企业的生产经营活动、公用事业单位和社会中介机构的服务活动以及人民群众个人的社会交往中，都发挥着十分重要的作用。

(一) 宣传教育的作用

宣传教育的作用，是指通过应用文来宣传和贯彻党的路线、方针、政策。如行政公文的发布，绝大多数是向人民群众宣传党和国家的方针、政策，宣传单位的典型经验和个人的先进事迹。法律文书的发布，警示、规范着人们的行为，起着宣传人民、教育人民、打击罪犯的作用。

(二) 沟通协调的作用

沟通协调的作用，是指机构、团体、企事业单位之间通过应用文协商、联系工作。现代社会，无论个人与个人之间、单位与个人之间还是不同单位之间的交流都日益频繁，都需要进行信息传递，加强沟通与联系，这是工作得以顺利开展的重要前提。应用文在沟通上下左右关系、交流信息、联系情感、协商事宜等方面起着重要的作用，如函、报告、合同等。

(三) 规范行为的作用

机关应用文的许多种类，都不同程度地规定了人们的行动准则和行为方向，特别是法规性和政令性文件，对于人们该干什么、不该干什么，在什么时间、什么范围、什么问题可干或不可干，能干到什么程度等，都有明确的规定。这类文件对于维护正常的社会秩序、安定社会生活、保障公民的合法权益等方面均有极其重要的作用。

(四) 提供凭据和资料的作用

应用文是一种确定的文字记录，记载着各个时期方方面面的情况，它一方面可以作为今后检查和监督的依据，另一方面可以为制定新方针、政策提供重要的依据和参考。

我国历史上最早的应用文是：晚清在河南安阳发现的殷商时期刻在甲骨上的"卜辞"。

在我国历史上第一次正式提出"应用文"这一概念的是清代学者刘熙载。

病文评析

刘老师：

您好！我因身体不适，不能坚持上课，请假一天，请批准。

此致

　　敬礼

学生：王明

评析：

这份应用文在结构、内容及格式方面都存在问题，如缺少标题、患病情况不详、请假时间不具体、不必要的问候语、"敬礼"位置不对、落款缺少日期等。

任务演练

请以"我看应用文"为题写一篇文章，谈谈你对应用文的看法。

知识拓展　任务驱动式教学

任务驱动式教学，本质上是通过"任务"来诱发、加强和维持学习者的成就动机。成就动机是学生学习和完成任务的真正动力系统。任务作为学习的桥梁，"驱动"学生完成任务的，不是老师也不是"任务"，而是学习者本身，更进一步说，应是学习者的成就动机。因此，任务并不是静止和孤立的，它的指向应是学习者成就动机的形成，即任务是一个由外向内的演化过程，是以成就动机的产生为宗旨的。"任务驱动"就是通过"任务内驱"走向"动机驱动"的过程。

当然，任务驱动式教学不可能排除"被动"，但这不能成为教师和任务"驱使"的理由。教育的起点和终极目标都是学习者的"自主"和"自动"，任何其他因素都不能取而代之。

任务二 应用文的写作基础

案例赏析

小王写材料

小王刚从某大学毕业,就很幸运地被一商业集团公司录用。不久,公司领导刘主任交给他一项工作任务:写一份材料,向上级部门汇报本公司是如何加强政治思想工作的,取得了什么成绩,还存在哪些问题,并要提出今后的工作思路。很快,小王就交了稿。看着小王的文稿,刘主任不禁摇了摇头。原来,小王写得很花哨,文稿中一会儿是描写,一会儿是抒情,汇报内容很不明晰,让人难以把握主题。

上述案例告诉我们:写好规范的、符合要求的应用文,需要了解和掌握应用文写作的基本理论和基础知识。

 范文选读

关于组织教师参加"技能型紧缺人才培养培训工程"培训的通知

各市(州、地)教育局职成教处、各高等职业技术学院、各中等职业学校:

为进一步推进技能型紧缺人才培养培训工程的实施,教育部职成教司动员并依托相关行业、企业,组织优质师资培训资源,下发了《关于委托相关行业、企业对参加"技能型紧缺人才培养培训工程"的职业院校专业教师进行培训的通知》(教职成司函〔2015〕46号),对数据技术应用、计算机应用与软件技术、汽车运用与维护、护理4个专业的教师进行培训。培训项目多、技术新、内容丰富、形式多样,是职业院校专业师资的好机会。

请各校根据本校专业建设需求自行与各培训承办单位联系,派有关人员参加培训。同时,将培训教师名单报省教育厅职称处备案。

特此通知

×××× 年 × 月 × 日(章)

简评:

这是一份公文"通知"。全文主题明确,材料恰当,结构完整,语言简洁庄重。

 知识聚焦

一、应用文的主题和材料

(一) 主题

主题又称主旨,是作者通过文章的各种材料所表现出来的核心思想和主要意图。应用文的主题就是通过文章的内容表达出来的基本观点、写作意图等。

主题是文章的灵魂和统帅,决定着文章的质量高低、价值大小。首先,主题决定着材料的取舍和使用;其次,主题统领文章的结构;最后,主题制约着语言的运用。

应用文的主题要求正确、集中、鲜明。

1. 正确

正确,是指主题要以马列主义、毛泽东思想、邓小平理论为指导,符合党和国家的方针政策、法律、法规,同时也要符合客观实际,反映出客观事物的本质与规律。

2. 集中

集中,是指一篇文章只能有一个主题,材料的使用、谋篇布局、遣词造句,都要为突出这个主题服务。

3. 鲜明

鲜明,是指作者的基本态度、文章的基本思想十分明确,毫不含糊。对问题的认识、对事物的评价、主张什么、反对什么、应该怎样做、不应该怎样做、解决什么问题、达到什么目的,都要旗帜鲜明地表达出来,不能含糊其辞、模棱两可。

应用文主题的提炼要做到两个方面:一是正确理解和深刻领会办事意图;二是立足实际,具体问题具体分析,不生搬硬套。

应用文表现主题的方法主要有以下几点:

1. 标题明旨

标题明旨,即用标题来彰显主题,概括文章的中心。例如《国务院办公厅关于做好农民进城务工就业管理和服务工作的通知》中,做好农民进城务工就业管理和服务工作就是这篇通知的主题。

2. 开宗明意

开宗明意,即开门见山,在开头部分亮出观点、点明主题,给人以鲜明的印象,然后再逐步展开阐述。如刘传《中国"汽车"必须急转弯》这篇报道,开篇就写道:

"人们普遍认为：WTO 将会冲击我国汽车工业。因此，笔者提出'中国汽车必须急转弯'这一前瞻性命题，旨在希望我们的汽车工业能顺利驶入经济全球化的高速公路与国际接轨。"

3. 提炼领句

提炼领句，即在文章的每一段通过提炼领句来突出该段的旨意。晋人陆机在《文赋》中说："立片言以居要，乃一篇之警策。"意思是说，写文章时提炼一些重要语句，并把它放在关键之处，用以揭示文章的主题或段落的中心。一些内容较多、篇幅较长的应用文，多采用此方法。如《积极稳妥　有序推进——××市乡镇企业产权改制的调查》，其主体内容分为三个部分，每部分的领句分别是：①强化资产评估，防止资产流失；②平稳过渡，减少震动；③适应企业改制，机关也要改制。

4. 篇末结意

篇末结意，即在文章结尾处，用简明扼要的文字归纳出主题，加深读者的印象。如《国内软件市场：正在发育　前景光明》，在列举了大量事实和数据并进行了分析之后，在篇末这样作结："从统计的汇总情况分析，国内的软件市场目前正处于发育阶段，市场前景十分光明。整个市场能否迅速进入成长期，取决于软件开发商能否尽快开发出适合市场需求的软件产品，销售商能否提高他们的服务质量，并有效地引导消费。"

(二) 材料

材料，是指作者为完成文章的写作，体现自己的写作意图和目的，从实际工作、学习、生活中搜集、摄取的一系列事实根据和理论根据，如人物、事件、数据、例证、原因、道理等。

应用文的内容是由主题和材料组成的。主题统帅材料，而主题又依靠材料来表现。因此，在应用文写作中，如何运用材料就显得十分重要。

应用文的材料要求切题、真实、典型及新颖。

(1) 切题，就是要根据文章主题的需要来决定材料的取舍，主题与材料相一致。凡是和主题无关的材料，不管它本身有多么生动都应该毫不犹豫地舍弃。只有与主题有关、能表现主题的材料，才可以留用。

(2) 真实，是指应用文中涉及的人和事必须确有其人、真有其事，就连始末细节也绝对真实可靠。这是由应用文的实用性目的所决定的。

(3) 典型，是指那些最具有特征、最具有代表性、最能反映事物本质的材料。应用文体中所选用的材料，不在于多，贵在精，精就精在"典型"上。抓住了典型，就抓住了事物的本质和主流，就能够揭示出事物的本质和规律。典型的材料，可以起到以少胜多、以一当十的作用。

(4) 新颖，主要是指材料新、角度新。一是新近发生的别人未曾使用过的、鲜为人知的材料，如新人、新事，新方针、政策，新的统计数字，新成果，新发生的问题等；二是虽为人知，但作者能变换角度从而发掘出新的内涵，令人耳目一新的材料。

在应用文的写作中，使用材料还应注意以下几点。

(1) 合理安排顺序。材料不能随意摆放，而要根据表现主题的需要安排材料的顺序，如哪些材料在前、哪些材料在后，把材料的先后顺序安排得当，使材料与观点和谐地统一起来。无论哪种顺序，都是本着利于突出主题、条理清楚、易于读者接受的原则。

(2) 详略得当。材料不能原封不动地搬进文章中，而是要进行详略处理。根据文章的撰写目的，需要重点说明的问题，所使用的材料要详，非重点的则略。

二、应用文的结构

结构是指文章内部的组织和构造，是作者按照主题的需要，对材料所进行的有机组合和编排，又称谋篇布局。文章的结构体现在两个方面：一是内在联系，即材料和观点，部分与整体间的条理、脉络；二是外部形式，即标题、开头、主体、段落、结尾等外在要素的安排。

(一) 结构的要求

应用文的结构不能像文学作品那样富有创造性，要符合客观要求。由于反映情况的角度、方法、容量各不相同，在布局结构上亦有所不同。如"学术论文"一般分为绪论、本论和结论 3 部分；"消息"宜采用"倒金字塔"式的布局。无论哪种类型的应用文，其结构都应完整、严谨、清晰。

1. 完整

完整，要求文章的开头、结尾、主体各个部分都要齐全，没有缺陷。各部分内容安排要合理恰当，不能虎头蛇尾，首尾要圆通。

2. 严谨

严谨，要求层次、条理之间的联系要紧密，脉络通畅自然。

3. 清晰

清晰，要求文章的纲目、段落要清楚，使人一目了然。应用型文章不追求曲折波澜，只要求清晰、醒目，便于把握要领即可。

(二) 结构的安排

1. 精心构思，理清思路

在下笔写作之前，首先要理清事物发展的顺序或逻辑关系；其次要梳理好自己的思路过程；最后根据前面的认知和写作意图，确定要表达事物的逻辑顺序。

2. 确定体式，安排布局

应用文虽有比较固定的格式，但因文种繁多，准确地选定文种显得尤为重要。无论哪类文体，在主体的结构方面都要事先筹划、全面安排。

3. 围绕思路，划分层次与段落

层次和段落是安排文章结构的重要环节。应用文的层次与段落有其自身的特点，它要求意思相对完整与独立。分段要注意整体匀称，长短适中；层次一般没有外在形式的标志，往往要靠段落来体现。安排层次的方式有：纵式(时间顺序式)、横式(空间转换式)、综合式(纵横交错式)；总分式、并列式、递进式。

4. 正确处理详写与略写

一般情况下，对于应用文写作，人们喜欢采用点面结合的方法，"点"上的内容详写，重点突出；"面"上的材料一般采用略写。但要注意，详写不是堆砌材料，略写也不等于不用材料，只要做到主次分明、疏密相间、配置合理就可以了。至于哪些材料详写、哪些材料概括地写，要根据主旨需要和文体要求来决定。

(三) 结构的基本内容

1. 开头

应用文的特点决定了其开头宜开门见山，越简洁越好。常用的开头方式有：

(1) 概述情况式。开头简要概述有关基本情况或背景。报告、纪要、总结、调查报告等常用此法开头。

(2) 说明根据式。开头引用上级指示精神、法律法规等说明撰文的根据，常以"根据""按照""遵照"等词语领起下文。党政机关公文等常用此方式。

(3) 直陈目的式。开头常以"为了""为"等领起下文，说明撰文目的。法规制度、合同、通知、决定等常用此方式。

(4) 引述来文式。开头引述对方来文、来电的标题、文号等，说明行文的缘由。批复、复函使用此方式开头。

(5) 交代原因式。开头常以"由于""因为""鉴于"等领起下文，陈述行文原因。

(6) 提出问题式。开头提出问题，提示文书的主旨，以引起读者注意与思考。各类调查报告常用此方式。

2. 主体

主体部分是文书的核心部分，要求思路清晰、逻辑严密。主体部分的结构安排方式主要有以下几种：

(1) 纵式。即按照时间推移或事物发展的过程来排列层次。一种是按照时间先后、事情的发展变化过程来安排层次；另一种是内容之间层层推进、逐层深入的递进式。情况通报、总结等文书的正文常用这种方式安排层次。

(2) 横式。即按照事物的不同方面或不同类别来排列层次，层次之间是平行的并列关系。总结、经济活动分析报告等常用此方式安排层次。

(3) 纵横交叉。即按照纵向推进和横向展开综合起来安排层次。一些内容较复杂、篇幅较长的文书多使用此方式。

3. 结尾

应用文的结尾要求干脆利索、简洁明了，有的没有安排单独的结尾。常见的结尾方式有：

(1) 总结式。在结尾处对文中的主要观点或问题进行归纳或总结，使读者对全文有较完整的印象。

(2) 指示式。在结尾处提出希望或要求，一般用于公文的下行文书。

(3) 请求式。在结尾处向上级或业务主管部门提出请求或意见。

(4) 说明式。在结尾处说明文书的生效日期、解释权等。如合同、规章制度等的结尾。

(5) 祝愿式。在结尾处表达美好的祝愿或未来愿景等。礼仪文书的结尾常用此方式。

三、应用文的表达方式及语言

(一) 应用文的表达方式

表达方式，又称表现方式、表达手段。表达方式有叙述、描写、抒情、议论和说明。应用文写作最常用的表达方式是叙述、议论和说明。现就各表达方式在应用文中的表现特点介绍如下。

1. 叙述

叙述主要用来交代事物的基本情况，事件发生、发展与变化的过程，介绍人物的经历和事迹，说明问题的来龙去脉、原因与结果等。

叙述方法以顺序为主，即以时间先后为序。

叙述人称主要是使用第一人称和第三人称。

叙述的基本要求：概括、直接、真实。

2. 说明

说明主要用于解说事物的形态、构造、特征、成因、关系及功能等。

说明的主要方法有：定义、诠释、举例、分类、引用和图表说明等。

说明的要求：客观、准确、科学、通俗。

3. 议论

议论是指对客观事物进行分析，作出评价或判断，表明立场、观点和态度，是叙述和说明的补充手段，往往只是点到即止，不作深入论证。

议论的要求：庄重、明快。

4. 描写

描写是用来描绘、摹写人物、事物、景物的形态与特征。

使用较少，通常用白描手法，很少工笔细描，即抓住主要特征，以简练的笔触真切地加以描绘。

5. 抒情

抒情即抒发感情，一般是间接抒情，即在叙事和说明中包含感情色彩，很少直抒胸臆。

(二) 应用文的语言

语言是人类的思维工具和最重要的交际工具，也是进行写作、表达内容、构成文章的物质手段。一篇文章，有了思想内容，有了组织结构，最终都要通过语言文字表达出来，只有这样才能使其成为有形的东西。应用文功能的特殊性，决定了其在语言上有着特殊的规定与要求。

1. 严谨、庄重

应用文写作要能够体现写作者严肃认真的态度和极端负责的精神，其用语应当严谨庄重。

第一，使用规范的书面语言。规范化的书面语言词义严谨周密，正确使用它可使读者正确理解公文，能认真执行而不产生歧义。这里包括应用文写作中一般不用或少用方言词语和土俗词语，尤其在公文和经济事务文书类的各种文体中，非常重视使用"雅语"和"敬语"，如"颁布""届时""请""蒙""谢意"等；不使用口语，如在文件用语中，使用"商榷""业经""拟""不日"等书面语言，而不使用"商量""早已经过""打算"或"不几天"等口语；另外，不使用生造的晦涩难懂的词语和不规范的行话、简称，如称"打击经济犯罪办公室"为"打经办"，称"爱国卫生运动"为"爱卫运动"等。

第二，选用含义明确而限定的词语。词语的信息容量与信息的确定性成反比，如果一个词语的信息容量太大，就会使人们对词语所含内容认识模糊，从而影响对文章的准确理解，甚至因为主观因素的不同而发生歧解。在公文和经济事务类文书里尤其应注意避免使用词义不明确的词语，如"最近表现不好"这句话就不能给人以准确的认识。"最近"是指什么时间，而"表现不好"又缺乏明确而具体的衡量标准。公文在表述事物的状态时，宜用含义单一、确定的数量词、名词、动词和代词，尽量不用或少用副词与形容词。如：说明一项工作任务已"基本完成"，不如说"已完成 80%"更为确定。

2. 准确恰当

准确恰当就是要正确地、恰当无误地表达出所要表达的内容，用词、用语含义清楚，概念恰当明确，不产生歧义，不引起误会。

第一，应用文的语言表述必须符合客观实际，符合逻辑，即概念明确，判断和推理正确而恰当，同时还要符合语法修辞的规范。

第二，遣词造句要严格地把握词语的分寸感和合适度。特别应区分同义词、近义词在适用范围、词义轻重、搭配功能、语体雅俗、词性差别等方面的细微差别。

3. 朴实得体

应用文是处理事务的工具，也是沟通信息的基本方式。因此，强调用语朴实得体。

朴实，指应用文的语言风格平易、自然、朴素、实在，不言过其实、不哗众取宠，而是庄重大方、实实在在。

得体，就是言行得当，恰如其分。一方面要适合特定文体的需要，如公文宜庄重、学术论文应严谨，社交文书需较浓的感情色彩。另一方面要考虑作者自己的身份、写作对象等，如对上行文，用语要尊重、简要；平行文要坦诚、谦虚、热情；下行文要郑重严肃，关怀爱护。

4. 简洁明快

简洁就是力求用较少的文字清楚表达较多、较丰富的内容。这样可以加快阅文办事的节奏，提高办事效率。明快就是要明白晓畅，不晦涩、不呆板，使人一目了然，容易理解、使用或办理。

小卡片　古语解义"结构"

李渔《闲情偶寄·词曲部·结构》："至于结构二字，则在引商刻羽之先，拈韵抽毫之始。如造物之赋形，当其精血初凝，胞胎未就，先为制定全形，使点血而具五官百骸之势。倘先无成局，而由顶及踵，逐段滋生，则人之一身，当有无数断续之痕，而血气为之中阻矣。工师之建宅亦然。基址初平，间架未立，先筹何处建厅，何方开户，栋需何木，梁用何材，必俟成局了然，始可挥斤运斧。"

知识拓展　应用文中的常用习惯语

称谓用语：第一人称用"本""我"，第二人称用"贵""你"，第三人称用"该"等。

开端用语：根据、据、按照、为了、依照、关于等。

经办用语：经、业经、兹经、即经、并经、复经。

期请用语：希、即希、敬希、请、望、敬请、烦请、恳请、即请查照、希即遵照等。

表态用语：应当、同意、不同意、可、不可等。

期复用语：请批示、请核示、请回答、请指示等。
引叙用语：悉、近悉、惊悉、前接、近接等。
结尾用语：此致、特此……、为要、为盼、为荷等。

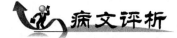 病文评析

介 绍 信

因为我们公司的设备维修不当，导致影响了生产，现在我们公司的领导急得都快要发疯了。所以今派我单位张红等3人前往你处联系学习设备维修有关事宜。你们要予以协助。

此致

敬礼

××除尘设备有限公司

××××年×月×日

评析：

这封介绍信在写作格式、材料选择及语言上均存在问题，如标题没有居中，致敬语的格式不对，开头的材料使用不恰当，语言口语化，人数没有大写，"你们要予以协助"语气不够谦恭等。

知识拓展 应用文语言的"信、达、雅"

应用文写作对语言有两个基本要求，一是要平实和简明，二是要典雅。平实大约相当于古人所说的"信"，就是要表达出事物的真实面目或本质，不务虚言；而简明则相当于古人所说的"达"，要求写文章词句达意、通顺而明白即可；典雅则大致相当于古人所说的"雅"，"雅"是一种层次比较高的要求，在具体写作过程中要文字和内容达到高度统一并呈现出某种程度上的美感。"信""达"和"雅"显然可分为两类，"信""达"为一类，"雅"单独作为一类。用现在的专业术语来讲，前者代表的是应用文的应用价值，后者则代表其审美价值。

(资料来源：文秘114网)

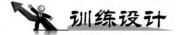训练设计

一、填空题

1. 应用文，是指国家机关、社会团体、企事业单位及人民群众在_____时，经常使用的、具有直接_____和_____的文体。

2. 应用文的特点有：_____、_____、_____、严格的时效性和_____。

3. 主题又称主旨，是作者通过文章的各种材料所表现出来的_____、和_____。

4. 应用文的主题要求_____、集中、_____。

5. 材料，是指作者为完成文章的写作，体现自己的写作意图和目的，从实际工作、学习、生活中搜集、摄取的一系列_____和_____。

6. 应用文的材料要求_____、真实、_____及新颖。

7. 结构是指文章内部的_____，是作者按照主题的需要，对材料所进行的有机组合和编排，又称_____。

8. 应用文写作最常用的表达方式是_____、_____和_____。

二、判断题

1. 应用文最早出现在春秋、战国时期。(　　)

2. 应用文同文学作品一样，可以进行艺术加工，可以虚构和夸张。(　　)

3. 应用文写作中常用的表达方式有叙述、说明、抒情、议论。(　　)

4. 应用文的写作与文学作品完全不同。(　　)

5. 应用文中的材料应充实，材料的使用越多越好。(　　)

6. 为使文章上下文之间衔接、贯通，可使用过渡与照应的方法。(　　)

7. 应用文写作中叙述的人称，常用第一人称和第二人称。(　　)

8. 一切文章都是实用的，应用文的实用性更为直接。(　　)

9. 应用文写作应注重文采。(　　)

三、阅读分析题

1. 请为下列材料确立主题。

(1) 只有真诚而不是做戏，才能使教育者与受教育者之间形成道德情感与道德信念上的共鸣。而现代道德教育最大的误区是受教育者与教育者之间缺乏真诚的交流。一面是振振有词的官话套话，一面是装模作样的"雷厉风行"(缺乏信念投入)，

双方似乎都是让对方"听"、让对方"看"的。结果使道德教育与道德一样,成为一种外在的功利价值,而不是圆满自足的内在价值。古人说得好,"德者,得也,有得于己是谓有德"。道德之谓道德,就在于它是一种真诚的自觉的向善,而不是一种虚伪的手段。现代道德的说教式,是导致现代道德教育扭曲变形的一个根本因素。

(2) 两名推销员到南太平洋某岛国推销鞋子,他们到那里后却发现当地居民没有穿鞋的习惯。于是,一名推销员给公司发了电报,称当地人没有穿鞋子的习惯,并终止行动。另一位推销员也如实向公司反映了情况,却认为很有市场潜力,让公司运一批鞋到当地免费赠予居民试穿,结果不仅打开了市场,而且打破了当地居民不穿鞋的传统习俗,获得了成功。

2. 下面是应用文书的几段开头,请判断它们的开头方式。

(1) 根据安徽省财政厅《转发国家税务总局农业税征收管理局〈关于贯彻稳定住房价格有关契税的通知〉》(农村〔2005〕8 号)的规定,现将合肥市房屋权属转移契税征收管理的有关政策和要求公告如下。

(2) 为加强对房地产市场的引导和调控,促进房地产业健康发展,现就进一步做好稳定住房价格工作通知如下。

(3) 今年 4 月至 8 月,国家统计局、国务院法制局、监察部,在全国范围内联合开展了统计法规执行情况大检查,历时达 5 个月。整个检查经历了准备和自查、互查和重点抽查、处理和总结 3 个阶段。在各级人大常委会和人民政府的领导和支持下,在各级统计法规执行情况大检查领导小组的具体部署和各有关部门的密切配合下,大检查工作取得了较大的成效,基本上达到了预期的目的。

(4) 你厅关于邀请哈萨克斯坦国家木偶剧团来华演出的请示(新文市字〔2005〕14 号)收悉,经研究答复如下。

3. 分析下列语段在语言表达上与文体不相适应的地方。

(1) 有位求职者在求职信里这样写道:"基于对互联网和编辑事务的精通和喜好,以及我自身的客观条件和贵报的要求,胜任该职位绰绰有余。本人谨以最诚挚的心情,应聘贵公司的网站网页编辑一职,希望得到贵公司的尊重、考虑和录用,不过现已有多家公司要聘我,所以请贵公司从速答复,我相信我的努力能让贵公司的事业更上一层楼。另外,本人于 6 月 5 日要放假回家,请人事经理务必于 6 月 1 日前复信为盼。"

(2) 某乡政府在向上级的报告中,这样写道:"2012 年我乡报经县政府及县教育局同意,定于今年开春修建乡中学新校舍总计 3000 平方米,目前已经开始施工,列入今年乡财政预算的基建经费也已基本到位。但由于突然遇上连日暴雨,导致山洪暴发,把已修好的一侧围墙和相邻的室外厕所冲垮,并冲毁了放置建筑材料的临时仓库一座,造成近 15 万元的经济损失,原计划款项已不够了。这次山洪还把我乡辖区内几十户居民的住房冲倒,救灾负担沉重,造成乡政府捉襟见肘,雪上加霜……"

四、问答题

1. 应用文有何作用？
2. 应用文表现主题的方式有哪几种？
3. 应用文的语言应符合哪些方面的要求？
4. 应用文与文学作品的区别有哪些？

五、讨论题

你喜欢应用文写作吗？说说理由。

项目一　校园活动

能力目标

- 能够对具体的申请书、演讲稿及主持词等文书就写作内容、格式、语言等方面加以分析评鉴。
- 能够熟练写作主题正确、内容充实、结构合理、语言得体的申请书、演讲稿及主持词。

知识目标

- 掌握申请书、演讲稿及主持词的相关知识和写作要求。
- 理解申请书、演讲稿及主持词的概念、特点和写作要领。
- 了解申请书、演讲稿及主持词的种类。

项目导航

大学校园的生活丰富多彩，各级各类的活动让人应接不暇，如演讲比赛、辩论赛、社团活动等。作为培养"高素质技能型人才"的高职院校的一名学生，安琪知道要培养自己的综合职业能力，就需要广泛参加活动，但许多活动除了需要出色的口才、大方的仪态、稳定的心理，更离不开高明的写作。为此，安琪一直努力着，在学校表现越来越出色。大二的安琪成功竞选上了院学生会宣传部部长，她要精心准备一下宣传部部长的就职演讲。虽然她参加过辩论赛，拟写过辩词，也主持过校园节目，写过主持词，有一定的写作经验，但她还是很认真地思考着这份演讲稿的写作……

在这个项目中，涉及申请书、演讲稿、主持词等文书，那么如何拟写这些文书呢？

任务一 申请书

　　××师范学院交际艺术协会为了今后能做得更好，举办出更多、更精、更好、更大的社团活动，特向学院领导申请支持其"省优秀社团"荣誉称号，申请书如下：

申 请 书

尊敬的学院领导：

　　您好！

　　交际艺术协会全体干部及理事会全体成员经共同商议，积极支持协会申请"省优秀社团"荣誉称号，现郑重向领导们提出申请。希望您在百忙之中审核完后，可以对××师范学院交际艺术协会留下一个深刻的印象，在此我们致以最真挚的感谢。如若我们的申请符合"省优秀社团"申请条件，望您批准我们的申请。

　　××师范学院交际艺术协会坚持以马列主义、毛泽东思想、邓小平理论、"三个代表"重要思想以及科学发展观为指导思想，以"培养大学生社交能力，为××师院培养一专多能的人才，给广大同学一个展示自我的舞台"为宗旨，同时注重挖掘他们的潜能，使他们毕业后能更好地融入社会、服务社会。

　　协会通过举办众多活动，在丰富同学们课外生活的同时，增加同学们的交际艺术知识和提高社交能力以及社会实践能力，为同学们将来步入社会打下坚实的基础，并树立起××师范学院在××市和××省乃至全国的全新形象，使××师院学生举手投足间可以尽显大学生的风采。协会还积极践行"今日我以师院为荣，明日师院以我为傲"的口号，传扬交际之美，尽显艺术风采。

　　协会成立于2007年，虽然成立时间不长，但她所走过的历程却超过了××师范学院和其他众多高校老牌学生社团所走过的历程，活动的影响和活动的意义也超过了众多的老牌学生社团。

　　协会的详细资料在本申请书中我们作了详细的介绍。如若我们的申请获得通过，我们将化喜悦和兴奋为动力，继续努力，为大学学生社团工作的发展作出更大的贡献，举办出更多地更精、更好、更大的社团活动；如若申请条件还不够成熟，我们将再接再厉，继续致力于社团的发展，举办更多的社团创新活动。

　　此致

敬礼

申请单位：交际艺术协会
2015年3月5日

　　请大家阅读后思考，现实生活和学习中，我们会在什么地方、什么时候需要递交申请书呢？

 范文选读

(一)助学贷款申请书

中国建设银行××分行:

　　我是××学院××系14级的学生李小敏,身份证号:××××××××××××××××××××。因家庭经济困难,难以支付本人在校期间学费,为顺利完成学业,特向贵行申请国家助学贷款8000元。

　　我来自××市的一个偏僻农村。现家有6人:爷爷、奶奶、爸爸、妈妈、妹妹和我。爷爷、奶奶年老在家,妹妹在县城读高中,爸爸妈妈在家务农,且妈妈体弱多病,全家的开支主要靠农作物。由于家乡田少人多,加上去年又遇洪水,农作物欠收,全家人均年收入不足400元。我进大学时的学费大部分是靠亲戚朋友借来的,今年要把学费交齐就更加困难了。为了不因经济困难而影响自己的学业,能及时、足额地把所欠学费交清,特向贵行申请助学贷款。我借款的额度是8000元,拟毕业后两年内还清本息。我父母也同意我贷款,并同意承担连带保证责任。

　　我承诺:获得国家助学贷款后,努力学习,积极上进,较好地完成学业。毕业后及时将工作单位及联系方式告知贵行,并信守诺言,按时还清贷款。

　　此致

敬礼

申请人:李小敏

××××年×月×日

简评:

　　这是一份因家庭经济困难而申请国家助学贷款的申请书。标题是"事由+文种"形式;正文开头交代自己的身份,写明自己所申请的事项;主体部分重点突出了申请的原因;最后表明自己的决心和态度。申请人态度诚恳,内容明确,用语礼貌得体。

(二)入党申请书

敬爱的党支部:

　　我郑重地提出申请,要求加入中国共产党。

　　加入中国共产党是我在学生时代就向往的,记得我在加入共青团时,就曾宣誓要为共产主义事业而奋斗终生。现在,我已进入中年,曾几次拿起笔,想向党表明心愿,可在这严肃的时刻,总觉得我与党的要求相差甚远,常常因没有勇气而搁笔。

这几年来，经过党的教育和英雄模范人物的激励，我经过了思想磨炼，更加坚定了把自己的前途、工作与党的事业结合起来，为共产主义远大理想奋斗终生的信念。我热爱中国共产党，对她坚信不疑。

中国共产党是中国工人阶级的先锋队，是中国各族人民利益的忠实代表，是中国社会主义事业的领导核心，党的最终目的是实现共产主义的社会制度。

中国共产党是伟大、光荣、正确的党，曾带领中国人民战胜了各种艰难险阻，从 1921 年建党以来，取得了一个又一个的胜利。没有共产党就没有新中国，没有共产党就没有我们当今的建设成就。党的十一届三中全会确定了我党在新时期的改革开放的政策，并且取得了丰硕成果。尽管我们党也受到一些挫折，党内还存在不正之风，但这不是主流，是在前进道路上的问题。事实证明，党能够依靠本身的力量，克服困难、改正错误，更加生气勃勃地前进。

我深深地认识到，只有团结在党的周围，在党的各项方针政策的指引下，进行社会主义现代化建设，才能使我们国家早日进入世界先进国家的行列。我们个人的命运与党的命运息息相关，没有党的领导，建设社会主义将是一句空话，更何况个人的前途命运。

近几年来，我在本职工作方面取得了一些成绩，思想方面也有了较快进步，这些都与党对我的关怀、教育分不开。我的身上还存在缺点，还有待于不断学习、不断磨炼。我衷心希望能得到党组织的帮助和培养。虽然我现在还不是一个共产党员，但是，我决心用共产党员的标准严格要求自己，积极向组织靠拢，在组织的教育和帮助下，发扬成绩、克服缺点、不断进步，争取早日从思想上入党。当前，党和国家的各项改革事业正在蓬勃发展，能够在此时向党递交申请，我感到光荣和自豪。不论组织何时发展我入党，我都将永远为党的事业而不懈努力。请党考验我。

　　此致
敬礼

申请人：×××
××××年×月×日

简评：

这是一份入党申请书，标题是"事由+文种"形式；正文开头写明所申请的事项，再写申请的原因——对党组织的性质、作用的认识，最后表明自己的决心和态度。申请人态度诚恳，内容明确，用语礼貌得体。

知识聚焦

一、申请书的概念及种类

申请书是个人或集体向有关部门、组织表达某种愿望或提出某种要求时,希望得到批准或予以解决、解答时所使用的专用文书。在日常工作、生活、学习中,申请书是使用范围十分广泛、使用频率较高的应用文种。申请书从内容上大致可以分为以下几类。

(1) 要求参加某种组织的申请书。如入党申请书(包括入党转正申请书)、加入社团申请书、入团申请书等。

(2) 要求解决问题的申请书。如开业申请书、住房申请书、困难补助申请书等。

(3) 要求某种权利的申请书。如入学申请书(包括复学申请书)、专利申请书、商标注册申请书等。

二、申请书的特点

(一) 请求性

"申请"顾名思义是申述自己的理由,有所请求的意思,或是个人要求入团、入党、入会,或是请求解决某些困难等,均是一种对愿望的请求满足。

(二) 单一性

申请书一般只提出单一的申请事项,不宜将不相同的几件事情写在一份申请书里。

三、申请书的格式写法

申请书的结构由标题、称谓、正文、结语和落款5部分构成。

(一) 标题

申请书的标题一般有两种形式:①申请事由加文种构成,如《入党申请书》;②用文种"申请书"作标题。

(二) 称谓

称谓一般另起行,顶格加冒号写明接收申请书的单位名称或领导人姓名,如"××团支部""××厂长"等。

(三) 正文

正文一般包括三项内容:①申请事项。直接表明自己的愿望或要求,有的可先简要地介绍自己。②申请理由。即说明申请书的目的、意义及自己对申请事项的认识。③决心和要求。最后进一步表明自己的决心、态度和要求，然后郑重地请求组织批准自己的申请。也可先请求批准再表态。

（四）结语

结语一般是表示敬意的话，如"此致 敬礼"等。也可写表示感谢和希望的话，如"请组织考验""请审查""望领导批准"等。

（五）落款

在右下方署明申请人姓名，并在下面注明申请日期。

特别提醒

(1) 申请理由要实事求是，要充分、合理。
(2) 申请事项要写具体、清楚。
(3) 语言简洁、流畅，态度诚恳。

小卡片 申请书的受文者

申请书的受文者若是主管部门，一般不得送达主管部门负责人。不论申请书是何内容，都只能书写一个受文部门。

病文评析

××市工商管理局

我是××区的一名待业青年，自 2008 年高中毕业后一直待业在家。这两年来，本市的房屋开发事业发展迅速，许多住宅小区的建设相继竣工，广大居民乔迁新居，迫切需要室内装修。为此，我申请开办个体室内装修的门市部。恳请主管部门批准我的要求，尽早发给营业执照。

开业后，我保证遵守国家的政策、法令，严格按章缴纳税金；对客户热情服务、合理收费、保证质量，使客户满意。

此致

敬礼

2014 年 10 月 8 日

申请人：王晓明

评析：

这份申请书问题如下：①缺少标题，可写为"开业申请书"；②称谓后面少了冒号；③正文申请的理由不够充分，缺少其个人的条件；④"此致"前应空两格；⑤申请人姓名应该写在日期的上一行。

任务演练

请根据你的兴趣、爱好拟写一份加入某社团的申请书。

知识拓展　请示与申请书的区别

请示是正式行文(法定公文)，需要上级批复。一般是下级机关单位写给隶属领导或指导机关的，因此必须"一事一文"，不能多头请示，不能越级请示。

申请书属于日常应用文。是个人或单位向有关部门、组织、团体提出某种请求或申请解决某个问题而使用的专用信件。它不像请示那样庄重严肃，可以单位用，也可以个人用。语言平实，不必像请示那样简练庄重。

任务二　演讲稿

案例赏析

演讲稿的作用

美国前总统林肯是个著名的演说家，他在就任第16届总统时，把自己锁在小屋里，摈弃一切干扰，写成了美国最有历史意义的就职演说。丘吉尔被誉为"世界的演说家"，而他先前却有许多先天不足，身高不足1.65米，没有堂堂的仪表、翩翩的风度、说话结结巴巴，口齿不清，且没有受过大学教育。他依靠自己坚韧不拔的毅力和勤奋好学、刻苦钻研的精神，最终成为举世闻名的演说家，成功地登上了首相宝座。面对他的成功，他的儿子一语中的："我的父亲把一生中最宝贵的年华，都花在写演讲稿和背诵演讲稿上了。"

由此可见，写作演讲稿对演讲成功有多么重要。可以这样说，写好演讲稿是演讲成功的关键，也是一个成功的演讲者所应该具备的基本功。

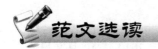 范文选读

人格是最高的学位

白岩松

很多年前，有一个学大提琴的年轻人向20世纪最伟大的大提琴家卡萨尔斯讨

教："我怎样才能成为一名优秀的大提琴家？"

　　卡萨尔斯面对雄心勃勃的年轻人，意味深长地回答："先成为优秀而大写的人，然后成为一名优秀而大写的音乐人，再然后就会成为一名优秀的大提琴家。"

　　听到这个故事的时候，我还年少，对老人回答时所透露出的含义理解不多，然而随着采访中接触的人越来越多，这个回答就在我脑海中越印越深。

　　在采访北大教授季羡林的时候，我听到一个关于他的真实故事。有一年秋天，北大新学期开始了，一个外地来的学子背着大包小包走进了校园，实在太累了，就把包放在路边。这时正好一位老人走来，年轻学子就拜托老人替自己看一下包，而自己则轻装去办理手续。老人爽快地答应了。近一个小时过去了，学子归来，老人还在尽职尽责地看守。谢过老人，两人分别！

　　几日后是北大的开学典礼，这位年轻的学子惊讶地发现，主席台上就座的北大副校长季羡林正是那一天替自己看行李的老人。

　　我不知道这位学子当时是一种怎样的心情，但在我听过这个故事之后却强烈地感觉到：人格才是最高的学位。

　　后来我又在医院采访了世纪老人冰心。我问先生，您现在最关心的是什么？老人的回答简单而感人：是年老病人的状况。

　　当时的冰心已接近自己人生的终点，而这位在 80 年前到"五四"爆发那一天开始走上文学创作之路的老人心中对芸芸众生的关爱之情历经近 80 年的岁月而仍然未老。这又该是怎样的一种传统！

　　冰心的身躯并不强壮，即使年轻时也少有飒爽英姿的模样，然而她这一生却用自己当笔，拿岁月当稿纸，写下了一篇关于爱是一种力量的文章，然后在离去之后给我们留下了一个伟大的背影。

　　当你有机会和经过"五四"或受过"五四"影响的老人接触时，你就知道，历史和传统其实一直离我们很近。

　　这些世纪老人身上所独具的人格魅力是不是也该作为一种传统被我们延续下去呢？

　　不久前我在北大听到一个新故事，清新而感人。一批刚刚走进校园的年轻人，相约去看季羡林先生，走到门口，却开始犹豫，他们怕冒失地打扰了先生。最后决定，每人用竹子在季老家门口的土地上留下问候的话语，然后才满意地离去。

　　这该是怎样美丽的一幅画面！在季老家不远，是北大的博雅塔在未名湖中留下的投影，而在季老家门口的问候语中，是不是也有先生的人格魅力在学子心中留下的投影呢？

　　听多了这样的故事，便常常觉得自己是个气球，仿佛飞得很高，仔细一看却是被浮云托着；外表看上去也还饱满，但肚子里却是空空的。这样想着就有些担心啦，怎么能走更长的路呢？

于是，"渴望年老" 4 个字对于我就不再是幻想中的白发苍苍或身份证上改成 60 岁，而是如何在自己还年轻的时候，便能吸取优秀老人身上所具有的种种优秀品质。

于是，我也更加知道了卡萨尔斯回答中所具有的深义。怎样才能成为一个优秀的主持人呢？心中有个声音在回答：先成为一个优秀的人，然后成为一个优秀的新闻人，再然后是自然地成为一名优秀的节目主持人。

我知道，这条路很长，但我将执著地前行。

(资料来源：http://blog.sina.com.cn/baiyansong)

简评：

这篇演讲稿文情并茂，真切感人。

演讲稿的开头，以 20 世纪最伟大的提琴家卡萨尔斯告诫前来讨教的年轻人的故事为开场白，吸引听众的注意力，其中 "优秀而大写的人" 又将 "人格是最高的学位" 这一演讲主旨寓于其中，并引出下文。

主体部分，选取 3 个典型事例来阐明主旨。先是用两个事例来印证卡萨尔斯的告诫，自然点题。接着再述北大新故事，赞叹世纪老人所独具的人格魅力正被跨世纪青年学子作为一种传统向后延续。

结尾联系个人实际，抒发感慨，首尾圆合，结构完整。

一、演讲稿的概念

演讲稿又称演讲词，是演讲者在较为隆重的仪式上和某些公众场合所发表的讲话文稿。演讲稿是演讲的依据，起着梳理演讲者的思路、提示演讲内容和形式的重要作用。它可以用来宣传自己的主张，交流思想、感情；可以用来介绍自己的学习、工作情况和经验；也可以用来提出号召和倡议。

二、演讲稿的特点

(一) 针对性

所谓针对性，首先应考虑听众的需要，所提出的问题是听众所关心的问题，所讲内容要能让听众心悦诚服地接受，这样，才能起到应有的社会效果；其次应注意演讲的环境气氛，如 "公众场合" 也有不同的类型，如党团集会、专业性会议、服务性俱乐部、学校、社会团体、宗教团体等，写作时要根据不同场合和不同对象，为听众设计不同的演讲内容。

(二) 可讲性

演讲的本质在于"讲",而不在于"演",它以"讲"为主、以"演"为辅。如果说,有些文章和作品主要通过阅读欣赏领略其中的意义和情味,那么,演讲稿的要求则是"上口""入耳",即对演讲者来说要可讲,对听讲者来说应好听。注意少用长句,句子简短,句式变化,语意明白,声调顿挫。

(三) 鼓动性

演讲是一种有声音的感染艺术,要能激发听众的情感,使听众的思想为之震动,精神为之感奋,情绪为之激昂,热血为之沸腾。要做到这一点,首先要依靠演讲稿思想内容的丰富、深刻;见解精辟,有独到之处,发人深思;语言表达要形象、生动,富有感染力。

三、演讲稿的格式和写法

演讲稿的结构由标题、称谓和正文 3 部分构成。

(一) 标题

演讲稿的标题要求贴切、简洁、醒目,可以有以下几种写法:

(1) 直接揭示主题,如孙中山的《中国绝不会灭亡》。

(2) 提出问题、发人深省,如蔡畅的《一个女人能干些什么》。

(3) 形象地概括主题,如美国林肯的《裂开的房子》。

(4) 概括演讲的内容,如鲁迅的《对左翼作家同盟的意见》。

(5) 交代场合和背景,如廖仲恺的《史坚如烈士石像揭幕仪式演讲词》。

(二) 称呼

称呼应根据在场人员的不同情况而定。如果成员复杂,一般按身份、主次排列。如"各位领导,各位同事""阁下们,各位女士,各位先生"。

(三) 正文

正文一般包括开头、主体和结尾 3 个部分。

1. 开头

开头也叫开场白,要力求抓住听众,有较强的吸引力。开头的写法很多,在此介绍常用的几种。

(1) 提问式。通过提问,制造悬念,引起听众的思考。如《含笑的泪水》开头:"'大学里什么最美?'这是当了一辈子农民的阿爸在写给我的一封信中提到的问题。大概是'不识庐山真面目,只缘身在此山中'吧!我一时竟说不上来,是校园早晨琅琅的读书声?还是图书馆深夜不熄的灯光?好像都是,又好像都不是。大学里究竟什么最美呢?"

(2) 故事式。用一个与演讲主题密切相关的故事或事件来开头,以吸引听众的注意力。如《爱的真谛》开头："最近我从报上看到一则新闻：一个男青年和一个女青年正在热恋中，女青年突然患病瘫痪，然而男青年没有离开她，而是全力地帮她治病，下班后就守在她身边给她喂药喂饭。他顶着社会和家人的压力，一守就是5年！就在女青年要做大手术的前一天，男青年找来了一个平板车，拉着女青年到民政局领取了结婚证,叮嘱她'放心做手术吧,不管结果如何,我都是你的丈夫……'"

(3) 直入式。开门见山，直奔演讲目的，揭示演讲的中心。如马丁·路德·金《在林肯纪念堂前的演说》开头："我很高兴，今天能和大家一起参加这次示威游行，它必将作为美国有史以来为争取自由所举行的最伟大的示威游行而名垂青史。"

(4) 幽默式。用诙谐幽默的语言或事例开头，使听众在轻松愉快中迅速进入演讲者的影响之内。如《河到中游》开头："朋友们，和许多在城市中长大的朋友们一样，我在看到真正的河流以前，早已熟悉了大街上的车流和人流。几个月前，我又加入了准备托福考试的人流之中。我所在的辅导班教室门口的过道很窄，每到下课的时候，大家只能十分缓慢地鱼贯而出。在蠕动的人流里，我听到有人笑着说：'托福，I love this game！'"

(5) 抒情式。用优美的语句和澎湃的激情，以类似诗歌或散文的形式开头，使听众迅速受到情绪感染。如《我是夜幕的一颗星》："水兵喜欢把自己比作追波逐浪的海燕，飞行员喜欢把自己比作搏击长空的雄鹰，而我们警卫战士却喜欢把自己比作夜幕上闪亮的星。不是吗？在皓月当空、万籁俱寂的夜晚，当疲劳的人们已经进入梦乡，祖国大地的每个角落里不都还闪烁着警卫战士一双双警惕的眼睛吗？它就像天上的星星那样，不知疲倦地注视着大地，搜寻着每一个可疑的目标……"

2. 主体

演讲稿的主体部分既要条理清楚、逻辑性强，还要波澜起伏、扣人心弦、纵横自如。在行文过程中，注意处理好层次、节奏等问题。

(1) 层次。层次是演讲稿思想内容的表现次序，它体现着演讲者思路展开的步骤，也反映了演讲者对客观事物的认识过程。层次安排可按照时间或空间顺序，也可以平行并列、正反对比、逐层深入。为了便于听众把握主要内容，各段落应上下连贯，段与段之间有适当的过渡和照应。

(2) 节奏。指演讲内容在结构安排上表现出的张弛起伏。演讲稿结构的节奏，主要是通过演讲内容的变换来实现的。演讲者可在一个主题思想所统领的内容中，适当地插入幽默、诗文、轶事等内容，既使听众的注意力保持高度集中，又增加了演讲的生动性。

演讲稿结构的节奏既要鲜明，又要适度。平铺直叙、呆板沉滞，固然会使听众紧张疲劳，而内容变换过于频繁，也会造成听众注意力涣散。所以，插入的内容应该为实现演讲意图服务，而节奏的频率也应该根据听众的心理特征来确定。

3. 结尾

演讲稿的结尾应简洁有力，余音绕梁。当然，演讲稿的结尾没有固定的格式，或对演讲全文要点进行简明扼要的小结，或以号召性、鼓动性的话收束，或以诗文名言、幽默俏皮的话结尾。

特别提醒

(1) 了解听众，有的放矢。演讲，首先要了解听众，明确听众的组成，了解他们的年龄、文化程度、思想状况、情感趣味等。掌握这些以后才可以决定采取什么方式来吸引听众、说服听众，以期引起听众的共鸣。

(2) 中心明确，主题新颖。演讲词应针对特定环境中的特定对象来选题，而且一篇演讲词只宜安排一个中心，这样才可能多层次多角度地将问题写深写透。最好表达出具有时代感的新颖主题，给人以新的认识和新的启迪，讲出新意来。

(3) 情理交融，语言生动。演讲稿的语言风格多样，有的慷慨激昂，有的平易亲切，有的庄重严肃，有的风趣幽默。动之以情、晓之以理是演讲成功的基石。在语言中显露出真情实感，就容易营造出良好的演讲氛围。演讲稿的语言要生动形象、通俗易懂，不讲假话、大话、空话，也不讲过于抽象的话。要多用比喻，多用口语化的语言，深入浅出。

(4) 行文变化，富有波澜。构成演讲稿波澜的要素很多，有内容，有安排，也有听众的心理特征和认识事物的规律。演讲稿要写得有波澜，主要不是靠声调的高低，而是靠内容的起伏、张弛、强调、反复等。

小卡片　演讲结束语五忌

一忌草草收兵，敷衍了事。
二忌拖泥带水，画蛇添足。
三忌精疲力竭，底气已尽。
四忌翻来覆去，冷饭回锅。
五忌故作谦虚，言不由衷。

病文评析

下面是一篇题为"英雄赞"的演讲稿片段：

在这个英雄辈出的年代，男英雄，女英雄，老英雄，少英雄，何止成千上万。前线的战士，更是顶天立地的英雄，他们钻猫耳洞、受风吹雨淋，他们冒着敌人的枪林弹雨，他们高唱着"苦了我一个，幸福千万人"，他们是当代的雷锋、黄继光，他们是最可爱的英雄。英雄伟大，英雄光荣，英雄是火车头，英雄是指路灯。不管我们遇到什么风险，只要想到这些英雄，我们就能无往而不胜了……

评析：

这份演讲稿虽然采用了一定的修辞手法形成气势，但却让人感觉空泛、虚假、大话连篇，缺少实质的内容，因而无法打动人。

任务演练

以"我有一个梦想"为主题写一份演讲稿。

知识拓展 演讲技巧

一、命题演讲的登台演讲技巧

(1) 普通话语音要力求准确。

(2) 语气语调要随着演讲内容的变化而抑扬顿挫。

(3) 面部表情要随着演讲内容的情感变化而变化。

(4) 目光要平视台下的听众，时时与他们交流，并照顾到全场听众。

(5) 手势、身姿、目光既要互相协调，又要与演讲的语言同步协调。

(6) 注意力完全集中在演讲和与听众的情感交流上，不要理会台下人的窃窃私语、走动的人员、面前的摄像机等。

二、处理演讲中意外情况的技巧

1. 中途忘词

在演讲中，有时会遇到突然卡壳的情况。这时，不可放弃演讲，不可对听众说"不好意思，我从头再讲"，也不可拿出稿子翻找下文。最好是努力使自己镇静下来，想到哪里，就从哪里接着讲下去。

2. 中途讲错

万一由于紧张讲错了观点，绝对没有必要声明"我讲错了"。如果这句话无关紧要，则可以置之不理，面不改色地讲下去；如果这句话有原则问题，则可以自圆其说地在后面加一个设问句，如："刚才这种说法对不对呢？我们要说：不对！"

3. 观众反应冷淡或者会场不安静

在演讲中，由于时间、环境或内容、方法等原因，演讲引不起听众的兴趣，甚至会场骚动起来，怎么办？有经验的演讲者在准备演讲稿时，应准备一两个与主题、内容有关的幽默故事或笑话，在必要的时候来调节会场气氛。还可以压缩听众不感兴趣的内容，突然短暂地停讲，临时增加设问等。

(资料来源：彭红. 交际口才与礼仪[M]. 上海：华东师范大学出版社，2007)

任务三　主持词

案例赏析

杨澜走向《正大综艺》

　　1994年1月，从学生走向主持人的杨澜在完成《正大综艺》200期制作之后，跨越太平洋去了美国，攻读哥伦比亚大学国际传媒硕士学位，又成了一名学生。一位成功的节目主持人，离开了令人羡慕的位置，远涉重洋，进一步提高自己，确实不同凡响。这自然使人们又联想到杨澜走向《正大综艺》的历程。

　　杨澜应试《正大综艺》节目主持人的时候，还是北京外国语学院四年级的一名普通学生。当杨澜接受面试的时候，主持面试的老师说，她希望找一个新"面孔"，最好是纯情一点的。杨澜虽然也有一点紧张，但并没有诚惶诚恐地"配合"老师，刻意使自己更"纯情"一点。她在简单介绍自己之后，直言不讳地对主考老师谈了自己对主持人的看法："电视台为什么一找主持人，就要纯情型的？我们缺少的是干练的职业妇女形象。"主考老师后来对杨澜说，她当时并没有觉得杨澜的容貌特别出众，但这句话说明她是有思想的。杨澜就这样通过了初试。

　　此后，杨澜经过了一次又一次的复试，在这个过程中，她也一直在经历一个个不大不小的"折磨"。主持面试的一方，对她的综合表现评价很高，但却嫌她不够漂亮。当杨澜和另一位连杨澜也不得不承认"的确非常漂亮"的女孩子成为最后的竞争者时，她全部的倔强、好胜心都被激发出来了，她想："即使今天你们不选我，我也要证明我的素质。"

　　最后面试的题目是：一、你将如何做这个节目的主持人；二、介绍一下你自己。

　　杨澜是这样开始的："我认为主持人的首要标准不应是容貌，而是要看她是不是有强烈的和观众沟通的愿望。我希望做这个节目的主持人，因为我特别喜欢旅游。人和大自然相亲相近的快感是无与伦比的，我要把这些感受讲给观众听……"

　　在介绍自己时，杨澜说："父母给我起名'澜'，就是希望一个女孩子能有海一样开阔的胸襟，自强、自立，我相信自己能做到这一点……"

　　杨澜侃侃而谈，一口气讲了半个小时，没有一点儿文字参考。讲完后，屋子里非常安静，听众都被吸引住了，人们不再关注她是否是一个最漂亮的主持人。杨澜赢了。

　　后来杨澜在主持《正大综艺》时，本色而自然，既没有刻意去表现自己的文化素养，"掉书袋子"；也没有刻意去表现"清纯"，表演"可爱"，她把一个有较高文化素养的清纯少女形象和富有理智又不失细腻情感的职业女性形象统一在一起，为观众带来了一种既高雅又本色、既轻松愉悦又令人回味的主持风格。

　　上述案例中，杨澜应聘和主持《正大综艺》的成功，主要源自独特的个性——真诚、自信、倔强、不做作，敢于"反叛"。

范文选读

A：尊敬的各位领导，各位来宾！

B：亲爱的老师、同学们！

合：大家晚上好！

C：彩旗、横幅、鲜花，织成春的锦绣。

D：阳光、欢笑、爱心，汇成夏的海洋。

A：在这激情澎湃的夏夜，我们欢聚在一起，迈向欢乐与喜悦。

B：在这活力四射的夏夜，我们欢聚在一起，迈向成功与辉煌。

C：不约而同，我们从四面八方赶到这里、从五湖四海走到一起。

D：在同一片缘分的天空下相遇，在同一个热情的屋檐下相聚。

A：踏着春风，沐着春雨，我们相逢在缤纷的夜晚。

B：携着祝福，带着嘱托，我们相约在烂漫的季节。

C：夜幕降临，华灯初上，绚丽的灯光又为今晚覆上一层神秘的面纱。

D：当世界即将被光亮笼罩，当我们开始渴望在镁光灯下狂欢，丛林深处的精灵已经开始向光亮靠近，期待化蝶的蚕茧已经开始蠕动自己的灵魂。

A：热浪融化不了我们的激情，夜空遮不住璀璨的光芒。这一刻，全场的热情即将被点燃！

B：下面我宣布，"××大学东校区第二届'××'杯模特大赛决赛"

合：现在开始。

C：首先，感谢博士医学美容医院对本次比赛的大力支持。让我们用热烈的掌声欢迎各位来宾。今天，来到我们晚会现场的嘉宾有：……

(介绍完毕掌声结束)

D：本次比赛是由××大学团委主办，东校区学生会承办，并得到了我们的赞助商"××"冠名的大力支持，在此请允许我代表××大学东校区学生会，向你们表示衷心的感谢。

A：接下来，将由我来介绍一下今晚比赛的赛制和评分规则：

本次比赛共分为3轮：

第一轮为模特亮相环节。选手亮相后，在舞台上逐一走秀。评委根据选手的气质、台步、台风和感染力3个方面进行打分。

B：第二轮是春装展示环节。这一环节评委将根据男女模特搭配的默契程度进行打分。

C：第三轮进行的是晚装展示环节，本环节得分前两名的选手将获得"最佳创意奖"和"最具潜力奖"。

D：3 轮比赛结束后，我们将综合 20 位选手得分，男女得分最高者获得本次选拔赛第一名"冠军"的荣誉称号，男女得分第二名获得第二名"亚军"称号，男女得分第三名将获得第三名"季军"的称号。除此之外，我们还将评出"最佳气质奖""最佳形象奖""最佳形体奖""最佳人气奖""最佳创意奖"以及"最具潜力奖"5 个奖项。另外，还将评出 8 个优秀奖。

A：晚会开场时选手的热舞是否令你印象深刻？

B：热情的旋律是否已经让你全身的细胞开始跳动？

C：到底是哪位模特最受你的期待呢？

D：台下的你是否早已迫不及待？

A：现在让我们进入第一轮比赛：模特亮相。

B：有请选手。(音乐响起)

(在此介绍模特的身高体重)

……

结束词

A：如潮欢歌给我们带来心旷神怡的风貌。

B：如花之舞给今晚披上斑斓多姿的盛装。

C：午夜，灰姑娘不一定会乘着南瓜马车悄然离开，就像暗夜里的精灵在光明中同样迷人可爱。

D：午夜，我们的快乐不会伴着夜幕渐渐消逝，就像风中的蒲公英总会不经意间出现在每个人的身边。

A：夜色更加深邃，却让我们看见了黎明的希望；今夜如此短暂，却让我们体会到似火的激情。

B：止不住时光匆忙的脚步，是因为我们对美好的明天充满希望和祝福：

C：愿你以微笑迎接青春的岁月和火一般的年华。

D：愿我的祝福如烂漫的花朵开放在温馨的季节里为你点缀欢乐四溢的每一天。

A：下面我宣布"××大学东校区第二届'××'杯模特大赛决赛"到此结束。

B：再次感谢各位的光临和支持，我们明年

合：再见。

简评：

这是××大学东校区第二届"××"杯模特大赛决赛主持词。本主持词结构清晰，开篇情景交融，制造场景效应，宣布活动开始；接着介绍到场嘉宾、承办单位及赞助商，并表示感谢，介绍比赛的赛制和评分规则，模特的身高体重；结尾先是抒情，然后宣布大赛结束。

知识聚焦

一、主持词的概念

主持词是在各种大型活动、大型集会或其他较为隆重的仪式上所作的主持讲话，是各种活动必不可少的一部分。主持词不同于其他讲话稿，它有可能是穿插在整个活动之中而不是连贯的。

二、主持词的分类及作用

节目主持形式多样，主持词的种类也有很多种。

按内容，可以分为社会活动的主持词、文艺活动的主持词、广播电视的主持词和婚礼主持词等。

按主持词出现的时间，可以分为会议开始时的主持词和会议结束时的主持词。

按主持形式，可以分为单人主持词、两人主持词、多人主持词。

主持词主要起到穿针引线的作用，是引导推进会议、控制活动进程、保障会议或活动顺利进行的关键。

三、主持词的特点

(1) 综合艺术的体现。主持是一门综合艺术，它不仅要求主持人具有良好的口才、风度和气质，还要能够扮演多种角色，是组织者、主持者、指挥者。

(2) 注重交流互动。主持人不是面向稿件的播音员，而是要与受众交流，因此主持词必须顾及节目现场的观众，对不同观众有着不同的交流内容与方式。

(3) 风格鲜明。不同的主持词具有不同的风格，有的庄重严谨，有的活泼幽默，有的热烈奔放，有的文雅欢快，主持词应根据不同性质的活动体现出适宜的风格。

四、主持词的结构及写法

主持词一般由标题、正文和落款几部分组成。

(一) 标题

一般情况下，标题只需写明"主持词"即可，也可以写"仪式程序"。有的由"会议或活动名称＋文种"组成，如《××公司周年庆典活动主持词》。

(二) 正文

主持词的正文一般由前言、主持事项和结束语构成。

1. 前言

前言就是开场白，好的开场白有实现沟通、营造气氛、确定基调、表明主旨和吸引受众的作用。因此开场白要以精彩的语言，宣布会议或活动的开始，欢迎并感谢来宾等。

2. 主持事项

这部分要注意每一程序的上下衔接自然，既要关照先前，又要引导其后，渲染蓄势，层层推进，将整个活动连接成一个有机的整体。

在内容上，可以有以下几点：

(1) 介绍出席会议或活动的主要领导、嘉宾、发言人。

(2) 介绍会议或活动的每项议程，如"下一个议程是……""下面，请……讲话，大家欢迎"。

(3) 宣布其他相关事项，如比赛规则，强调会议或活动的纪律和注意事项。

(4) 主持具体发言或节目。有时在一个相对独立或比较重要的内容进行完毕之后，一般要作一简短的、恰如其分的评价，以加深与会者的印象，引起重视。

3. 结束语

结束语要巧于结尾，留下余韵。主持词应有一个漂亮的结尾给活动画上完美的句号。内容可包括：总体概括会议或活动的成果，总结过去，展望未来，将活动再一次推向高潮。

特别提醒

(1) 认真准备、周密策划。首先要明确活动的主旨，然后根据活动的内容，受众的认识水平等收集相关的资料素材，如会议或活动的主题、目的、到会领导、参加人员、发言顺序等，潜心研究，精心创作。

(2) 勇于创新，不拘一格。主持词的写作没有固定格式，它的最大特点就是富有个性。不同内容的活动、不同内容的节目，主持词所采用的形式和风格也不相同。会议、新闻、法制等方面的内容庄重、严肃，要选择平稳、厚重的主持词；庆典活动、文艺活动、少儿节目要选择欢快、亲切、生动、活泼的主持词；大型联欢活动要选择亲切感人、激越明快、富有鼓动性的主持词。

(3) 灵活机智，善于应变。在活动主持的过程中，有时会发生意外情况，这就需要主持人能够随机应变、巧妙机智地变通主持词。

小卡片 主持人三忌

(1) 忌假。这是所有新闻工作者的大忌，若出现导演的痕迹将使观众无法接受。

(2) 忌过分煽情。主持人在把握稿件时，要时刻掌握一个度的问题，悲哀的稿件不能泣不成声、情感泛滥，赞颂时不能过分渲染，愤怒时也不能像演讲家那样拍案而起、愤慨激昂，要时刻注意一个度的把握，当然也不能所有的稿件都主持得平淡如水。否则无法显现出主持人的成熟和大器，无法取信于观众。

(3) 忌目中无人。目中有无人，是针对主持人的对象感而言，主持人应该做到目中有人，才会心中有情，要善于寻找和观众交流的最佳点。与观众进行思想和情感的交流，热情地为受众服务，这样才能让观众读懂你、接受你，成为你的忠实朋友。最后，主持人要成为节目的灵魂，最重要的是主持人还要有高尚健全的人格。如果人格有了缺陷，那么以上的所有素质也就无从谈起，成了空中楼阁，更别谈成什么灵魂人物了。

病文评析

下面是某班级联欢晚会主持词的开始部分。

各位同学：

我们班这次联欢晚会不仅得到其他班级同学的密切关注，同时也得到学院领导的高度重视。现在，我荣幸地向大家介绍参加我们本次联欢晚会的特邀嘉宾，他们是——有学校"民歌王子"之称的营销班的王辉同学和我校校长李大为先生。请大家热烈鼓掌欢迎。下面，让我们有请我们的"民歌王子"为我们放歌一曲，然后再请李校长为我们讲几句……

评析：

这份主持词的开始部分存在诸多问题，如开场白不够精彩，很难营造出场景效应；介绍人员的顺序不符合礼仪，一般情况下，先上级后下级，职务高、资历高的在前；在内容上，还应该对领导的到来关怀表示感谢；"然后再请李校长为我们讲几句"此句不够礼貌。

任务演练

为热烈迎接新同学的到来，学院将举办一场以"为我们的明天努力"为主题的大型迎新晚会，请你为此活动拟写一份主持词。

知识拓展 **主持人口语表达的注意事项**

(1) 不要乱用语气助词、连词等。有的主持人语言粗糙，常说出带有语病的句子，不合语法的现象尤为突出。经常无原则使用"啊、吧、呢、吗"等语气助词，以"那么"开头等，已成为许多主持人的通病。

(2) 不要不懂装懂。不懂装懂，结果只会错误百出，捉襟见肘。

(3) 主持人口语应讲求艺术性。主持人的口语有宣传作用, 宣传就要讲究艺术性, 不能简单灌输和生硬说教, 应该追求美感, 讲究吸引人的魅力, 这样才能提高节目的收听率或收视率。

 训练设计

1. 大学生王某因意外事故休学一年, 因在休学期间并未放弃学习, 所以想复学进原班级, 请问他该如何向有关领导提出申请呢?

2. 请结合自身特点, 写一份要求加入校学生会的申请。

3. 设想在你的应聘面试会上, 面试内容之一是以"选择"为题的即兴演讲。
请你完成两个任务:
(1) 写一个演讲提纲。
(2) 在提纲的基础上写一篇完整的演讲稿。

4. 学校准备举办"你为明天准备了什么"演讲比赛, 请你写一篇演讲稿。

5. 请你以"我对当前一种社会现象的看法"为题, 发表即兴演讲。

6. 元旦快到了, 安琪所在的班级将举行一个元旦晚会。很多人都想当这个活动的主持人。为了找到合适的主持人, 辅导员宣布, 谁的主持词写得好, 这个工作就属于谁。作为班级的一员, 请你撰写一份晚会主持词。

7. 某公司即将举行产品促销活动, 请你为这次促销活动写一篇主持词。

项目二 实习实践

能力目标

- 能够对具体的实习报告、毕业设计及毕业论文等文书就写作内容、格式、语言等方面加以分析评鉴。
- 能够熟练写作主题正确、内容充实、结构合理、语言恰当的实习报告、毕业设计及毕业论文。

知识目标

- 掌握实习报告、毕业设计及毕业论文的相关知识和写作要求。

● 理解实习报告、毕业设计及毕业论文的概念、特点和写作要领。
● 了解实习报告、毕业设计及毕业论文的作用。

■ 项 目 导 航

时间飞逝，安琪已经是大三的学生了，很快就要面临毕业和找工作的双重压力。为积累工作经验，系里安排她到省内一家知名企业的人力资源部实习。在实习过程中，她认真工作，将理论知识融会贯通于实践之中，在专业技能、与人沟通、文书写作等方面都得到了很大的提高。3个月后，安琪结束了在该公司的实习，回到学校开始准备毕业论文，但是，在开始写毕业论文之前，安琪还有一个重要的任务：写一份实习报告，以总结在实习过程中的经历和收获。

实习报告该怎么写？毕业论文该怎样写？安琪觉得任务很重，但是她相信，只要努力，没有攻克不了的难关。

任务一　实习报告

案例赏析

某市一企业计划招聘德语翻译兼项目负责人和西班牙语翻译兼项目负责人各一名，可连日来参加了七八所大学的校园招聘会，却一直没有招聘到合适的人选。李某是一大学辅导员，在看到该企业招聘无功而返的消息时，突然想到自己前两天批改学生上学期的实习报告时，看到其中有一位学生的实习经历正好符合该企业的要求，便随即联系了这位同学，并通知其与该企业及时联系。

由这则故事我们可以看出，认真翔实的实习报告，在找工作时有时也可以祝你一臂之力。

××商业物流中心实习报告

经过一学期《物流基础》的学习，对物流的定义、基本功能、各个作业流程有了一定的理论知识，通过实习将这些理论与实际的操作相结合，在实践中提高了运用知识的能力。现将实习情况报告如下：

一、实习目的

了解第三方物流服务的特点、主要设备和作业流程，尤其需要进行分析，并结合所学的理论提出改进意见。

二、实习时间

2008 年 5 月 8 日—6 月 20 日。

三、实习地点

××市××街××商业物流中心。

四、实习用到的方法

访问法、资料搜集法。资料搜集的方法：网上搜集。

五、公司概况

1. 基本情况

××商业物流中心位于××路 1500 号，交于××路，比邻××路，交通便捷，与××西站及其铁路沿线仅一步之遥；地处内环线与外环线之间，距离内环线 1.5 公里，距离外环线 3.5 公里；距离××和××高速公路出口处分别仅为 1.5 公里和 4 公里。物流中心占地面积为 26 万平方米，各类仓库 10 万平方米，拥有 4 条铁路专用线和 40 辆厢式货车。

2. 公司简介

××商业物流中心是××商业储运有限公司的子公司，隶属××集团有限公司。中心始建于 1952 年，是全国商业系统大型的社会化第三方物流企业。2000 年初被国家经贸委确定为全国发展商品配送重点单位。

3. 主要设施

铲车，中心有 1.5 吨～3 吨的汽油柴油叉车和干充式电瓶叉车以及前移式高位货架库专用干充式电瓶叉车多辆。手推液压车和登高车 6 辆，以及国际标准 1m×1.2m 地台板。运输车辆，中心拥有多辆 10 吨全封闭厢式货车，8 吨全封闭厢式货车，5 吨全封闭厢式货车及 2 吨以下的厢式货车。同时拥有 2 个联盟型车队，可调动车辆近百辆。铁路专用线，有 4 条共计长度为 1654 米铁路专用线，是目前上海商业系统内唯一拥有铁路专用线的专业物流企业，具有 100 万吨的铁路运输发运能力，用以方便客户的产品运输方式有多种选择余地。拥有 1 万平方米集装箱场地，龙门吊负载能力为 10 吨～20 吨，适合金属类商品以及集装箱储存业务。

4. 仓库类型

高平台彩钢板结构仓库。拥有高平台彩钢板结构仓库计 24 621 平方米，可利用空间高度为 7 米～8 米，1700 平方米的仓库已安装了高位货架。该类型仓库的优点是建筑结构合理，面积利用率高，防汛、防潮、隔热性能良好，全部有雨棚和外平台，库外周转场地大，便于商品装卸及进出仓。

高平台铝合金结构仓库。拥有高平台铝合金结构仓库计 16 800 平方米，可利用空间高度为 6.5 米。该类型仓库的优点是防汛、防潮性能良好，库外周转场地大，特别适合进出频繁的大宗商品的储存。

楼层恒温库。拥有楼层恒温库 10 100 平方米，可利用空间高度为 5 米。该类型仓库的建筑条件为满足某些产品在温度控制上的不同要求提供了先决条件。

铝合金结构平房库。拥有铝合金板平房库 5700 平方米，可利用空间高度为 6 米。该类型仓库的优点是库外周转场地大，特别适合于进出频繁的大宗商品的储存。

易燃品仓库。拥有可储存易燃品仓库 1000 平方米。该类型仓库能提供易燃危险品类的特殊商品储存。

其他库房 40 000 平方米。该仓库多数属于砖木结构，单位仓库面积小于上述仓库类型，具有冬暖夏凉的自然调节功能。

5. 配送系统服务

市内/国内配送，单品/综合配送，常温冷藏配送。百货用品、冷藏保温、特殊商品。

贵重物品配送。提供门到门的服务，确保商品安全抵达用户手中。隔日零担配送。对于零担配送，公司承诺货物隔日上车、发车。

上架陈列。对于市内各大商场、各类超市、连锁网点的配送服务，公司还提供协助客户商品上架陈列的服务。

6. 仓储系统服务

常温/恒温仓库储存，高层/堆垛货架储存。

存贷即时控制。有效的货卡登记制度，可随时了解库存商品的数量。确保商品质量，随时检查，出现质量问题及时上报、调整。定时观察库房条件。确保库房内温湿度不超标。

加工整理。提供完善的分拣、投包装等加工服务，物流中心内还设有专门的包装加工单位，可随时满足客户的各种要求。

订单处理。对订单处理要求做到及时、准确、高效，并承诺：单据收到 15 分钟内，操作人员到达现场，可开始收发货。

退货处理。全力协助货主公司进行退货收货作业，填写收货单和进仓单，并及时反馈货主公司，以便货主公司尽快对退货作出处理决定。退货收货时，对于原封箱之产品如无货主公司特别指令，即可作为商品入库处理。非原封箱退货按货主公司指令要求，做到清点、分类、整理后方能入库。

7. 信息系统服务

物流信息系统设计。分析客户物流流程，提供物流系统设计，系统咨询。

仓储管理系统设计。依据客户对仓储条件的要求和储存商品特点，进行仓储管理系统的个性化设计。

运输配送管理系统设计。针对大企业配送系统，专门设计了一套配送订单管理系统，实现单证处理的通用化，以适应各种客户对配送的要求。

销售供货分析。从客户利益出发，进行常规供货、出货、流通周转，及安全库存的定量分析、替客户计算出最经济的租仓面积。

8. 作业流程(以中国物流公司为例)

进仓：乙方提前一天将"入库通知单"传真给甲方确认；甲方收货时根据"入库通知单"上的内容逐项核对(如货损、货差、货单不符将记入"进仓单")；两小时内甲方将"进仓单"传真回乙方后归档，月底制定报表。

出仓：乙方提前一天将"提货通知单"传真给甲方，写明出货的时间、车队名和所提货品的货号、数量；当天车队携带正本"提货单"到相应的货仓，甲方根据乙方签字样本、"提货通知单"与正本"提货单"核对"出仓单"，并由提货方在"提货单"和"出仓单"上签字；完毕后甲方立即把已签字的"提货单"传真给乙方，并把"提货单""出仓单"归档。

六、研究结论

(1) SWOT 分析。

优势：企业长期从事物流服务业务，拥有一支物流管理及实际操作经验丰富的专业队伍，能为客户提供各项物流服务；仓库类型齐全；作业场地宽敞。

劣势：人员配置不尽合理，员工人数过于庞大，影响企业效益；信息系统未能得到充分利用；货仓的出租形式过于单一、死板，租金较高。

机遇：申博的成功必将给上海物流业带来前所未有的发展良机，许多跨国厂商商品的周转必定要依托本地的物流企业。

挑战：物流企业间的竞争日趋激烈，如何优化自身的作业流程，如何充分利用企业已有的设备、设施降低成本。

(2) 企业依然以旧的仓库出租模式收取租金，使得仓库的利用率低，造成客户流失。可结合仓库实际，加大空间利用率，根据仓库的实际利用情况进行收费，这样既提高了仓库的使用率又间接地降低了租金，争取到了更多的客户。

七、几点建议

(1) 应注重运用现代化技术，把计算机应用作为一项系统工程来抓，实现与工厂、销售计算机信息的联网，以及以上海市区配送为主辐射华东地区的运输配送网络。

(2) 应多重视专业人才的培养，提高员工的综合能力及素质。应多学习和借鉴国外的先进技术，使企业更好地向前发展。

(资料来源：邹志生. 应用写作教程创意新编[M]. 武汉：华中科技大学出版社，2006)

简评：

本篇标题用最简练的语言反映实习的内容；前言部分交代了实习目的、时间和地点；主体部分结合自己所学的专业知识，深度剖析了公司的管理现状，将理论与实践紧密结合，详略得当、重点突出；最后，有针对性地提出实习建议，这是实习报告中比较重要的部分；全篇行文自然流畅，语言简洁精练，条理清晰。

 知识聚焦

一、实习报告概述

实习报告是指各种人员实习期间需要撰写的对实习期间的工作学习经历进行描述的文本。

实习是学生接触职业实际、提高综合职业素质、增强分析问题和解决问题能力的重要教学环节，也是培养人才的重要途径。实习报告是实习人员在某项实习活动中，把实习目的、实习时间、实习地点、实习部门或岗位、实习内容和过程、实习体会和收获等，用简洁的语言写成的书面报告。必须完全根据自己的实习历程撰写。

实习报告的撰写，文字上应力求简明扼要、通顺，语言流畅，无错字，不允许请他人代写。若有图表则力求清楚整洁，反映真实状况。

二、实习报告的特点

1. 专业性

实习报告是要求就实习(见习)中遇到或解决的与所学专业有关的问题进行报告，其内容具有较强的专业特色。

2. 总结性

实习报告要求全面总结实习(见习)情况，并概括出具有规律性的东西，以便老师掌握情况，对作者也是一种促进。

3. 学术性

实习报告是在掌握一手材料的基础上，对材料进行分析、概括和深化，论证充分、逻辑严密，有一定的学术规范。

三、实习报告的结构和写法

实习报告一般由标题、正文和落款 3 部分组成。

(一) 标题

标题应该简短、明确，有概括性。写法上，一般直接写"实习报告"；也可以是"实习内容+文种"，如《计算机实习报告》；或者"实习地点+文种"，如《某日报报社实习报告》；也有双标题的写法，如《质量是企业的命根子——××集团股份有限公司实习报告》。

(二) 正文

正文一般包括以下几个方面的内容。

1. 前言或引言

前言或引言主要介绍实习的基本情况，包括实习的目的、意义、要求、实习时间、地点和任务等。

2. 主体

(1) 实习内容和过程。实习内容和过程作为实习报告的重点，完整记录实习进行时的程序和步骤，写明实习经历的内容和过程。若需要可画出实习过程示意图，亦可配以相应的文字说明。

(2) 实习体会、经验教训、今后努力的方向等。实习收获和体会作为实习报告的重点，应写明是否完成了实习任务书的要求，是否解决了实习前的疑惑；写明实习的真实体会和收获；写明对实习的意见和建议以及今后努力的方向等。

(三) 落款

落款，即署名和报告时间。

特别提醒

(1) 一定要根据自己的亲身实习经历写，反映真实的情况，切勿胡编乱造。

(2) 应重点对"实习内容"与"实习总结"进行阐述。

(3) 文字上应力求简明扼要、通顺，语言流畅。

小卡片　实习生与公司的劳动关系

实习生是否与公司建立有劳动关系？一般的大学生在校期间的实习指的是实习人员出于教学需要在单位进行社会实践的行为。这种实习的明显特点是用人单位与实习人员不建立劳动关系，或者因为实习人员与其他机构有关系的缘故而无法建立劳动关系。实习的大学生与学校有着高等教育的关系，大学生的档案等个人履历文件也放在学校，单位根本无法与实习大学生建立劳动关系。

病文评析

实 习 报 告

××××年××月××日，我怀着激动而感恩的心情来到中国建设银行××分行实习。转眼之间，我已来到××分行两个月有余，现将这一阶段的工作情况汇报如下：

1月我被正式下派到××支行从事英语服务工作。在××网点工作的前两周，我的主要工作就是协助大堂经理开展工作。在××支行每天早晨都会开晨会，主要目的是总结前一天的工作成绩，指定当天的工作任务和目标。晨会中主任会对前一天业绩突出的员工进行表扬，并且激励大家再接再厉。

作为大堂经理，每天最多的工作便是对客户的"迎、分、动、送"。客户进来时微笑欢迎；人多的时候负责对不同窗口的客户进行有效的疏导；协助客户经理和业务顾问做好理财产品的介绍和推荐工作；客户办完业务礼貌送走。刚开始的时候，客户办理不同业务需要填写哪些单据不清楚，理财产品的细则也不明白。于是我不懂就问，虚心向低柜区的行员和大堂经理请教。慢慢地对各种业务熟悉起来，对"迎、分、动、送"也有了深刻的理解，工作开展也得心应手。

××月下旬，我进入高柜区参观操作员的操作流程，全面了解前台 dcc 系统的具体操作，前辈们也都热情地给予帮助和指导，特别是××师傅教我练习点钞手法。此外，××大姐还借给我 dcc 操作书、柜员应知应会手册让我进一步学习理论知识，使我对银行柜面基本业务有了全面的了解和提高。

在高柜区参观学习期间，我充分认识到前台员工要特别谨慎细心，因为业务的多样性、风险性与流程的复杂性，员工的微小疏忽，便可能给客户带来很大麻烦。在这个过程中我也体会到员工的团队精神、敬业精神、创新精神和奉献精神。在××支行实习期间，我也充分发挥了自己计算机专业的优势，多次为网点营业室处理诸如打印机、视频播放等电脑故障，帮助整理了电子文件，使营业室工作得以顺利进行。

(资料来源：文秘范文网，有改动)

评析：

这份实习报告虽然语言流畅，层次也较为清晰，但不是一份好的实习报告。如前言部分较粗略，没有交代清楚有关实习的时间、目的、意义、要求等基本情况；主体部分缺少提炼概况，没有体现出"总结性"的特点；内容也不够完整，应该有经验体会、今后努力的方向等内容。

任务演练

根据自己的实习经历拟写一份实习报告，具体要求：
(1) 符合相应文种的写作规范和写作要求。
(2) 文字流利畅达。

知识拓展 实习与实习报告

一、实习时应注意的问题

实习生经常处于一个尴尬的位置，作为学生，总是觉得自己被忽视，实习期没有事情可做，白白浪费时间；作为企业，觉得实习生完全不懂公司工作流程，无法把重要事务交托给他们。面对这样的情况，实习生究竟该如何找准自己的位置呢？

(1) 明确发展方向。实习不仅仅是为了找到一份工作，同时也是通过尝试来发现什么样的工作更适合自己，明确自己未来的发展方向，为职业生涯做好规划，这样的实习才能有意义。

(2) 从小事做起。一般来说，用人单位都喜欢把一些琐碎、单调、技术含量低的工作交给实习生做。这个阶段缺乏乐趣和挑战性，往往让大学生陷入苦恼，觉得自身价值无法体现。要相信，只有经过这样的考验，才有机会获得进一步施展才能的机会。

(3) 注意细节问题。这主要反映在实习生应对简单任务的能力上，很多实习生往往会忽视这一点。做好细节问题同样也是完成工作任务、提高自身能力的重要方面。

(4) 遵守规章制度。每家公司都有自己的规章制度，有些劳动纪律是你无论在哪里都必须遵守的，比如不迟到、不早退、办公时间不打私人电话等。只有养成了良好的纪律性，才能在激烈的竞争中占得先机。

(5) 多做事，少说话。给复印机加纸，换一下饮水机上的空水瓶，打扫一下办公室卫生等。做做这类小事并非大材小用，往往能给人留下好印象。另外，不要在背后议论领导和同事，以免卷入是非旋涡。

(6) 主动积极，大胆请教。实习生经验不足谁都能理解，最怕的就是在用人单位"混日子"。年轻人最让人欣赏的就是朝气和锐气，只要你努力去学习和尝试，老同志不但不会看扁你，反倒更愿意帮助你。这样你才能够得到更快的提升和发展。

二、优秀实习报告的内容构思

一份好的实习报告可以帮助学生获得理想的就业岗位，要写好实习报告可以从以下几个方面进行构思：

(1) 加深了对职业的认识，获得了所从事领域的较为高深的知识。
(2) 如何理论联系实际，面对和解决了实习中遇到的困难和障碍。
(3) 增强了工作能力，如团队精神、创造能力、吃苦耐劳等。

任务二　毕业设计

案例赏析

本科生毕业论文让学术界汗颜？

因为大一、大二4个学期的英语考试一次都没及格，也没有通过大学英语四级考试，按照学校的规定，××大学大四学生邵××将拿不到毕业证和学位证。但用学位论文检测系统对其毕业论文进行检测时，结果显示，这篇长达7.8万字的论文与已有文献的重复率仅2%，且重复部分都有清楚的标示。而"研究生的论文能把重复率控制在10%以内就很不错了"。其论文内容亦被多位教授评为优秀，学校破例授予他学士学位。

(资料来源：www.people.com.cn)

为何一篇本科毕业论文可以震惊多位教授，为何一篇毕业论文可以让校规破例？这位学生的毕业论文之所以备受重视，是因为他对学术的尊重、对科研的态度。这种务实创新的态度却是学术规范的前提条件，是严谨治学的基本道德自律。

毕业论文如此，毕业设计亦如此。

范文选读

关于学生成绩管理系统的设计报告

××职业技术学院信息管理系　×××

摘要： 本文设计了一般学校通用的"学生成绩管理系统"。本设计采用目前通用的小型数据库FoxBase语言编写，以适应现行学校内部与外部交换信息的需要。

本设计以FoxBase为核心模块，开发出菜单模块、运算功能模块等模块，采用功能模块式的组合方式构建整个系统。

关键词： 数据库　学生成绩　管理系统　设计

一、前言

目前，大多数学校在利用计算机管理学生成绩方面，还停留在"单独表格式文件管理、没有形成系统"的水平层面上，即采用的是半手工、半计算机式的管理方式。在计算机上录入编排学生成绩名册，并录入成绩，进行手工统计，最后排版打印。这种方式造成很大浪费，即计算机资源得不到充分利用，且每学期录入一次名单，手工统计一次分数，费时费工。

为解决这一问题，设计者先后调查了 5 所中小学和 3 所大学，分析了学生成绩管理工作一般过程的需要，设计了本管理系统。

二、系统原理说明

（一）系统构建依据

本系统构建依据是一般学校的学生成绩管理过程。其过程是：新生学籍登记→一年级上下学期成绩登记→各个学期成绩登记→毕业成绩汇总。

（二）系统内容和性能

在这个过程中，各环节所需要的功能如下。

学籍登记需要，包括名单录入、修改、查询、打印等功能。

各学期学习成绩需要，包括名单录入、学习科目名称录入、各科成绩登记、各科人均分数、各分数段人数统计、学生个人各科成绩平均分数、各科补考人数统计和补考成绩登记。

毕业成绩汇总需要，包括登记各学期成绩、统计学习总分和平均分、登记毕业实习和论文成绩等。

以上各项必须具有录入、修改、查询和打印功能，已录成绩需要具有计算、统计等功能。

整体系统如下图所示。(图略)

三、系统设计

（一）数据库文件

1. 成绩库文件字段含义

（1）QCJ(ABCD)库

Q101……Q 其中，"1"第一学期，"01"第一门课程。

Q202……Q 其中，"2"第一学期，"02"第二门课程。

F101……F-Q101<60，读入 1。

FZ……第一学期不及格课程门数。

FZ2……第二学期不及格课程门数。

QZ……第一学期期中总分。

QZ2……第二学期期中总分。

QP……第一学期期中平均分。

QP2……第二学期期中平均分。

KQ01……第一学期期中考试门数。

……

2. 打印库文件

(1) 文件名：kcdy.dbf

说明：本库用于打印各类成绩报表的有关课程名称、学院名称、专业名称。与其他库的连接为"班级"。

(2) 文件名：xjdy.dbf

……

(二) 功能模块设计

(1) 软件整体界面与功能模块程序设计。(略)

(2) 录入、修改、查询界面与功能模块程序设计。(略)

(3) 运算、统计、打印界面与功能模块程序设计。(略)

(三) 数据库文件与功能模块文件关系一览表(略)。

附件：

1. 软件整体界面程序

2. 录入、修改、查询程序

3. 运算、统计、打印程序

参考文献：

1. ××. FoxBase 编程[M]. 北京：北京××××出版社，1995.

2. ××. 小型数据库实用案例[M]. 北京：××××出版社，1996.

(资料来源：李振辉. 应用文写作实训教程[M]. 北京：机械工业出版社，2006)

简评：

本设计的前言部分简要说明了设计的原因、目的，表明本设计既具有实用性，又有社会效益和潜在的经济效益。设计内容分"系统原理说明"和"系统设计"两部分。"系统原理说明"部分，首先说明构件系统的现实依据，其次说明系统的内容和性能，"系统设计"部分从技术角度论述系统的组成，并用图表的方式说明数据库文件和功能模块文件的关系。将设计成果的有关程序软件作为附件附于设计报告之后作为附件，以证明真实性。文末注明参考文献。

知识聚焦

一、毕业设计的性质

毕业设计，是大学毕业生把所学的基础理论、专业知识运用到实际工作中去，进行专业某个领域环节的设计文书，是高职院校对学生整个学习过程的一个综合性考查。

一般的高职学生经过几年的系统学习，已经掌握了足够的基础知识来完成一个小型的工作任务。毕业设计是对学生理论水平和实践能力的一次全面检验和提高。毕业设计过程可以锻炼学生从事科学研究和实际工作的能力，组织得好的毕业设计是对学生的一次全面锻炼。

二、毕业设计的写作步骤

(一) 选题

选题的意义重大，关系到设计的价值以及完成的质量。选题可从以下方面考虑：

(1) 从业务强项或兴趣点出发进行选题；

(2) 从实习或实践中所发现的问题进行选题。

(二) 搜集资料

占有大量材料是完成毕业设计的基础。资料可以用直接调查的形式获得，也可以通过图书馆、档案馆以及互联网查阅获得。

对于高职学生来说，直接调查是获得毕业设计资料的重要途径。调查形式是多样的，如通过直接观察、个别访谈、查阅有关档案、抽样发放问卷等方式进行。

(三) 拟定提纲

拟提纲，就是把文章的整体思路勾勒出来，确定主体框架。这样可以使思路清晰，避免写作的盲目性。

(四) 撰写初稿

(五) 修改、定稿

拟写的初稿需要在内容、结构安排以及语言等方面反复修改、润色方可定稿。

三、毕业设计的结构

(1) 概述。说明本设计的基本内容及其在生产实践中的作用，论证本方案的合理性和设计的指导思想，所用新技术、新工艺、新材料等，指明由此产生的效益。

(2) 设计内容。说明本设计的原理、性能、方案选择、设计要求、参数、计算公式和结果等。

(3) 附表。设计所用数据以表格的形式列出。

(4) 参考文献。列出本设计所参考的书籍或文章。

四、毕业设计写作的注意事项

(1) 选题要适度可行。由于受时间、条件的限制，不宜选择难度很大、过于复杂的项目，但是技术上要较先进，具有可行性。

(2) 内容要重点突出。要把重点放在自己设计中的独到之处，或者有所改进，或者具有创造性。

(3) 说明要详尽准确。对于设计原理、方案选择、参数特征等，应尽可能地详尽准确，以真实反映自己的实际学业水平。

(4) 文面要整洁规范。要按规定的格式写作。图纸应当认真绘制，做到准确、整洁。

小卡片　毕业设计的课题选择

毕业设计的课题可从以下几个方面综合考虑：

(1) 有利于综合所学知识。

(2) 能结合专业岗位所需。

(3) 尽可能联系实际。

(4) 有一定的应用价值。

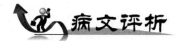

病文评析

XR2211 及在 IR-MODEM 中的应用

——应用电子技术专业毕业设计报告

作者：×××

一、选题的背景与意义

有线通信方式由于拖带一根通信电缆，使其速度、移动范围受到限制，而且拖带电缆易磨损、拉断，滑环产生的火花干扰常常影响通信质量；而无线通信则易受到干扰而使可靠性降低。感应无线技术能较好地解决这个问题，同时这一技术又能为方便地解决移动机车的自动控制奠定一定的基础。

二、研究的基本内容与解决的主要问题

XR2211 及在 IR-MODEM 中的应用与主要问题的解决方法；XR2211 及在 IR-MODEM 中的设计与实现。

三、研究的方法与技术路线

首先对 XR2211 及 MODEM 的发展进行了解和深入研究，查阅相关的资料，然后通过学习 PROTEL99SE 来完成芯片的电路设计，并进行系统调试，做出一份完美的毕业设计。

四、研究的总体安排与进度

时间安排：

1 月至 2 月整理资料；

3 月至 5 月编写论文；

6 月修改论文及答辩。

五、主要参考文献

(1)《通信原理简明教程》

(2)《相关元器件的数据手册》

(3)《单片机原理与接口技术》

(4)《锁相环原理及应用》

评析：

这份毕业设计在内容及格式上均存在一些问题，更像一份开题报告。内容上缺少设计的主要内容，如设计原理与设计方案的论证、主要技术参数、工作流程及技术性能、适应范围等；"研究的总体安排与进度"不必写在设计里；格式不规范，如参考文献格式，缺少致谢等。

任务演练

根据自己的专业，运用所学专业知识，进行某一工作环节或活动的设计，并在学习小组上交流。

知识拓展 如何制作毕业设计的 PPT

(1) 要对论文的内容进行概括性的整合，将论文分为引言和试验设计的目的意义、材料、方法、结果、讨论、结论、致谢几部分。

(2) 在每部分内容的 Presentation(介绍)中，原则是：图的效果好于表的效果，表的效果好于文字叙述的效果。最忌满屏幕都是长篇大论，让评委心烦。能引用图表的地方尽量引用图表，确实需要文字的地方，要将文字内容高度概括，简洁明了化，用编号标明。

(3) 幻灯片的内容和基调。背景适合用深色调的(例如深蓝色)，字体用白色或黄色的黑体字，显得很庄重。值得强调的是，无论用哪种颜色，一定要使字体和背景形成明显反差。注意：要用一个流畅的逻辑打动评委。字要大：在昏暗的房间里小字会看不清，最终结果是没人听你的介绍。不要用 PPT 自带模板：自带模板评委们都见过，且与论文内容无关，要自己做。时间不要太长：20 分钟的汇报，30 页内容足够，主要是讲述，PPT 只是辅助性的。记得最后感谢母校、院系和老师。

任务三　毕业论文

案例赏析

　　笔者在大学时有一位学法律的朋友，他的毕业论文得了优，并在某知名学术期刊上发表了。后来，他接到某律师事务所打来的电话，问他是否有兴趣去参加面试。那可是他以前可望而不可及的公司。几轮面试之后，他很顺利地得到了那个工作。后来他才知道，原来是因为有位负责人看到了他发表的那篇毕业论文，认为他很有潜力，所以叫助手打电话给他，他因此有了这个令无数人羡慕的工作机会。

　　毫无疑问，对这位朋友来说，能够得到这份难得的工作，优秀的毕业论文起着至关重要的作用。虽然，有好的毕业论文不一定就能找到好的工作，但是，毕业论文对大学生的重要性是毋庸置疑的。

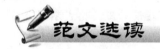

范文选读

基于细胞自动机的交通流研究

院　　系：控制科学与工程系
专　　业：自动化
姓　　名：××
指导老师：××

摘要：

随着科技的快速发展、经济水平的不断提升，当今城市的交通也越来越拥堵。在我国很多大城市中，交通的拥挤和堵塞已日趋严重，因此对于城市交通状况的研究也就显得越来越重要。

细胞自动机模型可以更好更快地对道路上车辆的行驶状况进行在线实时描述，也可对车流量进行短期预测。通过此模型对交通流进行分析仿真后，用所得的相关信息即可对城市道路上的车流进行宏观调度，从而可以从一定程度上缓解交通压力，避免拥挤和堵塞现象发生。

本课题以城市交通状况的在线分析法为背景，首先介绍了交通流的基本概念及相关的模型。通过交通流来描述道路上车辆的行驶状态。在交通流基本理论的基础上，用细胞自动机理论建立交通流的离散模型。在原有的 NaSch 细胞自动机理论基础上，进一步加入了修正规则、随机减速规则以及提前减速规则，以更好地描述实际的交通状况。最后对 NaSch 模型以及改进的模型进行了仿真，画出了这些模型的基本关系图以及车辆的位置—时间图，并对其进行了分析比较。

关键词：交通流　NaSch　细胞自动机模　仿真

第 1 章　绪论

1.1　课题的目的和意义（略）

1.2　国内外研究概况（略）

1.3　论文的组织结构（略）

第 2 章　交通流基本理论

2.1　基本参数（略）

2.2　三参数基本关系（略）

2.3　道路是否拥挤的判断标准（略）

2.4　道路通行能力（略）

2.5　针对不同设施类型的其他参数（略）

2.6　交通波模型（略）

第 3 章　细胞自动机的交通流模型

3.1　细胞自动机基本理论（略）

3.2　三种主要的交通仿真细胞自动机模型（略）

第 4 章　交通流模型的计算机仿真

4.1　仿真平台与原始数据说明（略）

4.2　交通流基本模型仿真（略）

4.3　NaSch 细胞自动机模型仿真（略）

总结与展望

1. 本文总结（略）

2. 本文对 NaSch 模型改善之处（略）

3. 今后工作的展望（略）

致谢（略）

参考文献（略）

（资料来源：潘大华. 应用文写作教程[M]. 武汉：湖北人民出版社，2007）

简评：

这是一篇很不错的毕业论文。作者能综合运用所学的理论知识，联系实际进行论述。摘要部分，用简明扼要的文字介绍整篇论文的主要内容及研究成果；通过提取整篇论文的主要信息，用于表示论文的关键词。绪论部分主要介绍了本文的研究目的和意义，以及国内外对于相关课题的研究现状。本论部分结构严谨、层次分明，并具有一定的深度。结尾部分，总结了本文的意义和贡献，并指出未来研究的展望。文章中心突出，论据充分，文笔流畅。

一、毕业论文概述

毕业论文，泛指专科毕业论文、本科毕业论文(学士学位毕业论文)、硕士研究生毕业论文(硕士学位论文)、博士研究生毕业论文(博士学位论文)等，需要在学业完成前写作并提交，是教学或科研活动的重要组成部分之一。其主要目的是培养学生综合运用所学知识和技能、理论联系实际、独立分析、解决实际问题的能力，使学生得到从事本专业工作的机会和进行相关的基本训练。毕业论文应反映出作者能够准确地掌握所学的专业基础知识,基本学会综合运用所学知识进行科学研究的方法，对所研究的题目有一定的心得体会。论文题目的范围不宜过宽，一般选择本学科某一重要问题的一个侧面。

从教学的角度出发，设置毕业论文这项任务的目的在于：培养学生综合运用、巩固与扩展所学的基础理论和专业知识的能力，培养学生独立分析、解决实际问题的能力；培养学生正确的理论联系实际的工作作风、严肃认真的科学态度；培养学生进行社会调查研究，文献资料收集、阅读和整理、使用，提出论点、综合论证、总结写作等的基本技能。

毕业论文是一份总结性的作业，要求学生在导师的指导下独立完成。撰写毕业论文对于培养学生初步的科学研究能力，提高其综合运用所学知识分析问题、解决问题能力有着重要意义。

二、毕业论文的结构和写法

毕业论文的格式一般由标题、摘要、关键词、目录、正文、结论、致谢、参考文献和附录等9部分组成。

(一) 标题

毕业论文的标题有总标题、副标题和分标题。总标题，要做到让读者看到总标题便可以知道论文的主题，清晰、明了、精确，字数不宜过多。副标题，是作者为了更明确地表达论文的主要内容、研究目的或对象而添加的。但是，并不是每篇毕业论文都必须有副标题，需要时可添加副标题，不需要时亦无须硬性添加。分标题，可以清楚地显示文章的层次，设置分标题时，要注意上下文联系的紧密性。

(二) 摘要

摘要是全篇论文内容的缩影，要求以精练的语言勾勒出论文的整体面貌，提出主要论点、揭示论文的研究成果、简要叙述全文的框架结构。

写摘要的目的在于：①让论文指导老师及答辩组老师在还未审阅全文内容前，先对论文的主要内容、大体逻辑有所了解，知道论文的主要研究成果。②一旦该篇毕业论文被数据库收录，可以使其他读者在阅读摘要之后就能粗略了解作者所研究的问题，如若感兴趣，便可进一步阅读全文。一方面，对作者来说，摘要起到了广告的作用，将论文推荐给众多的读者；另一方面，对于众多查阅文献的读者来说，摘要是一种筛选工具，帮助读者在较短的时间里找到想要查阅的论文。

摘要是正文的附属部分，一般放置在论文的篇首，有中英文之分。国内的毕业论文通常是用中文撰写的，从顺序上讲，中文摘要放在前面，英文摘要放在后面。写英文摘要时需另起一页纸。

(三) 关键词

关键词是用于标示论文的关键性主题内容，但未经规范处理的主题词。它是为了文献标引工作，从论文中选取出来，用以表示全文主要内容信息的单词或术语。通常，一篇论文选用 3~8 个关键词。

关键词也有中英文之分，在用中文撰写的论文中，中文关键词紧随中文摘要，在英文摘要之前，英文关键词紧随英文摘要。

(四) 目录

通常情况下，毕业论文的目录要求有章、节、条 3 级标题，标题的层次必须清晰，前后标题在逻辑上要衔接紧凑。目录中一般应包括绪论、论文主体、结论、致谢、参考文献、附录等。

(五) 正文

毕业论文正文的主要内容一般包括 3 个方面：①在该主题方面，前人的相关论述，包括前人所用的研究方法、过程和成果，要分别注明出处。②作者本人的论述，包括所用的研究方法、过程和成果。③事实依据，文中提出的事实依据要真实可靠，必要时应注明出处。

(六) 结语

结语是对论文课题研究的总结，是最终的、全文性的总结，应体现作者更深层次的认识，从全文的角度出发得到的总观念、总见解，要求语言准确、精练。结语部分一般应包括 3 个方面：①本文解决了什么问题；②对前人相关研究的论述作了哪些修正；③本文写作的局限性或不足之处或仍待解决的问题。

(七) 致谢

致谢一般放在正文之后，按照中国国家标准 GB 7713-87 的规定，致谢的对象通常包括：协助研究的实验人员；提出过指导性意见的人员；为研究提供方便(仪器、测试等)的机构或人员；给予转载和引用权的资料、图片、文献、研究思想和设想的所有者；在论文撰写过程中提出建议、给予审阅和提供其他帮助的人员；资金资助项目或类别(但不宜列出得到经费的数量)。毕业论文致谢的主要对象包括导师和对论文工作有直接贡献及帮助的人士和单位。

(八) 参考文献

毕业论文的撰写应本着严谨、求实的科学态度，凡有引用他人成果之处，均应按论文中所出现的先后次序列于参考文献中。参考文献的数量并非越多越好，而应视毕业论文的类型及所选课题的研究现状而定。至于格式，参照各学校各专业的具体要求，并且只列出正文中以标注形式引用或参考的有关著作和论文。参考文献应按正文中出现的顺序列出直接引用的主要参考文献。

(九) 附录

附录并不是毕业论文的必要组成部分，是否添加附录应视具体情况而定。如果作者认为是有重要参考价值的内容，或一些对毕业论文来说是不可缺少的，但又不适宜放在正文中的内容，可编入附录中，如需要补充的参考数据、公式及图表说明等。

三、毕业论文的写作技巧

如何能打动答辩老师，以达到顺利毕业的目的，撰写一篇合格的体现个人专业知识、综合能力并且可圈可点的毕业论文就显得尤为重要。因此，写毕业论文，还须讲究写作技巧，才能做到事半功倍。

(一) 选好题

要写毕业论文，首先要做的工作就是选题。不能小看选题的工作，选题做好了，才可能写出一篇出色的毕业论文。通常每个毕业生要根据自己的专业、兴趣、能力，选择一个课题。课题是一个大致的范围或方向，但课题并不等于论文的题目，毕业论文的题目通常只是所选课题的某一个方面。毕业论文的题目所涉及的范围越大越不好写，因为范围越大越不好把握，所以通常应选择一个比较小的题目来写。

(二) 广泛收集资料

选好题目以后，接下来要做的工作就是收集资料，这是一个比较枯燥的过程，但还是得认真对待。首先要充分利用自己学校的数据库，尽量把所有相关的文献都找出来。如果觉得某些文献很不错，但却无法找到原文，可以写信给原作者或发动同学、朋友帮忙找。通过广泛收集资料，可以知道其他人在相关方面都做了哪些研究工作，这样才可以使自己的研究与其他人不同或对其他人的研究进行修正。

(三) 选择、占有材料

资料找到之后要对其进行选择、归纳、整理。写毕业论文时不可能把所有的材料都放进去。如果自己把握不好，就请导师进行指导。

(四) 拟定写作大纲

材料选择好之后，就要开始构思了，也就是要拟定写作大纲。整篇文章计划包括几个章节、每个章节主要写什么内容、各章节的逻辑是怎样的，这些都要在大纲中体现出来。这个阶段是非常重要的，一定要和指导老师进行沟通、商定。通常学校都会要求毕业生在开始写毕业论文之前先提交一份开题报告，拟定好的大纲正好可以放在开题报告中。

(五) 撰写初稿

准备工作就绪之后，该开始写初稿了。写初稿时可以不用拘泥于字数的限制，只要觉得重要的、该写的，暂时都可以写进去。因为字数多了，还可以再慢慢删减，没东西可写才是最需要担心的。但是，所写的内容必须是围绕主题的，切不可偏离主体。

(六) 修改、定稿

从形式上看，修改似乎是写作的最后一道工序，但是从总体来看，修改应该是贯穿于整个写作过程中的。论文在动笔之前，要酝酿构思，修改就要从这里开始。确立中心、选择题材、布局谋篇等，都要经过反复思索、修改，确定一个严密的提纲，搭起一个好架子，文章结构就不会有大变动。落笔以后就进入了边写边改、边改边写的阶段。这是一个细致的思索过程，形象思维与逻辑思维并用，有事理的推断、形象的探索、层次的划分、段落的衔接、句式的选检、词汇的斟酌及推敲，各方面都要在经过分析、对比、取舍之后完成初稿。初稿完成之后，要先拿给导师审阅，征求导师的修改意见，然后逐字逐句、逐层逐段地阅读，作通篇的修改。最后要做的就是按学校的要求，调整字体段落等格式，然后定稿。

其中初稿完成后的修改更为重要，这是一个反复的修改过程，通常都要改两三稿。当然也不排除改一稿就可以定稿的可能。

(七) 装订

毕业论文装订成册时一般按照这样的顺序：封面、毕业论文(设计)成绩评定表、毕业论文(设计)任务书、毕业论文(设计)开题报告、毕业论文(设计)写作记录卡、毕业论文(设计)指导教师评审记录卡、彩色分隔页、毕业论文(设计)、封底。

其中，毕业论文(设计)写作记录卡、彩色分隔页是否装订要视学校的要求而定。

小卡片 毕业论文与学术论文的区别

　　毕业论文虽属学术论文中的一种，但和学术论文相比，有其自身的特点。

　　(1) 指导性。毕业论文是在导师指导下独立完成的科学研究成果。

　　(2) 习作性。根据教学计划的规定，在大学阶段的前期，学生要集中精力学好本学科的基础理论、专门知识和基本技能；在大学的最后一个学期，学生要集中精力写好毕业论文。

　　(3) 层次性。毕业论文与学术论文相比要求比较低。专业人员的学术论文，是指专业人员进行科学研究和表述科研成果而撰写的论文，一般反映某专业领域的最新学术成果，具有较高的学术价值，对科学事业的发展起一定的推动作用。大学生的毕业论文由于受各种条件的限制，在文章的质量方面要求相对低一些。

特别提醒

　　(1) 详略得当，重点突出。

　　(2) 语言要符合论文类型的风格要求。

　　(3) 段落、字体、页面格式要符合所在学校的要求。

　　(4) 整体结构在逻辑上衔接自然、紧凑。

病文评析

中国民营企业创业元老的安置问题

院　　系：管理学院

专　　业：企业管理

姓　　名：××

指导老师：××

目　　录

绪　　论

1　创业元老怎么了

1.1　元老们"老"了

1.2　居功自傲，破坏团结

1.3　心存不满，抵制空降兵

1.4　留恋不愿引退

2　创业元老安置的历史借鉴

2.1　分封诸侯，各霸一方

2.2　卸磨杀驴，过河拆桥

2.3　杯酒释兵权

3　创业元老安置的现实选择

3.1　赎买

3.2　淡出权力核心

3.3　转为股东角色

3.4　发挥元老顾问功能

4　处理元老问题时需要注意的问题

4.1　对"元老"问题要有端正的态度

4.1.1　请退部分元老，势在必行

4.1.2　"元老"需要"软着陆"

4.2　选择合适时机，不可操之过急

4.3　做好元老的心理安抚工作

4.4　坚持"以和为贵"

5　小结

6　致谢

7　参考文献

评析：

本论文问题较多，如：缺少摘要和关键词；作者在历史借鉴这部分对典故的描述过多，对3种手段的评价、阐述过少；用词不够恰当，如"空降兵"这类字眼，虽然在商业评论性文章中常见，但用在毕业论文中不够恰当；"创业元老安置的现实选择"部分，4个小标题的用词不够精确。

任务演练

请结合所学专业，为自己设计一篇毕业论文提纲。具体要求：

(1) 符合毕业论文的选题要求；

(2) 逻辑严密；

(3) 明确章节内容要点。

知识拓展 毕业论文答辩

　　毕业论文答辩一般由 3～5 位本专业的老师或专家主持，每位学生均有一位主答辩老师或专家，其余 2～4 位副答辩老师或专家协同。每位学生的答辩时间一般在 20～40 分钟。学生的答辩顺序为：①学生自我介绍，内容包括专业、姓名、毕业论文的题目、指导教师的姓名及职称；②学生对所撰写的毕业论文进行简单的介绍；③主答辩教师提出问题；④学生回答问题。

　　虽然，每位老师对同一篇论文可能有不同的见解，提不同的问题，但有 3 个问题是比较常提问的。

　　(1) 你为什么会选择这个题目。

　　(2) 对你在论文中提到的某个观点，某个答辩老师持不同的意见，请问你如何看待这两种不同的观点。

　　(3) 请你指出你论文中的创新点，并进行简要阐述。

　　学生回答问题时需特别记住，如果对老师提出的问题确实不会回答，就要实事求是，告诉老师自己对此问题所涉及的知识不是十分了解，请老师换一个题目。答辩组的老师大都是本专业的，对相关专业知识都比较了解，切不可在老师面前不懂装懂。

项目三　求职应聘

能 力 目 标

- 能够对具体的求职信、个人简历等求职应聘文书就写作内容、格式、语言等方面加以分析评鉴。
- 能够熟练写作主题正确、内容充实、结构合理、语言恰当的求职信、个人简历等求职应聘文书。

知 识 目 标

- 学习求职信、个人简历、竞聘书的理论知识，明确其在就学期间所起的重要作用，掌握其写作要求。

项 目 导 航

　　每年的春季、夏季，在各大城市都会出现各种各样形形色色的人才招聘会。而这个时候也是各大院校毕业生最为忙碌的时候。安琪作为毕业生中的一员，也踏上了她的求职之路。2011 年 5 月 17 日—18 日在安琪所在的市会展中心要举行一次大型的人才招聘会，众多大学毕业生将展开激烈竞争。那么安琪为让用人单位了解、信任自己，达到求职目标，需要做哪些准备工作呢？

任务一 求职信

案例赏析

戴维(1788—1829 年)是 19 世纪英国著名的化学家，23 岁便被聘为英国皇家学会主讲。法拉第(1791—1867 年)原本是一个学徒工，每天负责做订书工作，希望能求得戴维的指教，并成为他的助手。1813 年法拉第冒昧地给戴维写了一封信，并寄了自己认认真真整理好的亲自去旁听的戴维的讲演记录，表示自己对科学的热心和求师的诚意。他当时只是想碰碰运气，谁知，戴维很快就回了信，并约法拉第面谈。见面后，戴维决定请法拉第做自己的助手，安排其在皇家实验室工作。就这样，在戴维的帮助下，法拉第终于成了伟大的科学家，并成为英国皇家学会会员。

在科学史上，法拉第之所以能成为全世界闻名的大科学家，首先得益于向戴维写的那封"自荐信"。

范文选读

求 职 信

××公司总经理：

你好！

从××日报招聘启事上，看到贵公司急需几名信息工程方面的人员，非常高兴，真心希望能成为贵公司的一员，为贵公司的发展尽自己的微薄之力。

我叫××，今年 22 岁，是××邮电学院电信工程系××级毕业生。我学习的专业是"通信工程"，与贵公司专业对口。附件是我所学的课程及成绩，希望贵公司满意。

为了拓宽自身的知识面，弥补专业的局限性，我自学了邻近专业和相关学科的一些课程。主要有"数字信号处理""随机过程""数值分析(一) (二)""移动通信""数字图像处理技术""纠错码"等课程，并广泛涉猎了"锁相同步理论""编码调制理论""综合业务网""卫星通信""统计无线电技术"等多方面的知识，以使自己能够适应现代技术的发展，为从事不同方面的工作打下一个良好的基础。

在技术实践方面，除了圆满完成学校所规定的实习和课程设计外，还参加了学校科技协会。作为一名科技协会的会员和负责人，我组织并参加了协会的各项科技活动，如电子小制作竞赛、校外无线电义务维修等。曾经亲自设计和制作过数字报时时钟、抢答器、电子门锁、无线对讲机等多种电路，在实践中积累了较多的经验。在参加的"全国第一届电子设计大赛"活动中，我获得了"××省赛区三等奖"。

我的业余爱好比较广泛，尤其喜好体育运动及书法艺术。踢足球和打篮球是我的特长。自上高中起我便多次获得校、市书法大赛的一等奖和特等奖，作品曾在市里展出。大学期间曾任电信系《××××》的责任编辑，该报在校内受到广大师生的好评。

希望以上资料能引起贵单位的兴趣并得到回复。祈盼佳音。

谨祝
顺达

×××

××××年××月××日

附件：1. 所学课程一览表
　　　2. 学习成绩一览表
　　　3. ×××
联系地址：××××××
邮政编码：××××××
联系电话：××××××

简评：

这份求职信情辞恳切，谦恭得体，不卑不亢，语言简洁。正文开头说明求职的缘由。主体分为4部分：第一部分介绍了自己的学业基本情况；第二部分重点介绍了自己的自学能力；第三部分介绍了自己的实践经历及取得的成绩；第四部分则介绍了自己的业余爱好。最后的附件为信函提供了旁证。

 知识聚焦

一、求职信概述

求职信，就是求职者用来谋求职位写给用人单位的书信。作为求职的第一个环

节，求职者通过求职信给用人单位第一印象、一个总体的了解，从而增加获得面试的机会。因此，求职信对于求职者来说是公平竞争、展示才华的工具，对用人单位来说是尽我所需、择优录用的依据。

求职信可分为自荐信和应聘信两种。前者无明确的用人单位，只是根据自己的特长而求职的；后者则是根据用人单位的招聘信息所写。

要写好求职信，必须注意以下几点：

(1) 针对性。求职信在介绍自己情况的时候，不能盲目地介绍，而应把自己的情况、职业愿望同用人单位的要求结合起来。否则，求职信会因为针对性不强而石沉大海。

(2) 自荐性。求职信的目的就是推荐自己，以期获得求职的成功。因此，求职信要强调自己的专长与成绩，强调自己对用人单位的价值，言语间要充满自信。否则，用人单位会对求职者的能力产生怀疑。

(3) 独特性。就是内容和形式的不同一般。求职就是竞争，要想在竞争中取胜，必定要出类拔萃，不同一般。否则，千人一面的求职信是不会引起用人单位注意的。

二、求职信的结构和写法

求职信一般由标题、称谓、正文、敬语、落款及附件等部分组成。

(一) 标题

求职信的标题通常只由文种名称组成，可直接写"求职信"或"自荐信"或"应聘书"。

(二) 称谓

求职信若是写给国有企事业单位，通常写单位名称或单位的人事处 (组织人事部)。若是写给民营、私营或合资独资企业，称谓则一般写公司老板或人事部负责人。不同于一般的私人书信，求职信称呼时不用"亲爱的""我最尊敬的"等字眼。为礼貌起见，可用"尊敬的××"来称呼。

称呼在第一行顶格书写，以示尊重和有礼貌。称呼之后用冒号，然后另起一行，写上问候语"您好"。

(三) 正文

正文一般包括开头、主体和结尾 3 部分。

1. 开头

开头一般写求职、应聘的缘由。有的开宗明义，直截了当地说明求职意图；有的说明自己看到用人单位的招聘信息，意欲应聘的想法。开头应力求简洁，并有一定的吸引力。

2. 主体

主体是求职信的核心部分，通常包括以下内容：

(1) 个人的基本情况 (年龄、学历、专业等)。学习情况、工作能力及思想素质等，包括学习的主要课程及成绩、社会实践情况、工作能力、专业操作技能、个人的兴趣爱好、性格特点等。如果是在职转岗求职者，则应重点突出自己的工作经历和工作成绩等。这一部分是求职条件的重要内容，求职者要多了解招聘单位的用人信息，以便能在推荐自己时有较强的针对性。

(2) 被聘后的打算。这部分应重点突出，言简意赅，语气自然。

3. 结尾

结尾以诚恳的态度进一步强调自己求职的愿望，如"希望领导给我一次面试的机会""盼望答复""静候佳音"等。这一部分要注意用语得体恰当，掌握分寸，不卑不亢。

(四) 敬语

出于礼节的需要，信的最后一般需要写上一两句祝颂的话或敬语。如"此致 敬礼""祝您鹏程万里，事业发达""祝您事业有成"等。

(五) 落款

按信函格式写上个人姓名、日期。

(六) 附件

求职信后一般都会附有个人简历、学历证书复印件、奖励证书复印件、各科成绩表等，这是用人单位考察竞聘者的重要依据。

求职信上还要注明求职者的通讯地址、电话、电子邮箱等信息，以便于联系。

三、求职信的写作技巧

如何在众多的求职者中脱颖而出，达到求职的目的，撰写一封得体的求职信就显得尤为重要。体现个人才智并且赏心悦目的求职信，一定能帮助你顺利实现求职的愿望。因此，写求职信，还须讲究写作技巧，力求做到"诚""情""美"兼备，即以"诚"感人、以"情"动人和以"美"迷人。

(一) 以"诚"感人

我们常说"真诚能感动上帝"，求职信的写作也是如此。言而可信，恭敬而不拍马，自信而不自大。求职信的"诚"主要表现在"诚意"和"诚实"两层含义上。所谓"诚意"即态度要诚恳，不能夸夸其谈。所谓"诚实"就是实事求是地介绍自己求职的条件、优势及选择某项工作的原因。只有"诚"才能取信于人，令人喜欢。

(二) 以"情"动人

"感人心者,莫先乎情"(白居易《与元九书》),写求职信也要有感情色彩,语言有情,会更有助于交流思想、传递信息、感动对方。那么写求职信怎样做到以"情"动人呢?关键在于两点:一是摸透用人者的心理,投其所好;二是要设法引起对方的共鸣,或者得到对方的赞许。

(三) 以"美"迷人

爱美之心,人皆有之。谁不会为一篇写得好的书信拍手叫好,甚至为之而"倾慕"呢。一封文情并茂的求职信,往往会使人事部门的负责人被作者的文笔所打动而爱不释手。要使信写得"美",应力求做到:语言要饱含感情。在求职信中,适当地选用一些谦词、敬词。如"恳请""敬请""您""贵公司"等,形成一个亲切、和谐、相互尊重的对话氛围。语言要有生气,富于变化,不要死板呆滞。灵活运用成语和口语,其精湛、凝练、形象、上口等特点定会使文章添色生辉。

小卡片　名人名言

戴尔·卡耐基说:"生活是一连串的推销,我们推销货物、推销一项计划,我们也推销自己。推销自己是一种才华、一种艺术。有了这种才华,你就不愁吃、不愁穿了,因为当你学会推销自己,你几乎也可以推销任何值得拥有的东西。"

特别提醒

(1) 语言简洁,重点突出。
(2) 善用期请用语,态度自信、言辞恳切,尊重对方,礼貌周到,不卑不亢。
(3) 留下联系方式,便于联系。
(4) 书写端正,制作朴素。

病文评析

求 职 信

××服装厂:

前天接到我的老同学××的来信,说贵厂公开招聘生产管理员。

我是××学校企业管理专业的毕业生,在校读书时,学习成绩优秀,爱好体育运动,是学校篮球队的成员。贵厂就设在我的家乡,我想,调回家乡工作正合我的心意,而且生产管理员的职务也和我的专业对口。不知贵厂是否同意,请立即给我回信。

此致

敬礼

求职人:×××

××××年×月×日

评析:

这封求职信的问题主要有:①求职缘由不够明确。②介绍自己的求职条件时针对性不强,没能突出自身生产管理员方面的专长。③用语不够得体。如"请立即给我回信"。④致敬语的格式不对。⑤没有留下联系方式,即使对方有意聘用,也因无法联系而无果。

任务演练

结合自己的专业,为自己制作一份求职信。具体要求:

(1) 符合求职信写作规范和写作要求。

(2) 有创意。

(3) 文字流利畅达。

知识拓展 面试常见题型

一、招聘面试时常见的题型

面试提问,归纳起来,常见的问题有以下3种类型。

(一) 潜质能力

(1) 分析判断能力。如:"你有无面临过一些左右为难的场面或问题?当你面对这类矛盾冲突时,你会怎么做?"

(2) 市场触觉/敏感度。如:"你如何看待我们这个行业的发展前景?对于公司的发展和品牌的塑造,你有何高见?"

(3) 创新创造能力。如:"你曾经组织过哪些富有创意的活动或项目?这个项目的创新点在哪里?"

(4) 清晰的职业目标和人生目标。如:"请问你为何要应聘这个职位?你在 5～10 年内的职业目标是什么?你的人生理想是什么?"

(5) 时间管理能力。如:"请具体说出一个你感觉最为忙碌的时期,比如你需要在一个规定时间内完成很多任务,你是怎样做到有理有序的?"

(6) 学习能力。如："你认为你目前最欠缺的知识技能是什么？你希望入职后，公司能提供给你哪些培训？是工作培训还是业余培训？"

(7) 高效的工作能力。如："如果某件事情预计需要3天的时间，而其实只需要1天就能完成，你将如何保证项目的顺利完工？"

(8) 自我管理能力。如："你在工作中拥有哪些资源？你怎样合理规划利用这些资源？"

(二) 人际交往和沟通能力

(1) 沟通合作能力。如："请给出一个你在日常工作中遇到的与他人合作解决的项目案例。并具体描述你们在项目中遇到过哪些困难，以及解决完成的过程。"

(2) 领导能力。如："你有无领导团队完成某项任务的经验？其中运用了哪些方法？绩效考核，目标驱动，或者是目标激励？"

(3) 人际关系处理能力。如："若公司的新进员工是你以前的好友，而目前你们正巧是在两个相互竞争且相互牵制的部门工作，你如何处理工作和私人关系之间的矛盾？"

(4) 客户沟通服务能力。如："假设你是某公司的客户经理，遇到客户投诉，请问你是如何协调公司和客户之间的关系，如何妥善处理客户投诉的？请举例说明。"

(三) 积极性和驱动力

(1) 企业认知。如："请问你了解我们公司吗？对公司的业务、工作方式、口碑有何见解？"

(2) 价值观衡量。如："请问你认为一份好工作应该是怎样的？你希望遇到怎样的老板和同事？你喜欢怎样风格的工作环境和工作方式？"

(3) 工作态度。如："你怎样看待日常加班？你如何看待超负荷运转的工作方式？"

(4) 诚信正直。如："请给出一个你坚持认为你是正确的事情的例子。"

二、面试中如何应对富有挑战性的问题

(1) 机智反问，滴水不漏。某电视台招聘记者，小魏前去应聘。面试中，考官指出："你说你爱好写作，可是我看了你填的报考表，在'自我评价'栏中居然出现了3处错误，现在既没有多余的表格，也不准改，你怎么办？"小魏听罢先是吃了一惊，随即当机立断，回答说："为了弥补失误，我可以在表后附一张更正说明，上面写上：'某某地方出现了3处错误，实属填表人粗心，特此更正，并向各位致歉。'不过……"他停顿了一下说："在发出这份更正说明之前，我想知道是哪些错误，因为不能无的放矢，错误地发出一份更正说明，我不愿意犯这种错误。"他的机智应对令考官们笑了。其实他的报考表并没有错误，这不过是考官设的一个圈套，用以考察他的自信心和反应能力。

(2) 预设前提，无懈可击。考官问：“如果录用你，你能长期干，不跳槽吗？”这个问题看似简单，实则暗藏杀机。如果简单回答：“我不跳槽。”那对方肯定不会录用你。有一位应试者采取了预设前提条件的方式委婉回答，显得得体而巧妙。他说：“前几天我看到一篇文章，叫做《流行跳槽的年代我不跳槽》。因为文章的主人公找到了自己满意的工作，有能发挥自己才能的环境和丰厚的收入，我很赞同他的看法。就我求职的愿望而言，我想找到一份对口的满意的工作，我将为它献上我全部的心血。”他的回答设定了隐含前提条件，很坦诚，也很全面，无懈可击。

(3) 拓展想象，以奇制胜。有一位考官出了这样一道题：“本公司北京分部召开酒会，想请国务院总理也来参加，请问你有办法邀请到他吗？请提出你的方案。”这个题目出得离奇，但很能考察一个人解决问题的能力。一位面试者围绕主题提出 6项具体措施，想象力很是丰富，思路宽广，受到考官的好评。

任务二　个人简历

案例赏析

如何写好个人简历

一个月以前，广州本土一家大型日化企业针对营销系统举行了一次全国范围的人事招聘工作。笔者以该企业营销顾问的身份，受邀协助并参与了全国营销中心和华南区域市场营销干部评选工作。到笔者此刻写稿时，这次规模空前的招聘工作才总算暂时告一段落。

回想此次招聘期间的情形，置身其中的笔者对于人才的竞争又有了全新的理解和更深的感触：以该企业华南市场为例，这次该公司计划招收的岗位编制为 22 人，总共收到应征者个人简历 3200 余份，经过人力资源部主管员的初次筛选后，将 700余份简历资料递交给了人力资源部经理和笔者。

面试还没有开始，人力资源部经理就开始向笔者发牢骚：“手底下的人怎么办的事情？700 多份简历，仅初试就要一个月……”“这样绝对不行，其他工作还做不做？我们必须在一周内完成招聘的三试工作……”最后经过商议，我们决定再对简历进行一次筛选和大范围压缩，为保证次日面试工作的正常进行，于是我们就将资料一人一半，各自开始了再次筛选。最后，我们筛选出 112 份合格的简历。接下来，人力资源经理就安排部属开始进行面试人员的电话通知了。

(资料来源：文稿吧网站，有改动)

一份精心准备的简历是求职获得成功的必要条件。为了实现求职的目的，需要努力策划好你的简历，让面试官对你“一见钟情”。

吴××简历

个人概况

姓名	吴××	性别	女	出生年月	××××年××月	
民族	汉	学制	三年	学历	本科	照片
专业	汉语言文学	毕业学校	××大学			

求职意向

编辑、记者。

学习经历

××××年××月—××××年××月,××大学中文系汉语言文学专业学习。

技能特长

1. 英语通过国家 CET 六级考试,英汉互译表达流畅。

2. 擅长利用 Internet 进行各种网际信息交流,具有一定的网站建设、规划经验。

3. 能熟练运用并操作 HTML、Frontpage98 等工具制作各类网页及特效图。

4. 能熟练操作 Windows 平台上的各类应用软件(如 Word97、Excel97、Internet Explorer 等)。

工作经历

1. 2005.9—2006.7《××晚报》记者

2. 2006.9 至今《××日报》编辑

联系方式

联系电话:×××××××××

手机:×××××××××××

联系地址:××市××区××大道××号

邮编:××××××

Email:×××××@sohu.com

(资料来源:人力资源网,有改动)

简评:

这份简历介绍了求职者的个人概况、求职意向、学习经历、技能特长、工作经历及联系方式。结构具体,信息具体。最好再加上"自我评价"一栏。

知识聚焦

一、个人简历的概念

所谓简历，就是概括介绍个人情况，如出生年月、学习和成长经历等需要阐明的文字材料。个人简历是对个人学历、经历、特长、爱好及其他有关情况所作的简明扼要的书面介绍，是一种自我宣传与自我推销的文字媒介。个人简历常常作为求职信的附件一同投给用人单位。

二、个人简历的特点

(1) 真实性。写简历一定要客观理性地总结自己的经历，做到真实、准确、不夸大、不缩小、不编造，这样方能取信于人。

(2) 针对性。谋职简历的内容有很强的针对性，写作时重点应放在学历、专业特长、能力业绩上。

(3) 精炼性。指个人简历文字要简洁，篇幅要尽量短小。

三、个人简历的基本格式

个人简历一般由标题、正文和落款 3 部分构成。

(一) 标题

标题可以由自己的姓名加上文种构成，也可以直接由文种名构成。如"×××个人简历"或"个人简历"。

(二) 正文

正文主要包括以下几方面的内容。

(1) 个人基本信息。如姓名、性别、出生年月、籍贯、民族、政治面貌、学历、专业等。

(2) 学习经历。可按时间顺序来写自己的学习过程，主要写最高学历。

(3) 工作经历。主要写参加工作的情况，要注意突出主要才能、贡献、成果以及学习、工作、生活中有典型意义的事迹等。

(4) 求职意向。表明自己应征的职位，说明自己具备哪些资格和技能。

(5) 其他杂项。如技能特长、资格证书、兴趣爱好、获奖情况、证明材料及联系方式等。

(三) 落款

落款一般署上成文的时间即可。若是作为附页的个人简历，还需在个人简历上署上个人的姓名。

特别提醒

(1) 简短明了。个人简历通常很简短，一般情况下不要超过一页纸。对于与求职目标有关的情况要重点突出，但对于其他无关紧要的一些情况可一掠而过。

(2) 求职意向明确。针对求职意向，突出这方面的优势。

(3) 整洁清楚。简历必定要写得整洁清楚，体现求职人的真实、正确的形象，以便在众多简历中脱颖而出，富有魅力，充分引起用人单位的注意。

(4) 用事实说话。避免只写上"表现优秀""成绩突出"这些空洞的字眼，应用事实说服别人。

(5) 最好放照片。简历最好附上照片，看起来会全面一点，多少也表示了对这份工作的诚恳、认真的态度，也是对面试官的尊重。

病文评析

××简历

性　　别：男　　　民　　族：汉族　　　出生年月：××××年××月
婚姻状况：未婚　　　户　　籍：福建　　　毕业学校：××大学
学　　历：本科

工作经验：3 年以上。

求职意向：咨询热线/呼叫中心服务人员，客服及技术支持类。

技能专长：英语水平较高。

电脑水平：能熟练地进行计算机硬件的组装与维护；能对计算机硬件的故障作出判断，并进行相关处理；具有硬件异常的分析处理经验；通过全国计算机二级(C语言)；熟练配置路由器及交换机；熟练配置防火墙；熟悉网络与信息安全领域，如防火墙、防病毒网关等方面的知识；熟悉 Windows 操作系统；了解文件系统安全技术。

教育背景：
2001 年 9 月—2004 年 6 月　　福建省××县××中学
2004 年 9 月—2008 年 7 月　　山西××大学　本科

工作经验、培训经历：
曾参加过多媒体计算机的培训。

自我评价:

性格开朗,个性坦诚、直爽、冷静。待人诚恳友好,处事乐观。兴趣广泛,对数学及计算机方面特别感兴趣,能刻苦钻研,自学能力强,具有良好的适应能力,组织协调能力强,有很强的团队精神。责任心强,工作态度认真仔细,有耐心,自学能力强,很有上进心。心理抗压能力与稳定性较好,具备较强的逻辑思维和判断能力。

评析:

这份简历的问题主要表现在以下几点:①栏目不齐全,缺少专业、联系方式等;②姓名书写格式不规范;③"技能专长"不明确;④"教育背景"应从后往前写;⑤"工作经验、培训经历"不具体。

任务演练

根据所学专业和求职理想,写一份求职简历。

知识拓展　各类简历的比较

一、一般个人简历与大学生求职个人简历的区别

一般个人简历主要突出人生经历和事业成就,注重于人生经历的展示,表现形式不拘一格;大学生求职简历主要突出知识与技能、社会实践经历和已取得的成绩,偏重于个人实力的描述,具有约定俗成的写作格式。

二、求职信与简历的区别

个人简历并不等同于求职信。求职时简历不能单独寄出,必须附有信件,即求职信。求职信与个人简历的撰写目的一样,都是要引起招聘人员的注意,争取面试机会,但两者有所不同。

求职信是针对特定的个人来写的,而简历却是针对特定的工作职位来写的;简历主要叙述求职者的客观情况,而求职信主要表述求职者的主观愿望。相对于简历来说,求职信更要集中地突出个人的特征与求职意向,从而打动招聘人员的心,是对简历的简洁概述和补充。

任务三 竞聘书

世界歌王帕瓦罗蒂到北京音乐学院参观访问,很多家长都想让这位歌王听听自己子女唱歌,目的就是想拜他为师。帕瓦罗蒂出于礼节,只得耐着性子听,一直没有表态。

黑海涛是农民的儿子,凭着自己的刻苦努力考入这所著名的音乐学院,他也想得到帕瓦罗蒂的指点,但他知道自己没有背景。难道白白浪费这么好的机会吗?黑海涛不甘心,灵机一动,就在窗外引吭高歌世界名曲《今夜无人入睡》。一直茫然的帕瓦罗蒂立即有了反应:"这个年轻人的声音像我!他叫什么名字?愿意做我的学生吗?"黑海涛就这样幸运地成为这位世界歌王的学生。1998年,意大利举行世界声乐大赛,黑海涛取得了第二名的优异成绩,由此成为奥地利皇家剧院的首席歌唱家,名扬世界。

(资料来源: http://stuonline.hfut.edu.cn,有改动)

这个案例说明:要成功地毛遂自荐,至少应具备3大要素——胆大心细,适时果断出击;表现手段能立刻吸引考官注意;要有真才实学。如果黑海涛没有两下子真功夫,就是唱破了嗓子,也没人理会。所以,胆量是前提、技巧是关键、水平是保证,三者缺一不可。竞聘也是如此,如果竞聘者具备以上3点,成功之日将指日可待。

学生会主席竞聘书

尊敬的各位领导:

大家好!

我叫李××,来自文史学院新闻06101班,现任校学生会安全部部长、文史学院新闻06101班班长。我今天竞选的岗位是院学生会第二届第二任学生会主席。

在校学生会工作的两年中,无悔的付出让我迅速地成长。在思想上,我始终坚持以马列主义、毛泽东思想、邓小平理论和"三个代表"重要思想为指导,时刻与党中央保持一致,并遵守学联章程,严格要求自己,勇于自我批评,敢于与不良倾向作斗争。在学习上,我秉着"学习是学生的天职"的信念,抓紧每一分、每一秒,刻苦钻研,因此,我的成绩在班上一直名列前茅,多次获得学院的奖学金。在工作上，我任劳任怨，兢兢业业，恪尽职守。一方面认真完成了学校分配的各项工作任务，如盒饭排查、巡逻、大型活动的安全保卫等。另一方面，我工作积极主动、扎实向上，也得到了院部领导老师的肯定。同时对学生会工作也有了深刻的了解和认识。

趁这次机会，我想谈一下对于学生会工作的几点认识。当然我们的学生会在上一届领导班子的带领下已经做得非常出色了，我在这里只想阐述一下自己的一些个人见解。我们学生会的最终目标就是：要以最优秀的团队，提供最优质的服务。而要实现这一目标，不仅仅是即将产生的新一届学生会，也包括我们未来的学生会都应该朝以下 4 个方面发展。

第一，完善学生会制度体系，加强学生会制度建设。

历史的经验以及现实的经历告诉我们，没有一个好的制度是不能产生一个优秀的团队组织的。所谓国有国法、家有家规，我们学生会也应该有自己的规章制度。不断完善和构建学生会信息公开制度、学生会会议制度、学生会奖惩制度等。

第二，构建日常工作运行机制，完善学生会各项职能。

学生会的日常工作应该条理化、系统化。系统化并不是把我们的思想僵化，而是以质量第一、效率优先的原则，以最少的时间、最高的效率来完成任务。我们可以在学生会建立一套适合学生会的运行机制，当然这个机制的构建需要不断地总结和探索，不是一朝一夕便可完成的事，所以对于学生会日常运行机制的建立，我们还需要进一步总结思考。

第三，构建重大活动运行机制，提高学生会的应变能力。

这套机制的建立主要是应对重大活动的组织及紧急事件的处理，比如在即将到来的毕业生欢送晚会等重要活动中，使学生会在组织活动时，能够以最短的时间组建活动负责小组，安排各项工作，同时使得活动负责人能够以最饱满的精神状态投入到工作中，保证活动的有章可循、有条不紊，提高学生会的组织能力和应变能力。

第四，建立学生会文化传播体系，完善传播职能。

目前，我们学生会的传播工具只有学生会网站，而我认为所要构建的文化传播体系包括两方面内容：一是学生会网站的管理与维护；二是信息公开制度的建立。

以上都只是我个人的一些见解，在各位领导面前，我还是一个才疏学浅的学生。平心而论，参加竞争，我不敢奢求什么，只想让大家认识我、了解我，也正因为如此，我更加清醒地看到了自身存在的问题，促使我在以后的工作当中，励精图治，勤奋工作，以绵薄之力来回报各位领导和广大同学。

谢谢大家！

(资料来源：赵兵站.实用文体写作[M]. 北京：北京理工大学出版社，2009)

简评：

这份竞聘书的开头用简洁的语言介绍了自己的基本情况，明确竞聘的职务。主体部分包括两大部分：一是介绍自己的求职条件；二是针对竞聘的职务，明确提出4点聘后工作设想，事事针对学生会的实际，件件办得独具特色，特别容易"抓人"。结尾表明竞聘的态度，使人感受到竞聘者的坦诚。全文目标明确，结构严谨，行文风趣，营造了很好的现场效果。

 **知识聚焦**

一、竞聘书的概念

竞聘书是竞聘者为了实现竞争上岗，在竞聘会议上面对评审者和听众所发表的展露自我具有足够条件的专用演说类文书，也叫竞聘演讲稿、竞聘报告或竞聘讲话稿。

竞聘书既是竞聘者对自身素质的评价，也是人事部门和群众了解竞聘者情况的渠道。它既为择优选聘提供依据，也有利于竞聘者自身素质的提高，也是组织人事部门用以考核干部的重要档案资料。

二、竞聘书的特点

(一) 目标的明确性

竞聘书是针对某一竞争目标而进行的，这是区别于其他演讲词的主要特征。竞聘词写作时要鲜明地亮出自己所要竞聘的目标，其所选用的材料和运用的手法都是为了使自己竞聘成功。

(二) 内容的竞争性

竞聘的过程就是听众在候选人之间进行比较、筛选的过程，竞聘者要最大可能地显出"人无我有""人有我强""人强我新"的胜他人一筹的"优势"来，甚至化劣为优。

(三) 主题的集中性

竞聘书所要表达的意思单一，不枝不蔓，重点突出。

(四) 材料的实用性

竞聘书中所选用的材料既是符合实际情况的，又是对自己竞争有利的。

(五) 思路的"程序"性

竞聘书不像一般演讲词那么自由，其思维脉络有一定的顺序。

(六) 语言的准确性

一是所谈事实和所用材料、数字都要"求真务实"，准确无误；二是要注意分寸，要恰如其分地表情达意。

三、竞聘书写作的基本格式

竞聘书的写作格式与演讲词大致相同,只是在内容上还须突出其自身的特点——竞聘条件。这里所说的竞聘条件,包括个人优势、特长和竞聘者提出的未来的任期目标、施政构想等。

竞聘书在结构上可以分为以下3个部分。

(一) 标题

标题的写法通常有3种:其一是只写文种,即只标"竞聘书""竞聘演说"等;其二是公文标题法,即竞聘人＋文种或竞聘职务＋文种,如《关于竞聘××公司××部门经理的演讲》;其三是文章标题法,采用单行标题形式,也可采用正副标题形式,如《扬起自信的风帆——远航文学社社长竞聘演讲词》。

(二) 称谓

根据报告的场合确定合适的称谓,如"各位领导、同志们"等。

(三) 正文

正文是竞聘书的重点和核心,应围绕以下几个方面展开。

1. 开头

开头一般用简洁的语言叙述竞聘的职务和竞聘的缘由。

2. 主体

主体部分可通过演讲使评选者进一步了解自己,一般包括以下几方面:①简介自己的年龄、政治面貌、学历、现任职务、工作经历等一些基本情况;②摆出自己竞聘的优势,如政治素养、业务能力、工作态度等;③表明自己任职后的打算,如任职后的施政目标、施政构想及施政措施等。

3. 结尾

竞聘书常见的结尾方法有:①表明对竞聘成败的态度;②表明自己对竞聘上岗的决心、信心;③希望得到评选者的支持。

小卡片 竞聘演讲时需要注意仪表

做好竞聘演讲,一篇好的演讲稿固然重要,但辅以美的演讲仪态也很重要。仪态指仪表、姿态、神情、动作诸方面,它包括立与坐、眼神、手势身体动作、步伐移动等。讲,是有声语言,给人以听觉形象;演,是无声语言,给人以视觉形象。俗话说:"花好还要绿叶扶。"如果说有声语言是红花,无声语言则是绿叶。光"讲"不"演",或光"演"不"讲",都不成其为演讲。只有动静相兼,将两者有机地融合起来,才能构成完整的演讲形式。唯声、色、姿、情,相得益彰,方能称作上乘的演说。演讲者的风度、仪表、神态,应给观众留下最佳的"第一印象"。

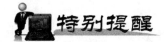

特别提醒

(1) 实事求是，明确具体。竞聘者应实事求是，有一分能耐说一分能耐，不能为了自荐成功而说大话、说谎话，也不能讲过于抽象的话。针对竞聘，就要说明竞聘的职位、目的和理由，竞聘成功后所要达到的工作目标以及保证目标实现拟采取的各种措施等。这些内容必须写得实实在在，具有可行性。

(2) 调查研究，有的放矢。竞聘书写作之前要做好调查研究工作，要深入细致地了解所竞聘岗位的情况，力争找到解决问题的最佳途径；要深入细致地了解面对的群众情况，分析他们的观点、态度、希望和要求。

(3) 强调优势，把握好"度"。为实现竞聘目的，竞聘者必然要将自己竞聘的优势作为重点内容之一，既要展示才华，也要展示德行，但又不能说得过头。要把握好这个"尺度"，则需费一番心思，仔细揣摩取舍。

(4) 谦虚诚恳，感情真挚。评审人员及与会者是不会接受狂妄傲慢、目中无人的竞聘者并委以重任的。所以，竞聘书表述既要生动，有风采，也要谦虚诚恳，感情真挚。

(5) 语言得体，明白晓畅。一是演说要注意语境的差别，诉求目标不同，诉求对象不同，说话的语气就要有区别。二是语言要明白晓畅，生动感人，却不过分地追求文辞的华美。

病文评析

竞 聘 书

各位老师、各位同学：

今天很荣幸能有机会站在讲台上竞选。

由于在机房担任网管一职，我老是唯恐自己不能身兼数职，所以每每竞选班干部的时候我只能无奈地将职位拱手让与他人。但是现在我来了，并且我深知自己有能力胜任此职。

首先，我有着凭借自己当网管所磨炼出来的较强的组织能力和吃苦耐劳的精神；其次我在班上算是活跃的一分子，在今后的学习生活中，将要开展什么活动时，我会贡献出自己的所有力量，带动活动气氛，把我们的活动举办得有声有色，使同学们受益匪浅。

我知道刚刚上台发言的每一位同学都很优秀，但我坚信在以后的日子里我会取其长处、去其短处，把我的工作做得更出色，我同时也会配合老师将班级工作做好，跨上一个新的台阶。

评析：

这份竞聘书的主要问题如下：①竞聘目标不明确；②缺少对自己基本情况的介绍；③没有凸显优势；④缺少任职后的打算。

任务演练

为了建设一支强有力的班干部队伍，调动全班同学的学习和工作的积极性，使同学们能够发挥各自的特长、人尽其才，班级准备举行班干部竞选活动，请你根据自己的兴趣爱好写一篇竞聘书。

知识拓展 竞聘演说前的心理准备

比较而言，竞岗(聘)演讲对人们心理素质的要求比笔试更高些。因此，参加竞岗(聘)演讲时，进行"考"前、"考"中的心理调整显得十分必要。

一、把握机遇心理

应试者应充分认识参与"这一次"演讲的意义，把它当成一次展示自己才华的难得机遇，予以高度重视。哲人说过，机遇偏爱有准备的头脑。有些人对于到来的机遇漫不经心，似急非急，甚至以为来日方长，机会无限，以这种心态对待"这一次"，那就很难有出色的表现。相反，人们一旦意识到此次机遇难得，懂得此次机遇对于自己成功的价值，就会特别珍惜"这一次"，并产生"志在必得"的雄心和决心。在这种心理支配下，人们很容易进入最佳竞技状态，并获得前所未有的追求成功的动力，促使自己开动脑子，全力以赴，全身心投入，把自己的才智和潜能最大限度地调动起来。

二、强烈自信心理

为了提高自信心，我们应学会对客观形势进行恰当估计和分析，同时不断地进行正面的自我心理暗示，为自己创造心理优势。

三、对等应试心理

参加竞岗(聘)演说直观地看是考与被考的关系，易于产生不对等心理。在不对等心态下，应试者会把考官当成自己命运的支配者，从内心形成自我心理威慑和自抑，出现过分拘谨或失控，势必影响能力的正常发挥。因此，应试者应给自己一个恰当的角色定位，给两者一个恰当的关系定位。我们不妨把考官当成同事、领导和朋友，当成伯乐，相信他们是识才的能手，是爱才的领导，是知心的朋友；把竞岗演讲当作一次朋友间的社交集会活动、一次平等的交流沟通的过程。这样想来，演讲者便会形成正常心态，表现得更为自然和投入，同时会淡化因演讲而可能带来的紧张情绪，从而不急不慌，从容应对。

(资料来源：http://www.4oa.com)

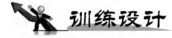

训练设计

一、填空题

1. 求职信，就是求职者用来_____写给用人单位的书信。

2. 求职信具有_____、_____、_____的特点。

3. 个人简历具有_____、_____、_____的特点。

4. 个人简历的标题形式有两种：_____、_____。

5. 竞聘书也叫_____、_____或_____。

6. 竞聘书在结构上可以分为_____、_____、_____ 3 个部分。

二、判断题

1. 求职信写得越长越能表现自己的诚意。（　　　）

2. 求职信要多些自己的优势，展示自己的业绩和能力。（　　　）

3. 有了求职信，就不需要写个人简历了。（　　　）

4. 个人简历中的每一项都要详细、具体地写出。（　　　）

5. 竞聘书的写作与一般的演讲词完全相同。（　　　）

6. 竞聘书绝对不能表明自己的弱点和短处。（　　　）

7. 竞聘者在阐述自己优于他人的竞聘条件时，要用实实在在的成果和业绩来证明，这样才能让人信服。（　　　）

三、分析题

1. 求职信的开头有各种写法，分析下面两封求职信的开头各采用了什么开头方法。

(1) 我叫×××，今年 30 岁。我于××××年毕业于××大学新闻学专业，同年赴美国攻读西方文化史，××××年获硕士学位并翻译出版了《×××××××》《×××××》及《××××》3 本书，××××年至今在美国×××公司企划部工作。

(2) 我是在 3 月 20 日《深圳特区报》上看到贵公司的招聘广告的，获悉贵公司拟招聘公关部经理一名，本人很感兴趣，特此应征。

2. 下面是关于个人简历的材料，请根据简历的写作要求，分析简历制作中应注意的问题。

新的一年，又到了招聘的时候，公司需要增加新鲜血液，我在人事部面对如山的简历大叫恐怖。匆匆一眼，心中已经有数。

我看简历，注意看那人的笔迹。大学四年了，那个字如果还是小学生水平，我情愿放弃。字都写成那样了，做人也认真不到哪里去的。

那些照片上头发长长的男士，容易让人误会是女孩子的，尽管简历上吹嘘得再好，放弃。公司注重形象，尽管不需要天天打领带穿白衬衣，但至少，您该让人看得舒服一点吧。摆酷的地方自有它的场所，而不该是面对工作的时候。

还有一个封面的问题，基本上如果是相同一所学校的，那么都差不多是一样的，大概都是在同一家复印店做的吧。再翻开里面，全都是五六页纸，一页给公司领导表决心，然后就是表格、成绩单、得过的证书。哎！怎么就没有点新意！

3. 试比较下列3种竞聘书的结尾，哪一种最好？为什么？

(1)"我的演讲完了，谢谢。"

(2)"最后，让我再次感谢领导给我这个难得的竞聘机会，感谢各位评委和在座的所有听众对我的支持和鼓励。"

(3)"最后，感谢领导给我这个难得的竞聘机会！今天，无论这次竞聘是否成功，我都要向各位领导、评委和在座的朋友们表示深深的谢意！"

四、改错题(指出下文的不足，并加以修改)

(一) 求 职 信

尊敬的×经理：

您好！我今年21岁，广州人，现在×××学院中文系公关文秘专业学习，今年7月即将毕业。4年的学习中，我的各门成绩均在85分以上，毕业论文被评为优秀并在《××》杂志上发表。我在×××广告公司实习，也深受经理器重。

虽然我在公关文秘方面积累了一些经验，但坦率地说，我还比较缺乏这方面的实际工作经验。但4年的学习为我打下了扎实的专业基础，我觉得我有信心胜任贵公司的公关文秘工作。如能录用，我将竭尽全力做好工作。

此致

敬礼

求职人：×××

(二) 个人简历

姓　　名：陈××

联系地址：××市××路××号

联系电话：××××××

求职目标：经营部、营销部、广告部、管理部资格能力：1998 年 7 月毕业于××商学院商业管理系，获商业管理学学士学位。所修课程主要有：商业经济、商业管理、市场营销、商业传播、广告学、公共关系学等。选修课程有：零售企业管理、消费者行为和计算机原理与应用等。在校期间学习成绩一直优秀，撰写的毕业论文曾受到奖励，并在全国多家报刊上发表。

工作经历：1998 年 6 月至现在皆在××市百货公司负责市场营销及有关管理工作。

社会活动：求学期间曾担任××协会主席，曾在××市营销管理论坛上代表协会发表演讲，并在该论坛 1997 年 5 月举行的会议上当选为年度"明月之星"。

其他情况：1975 年出生，未婚，能熟练运用各种现代办公设备，英语会话能力强，书写能力略逊。爱好旅游、打网球、摄影。

五、简答题

1. 求职信的正文主体部分应包括哪些方面的内容？

2. 求职信的写作应注意哪些问题？

3. 竞聘书的正文一般包括哪些方面？

4. 竞聘书的写作应注意哪些事项？

六、职场模拟题

1. 根据个人的专业学习、在校表现及参加社会实践活动的能力等情况，写一封求职信。

2. 根据个人意愿，拟写一篇竞聘书。

 **模块二**

从业期间文书

项目一 行政公务

能 力 目 标

- 能够对具体的公务文书就写作内容、格式、语言等方面加以分析评鉴。
- 能够熟练写作主题正确、内容充实、结构合理、语言得体、格式规范的公务文书。

知 识 目 标

- 学习公务文书的理论知识，明确其在从业期间所起的重要作用，掌握其写作要求。

项 目 导 航

经过激烈的竞争，安琪终于凭借自己的实力被××商业集团公司录用。要正式上班了，安琪心里又激动又紧张，到办公室报道后，主任热情地接待了她，并告诉她，公司业务发展迅速，业务已经辐射到多个省、市、区。现在公司拟在××省成立一分公司并组建××省分公司筹备小组。安琪的任务就是在筹备小组负责与政府相关部门联系，起草有关文书。工作伊始，安琪就跟着筹备小组奔赴××全面开展工作。经过 3 个月的努力，第一阶段的筹备工作基本告一段落，与当地政府和相关部门达成了初步合作意向等。这不，安琪又要起草文书向集团总公司汇报筹备工作的进展情况。安琪感觉到自己的重任，为起草文书加班加点，她还把上学时学习的《应用文写作》教材找出来，一点都不敢马虎……

在这个项目中，涉及报告、请示、函等公务文书，那么什么是公务文书呢？公务文书包括哪些文种呢？如何进行规范的公文写作呢？

任务一 通告

案例赏析

全城彻查+协查通告 扬中肇事逃逸司机已自首

2016年3月3日上午，扬中警方先后通过"扬中公安"微信公众号、扬中论坛、扬中热线等网站及媒体，发布一交通事故"协查通告"。

扬中警方为何要发一份"协查通告"呢？

原来，3月2日下午2时许，在扬中市238省道丰裕农贸市场路段，发生一起轿车与电动自行车相撞事故，电动自行车驾驶人当场死亡，小轿车驾驶人弃车逃逸。事故发生后，扬中市公安局交警部门第一时间对肇事司机展开全城追查。3月3日上午，在彻查一夜无果的情况下，扬中警方发出"协查通告"。肇事者迫于社会压力，向扬中公安局交警部门投案自首。

一则通告，可有助于提高处置事件的效率，可见公文在关键时刻的巨大力量。

范文选读

合肥市人民政府关于"9·18"防空警报试鸣的通告

为增强广大市民的国防观念和防空防灾意识，进一步了解和熟知人民防空警报信号规定，检验我市防空警报的性能与效果，根据《中华人民共和国人民防空法》和《安徽省实施〈中华人民共和国人民防空法〉办法》的有关规定，经研究定于2015年9月18日上午9时18分至9时33分开展防空警报试鸣活动。现通告如下：

一、预先警报，鸣36秒，停24秒，反复3遍为一个周期，时间3分钟。

二、空袭警报，鸣6秒，停6秒，反复15遍为一个周期，时间3分钟。

三、解除警报，连续鸣3分钟。

试鸣期间，请各单位、全体市民和过往旅客保持正常工作和生活秩序。

合肥市人民政府

2015年9月9日

(资料来源：合肥市政府信息公开网)

简评：

这是一篇周知性通告，行文上一般不需要使用正式的文头。此通告的标题部分为发文单位+事由+文种，三要素齐备；开头部分交代发文目的；正文主体部分为通告的三点内容。行文简洁，事项明确。

知识聚焦

一、通告的概念

根据 2012 年 4 月印发的《党政机关公文处理工作条例》的规定，通告是适用于在一定范围内公布应当遵守或者周知事项的公文。它的适用范围比较宽泛，各级政府及其职能部门、各企事业单位与社会团体都常常使用。通告具有鲜明的告知性、一定的制约性及内容上的专业性。

二、通告的分类

(1) 制约性通告。制约性通告用于公布带有强制性的行政措施。为确保某一事项的执行与处理，它将提出具体规定，以要求相关单位与个人遵守，有些制约性通告甚至具有法规性效力。

(2) 周知性通告。周知性通告主要用于公布和实施某一事项。这些事项不具行政约束力，仅供人们知晓。这类通告公布的方式较为灵活，可借助于媒体，也可张贴。

三、通告的结构与写法

通告的结构为：标题+主送机关+正文+落款+成文日期。

通告的发布范围广泛，国内社会各有关方面的阅读者都是通告对象，因此公开发布的通告，一般不写主送机关；而采用文件式下发的通告，则按照行政公文的要求在正文前拟写主送机关。

(一) 标题

标题有 4 种形式：①发文机关+事由+文种，如范文；②发文机关+文种，如《中国网络通信集团北京市通信公司通告》，省略了事由；③事由+文种，如合肥市人民政府发布的《关于禁毒的通告》，省略了发文机关；④文种，仅限于基层单位用于知照有关事项。

(二) 主送机关

主送机关，即通告的受文机关或个人，也可不写。

(三) 正文

通告的正文结构一般为：发文缘由+通告事项+结尾。

(1) 发文缘由。一般要写明发布通告的意义、依据或背景，然后用"现通告如下"或"特此通告"开启下文，引出通告事项。这部分应力求简明，使人们了解发布通告的原因。

(2) 通告事项。通告事项为主体部分，如果内容单一，可采用一段式完成；事项复杂的，可分条列项书写。事项部分应力求严谨，使人们遵守或周知。

（3）结尾。结尾多是对通告内容的强调或要求：一是以"特此通告"收束。二是规定实施日期，如"本通告自20××年1月1日起实施"。三是发出号召、要求。四是通告事项结束即正文结束，无结尾。

（四）落款

落款，即发文机关的名称及公章。

（五）成文日期

成文日期一般列于文末。

四、通告与公告的区别

公告和通告有两个共同的特点：一是它们都属于公开性文件，在有效范围内，了解其内容的人愈多愈好；二是在写法上要求篇幅简短，语言通俗易懂、质朴庄重。但二者的区别也是显而易见的，具体如下。

（1）内容属性不同。公告用于"向国内外宣布重要事项或者法定事项"，兼有消息性和知照性的特点；与公告相比，通告的内容是"在一定范围内应当遵守或周知的事项"，具有鲜明的执行性、知照性。

（2）公布的范围不同。公告面向国内外的广大读者、听众，告启面广；通告的告启面则相对较窄，只是面向"一定范围内的"有关单位和人员。

（3）使用权限不同。公告通常是党和国家高级领导机关宣布某些重大事项时才用，新华社、司法机关及其他一些政府部门也可以根据授权使用公告。而通告则适用于各级行政机关和企事业单位。

特别提醒

（1）需有政策观念。所撰写通告不可与现行政策法规相抵触。

（2）避免滥用通告。长期以来，社会上存在滥发通告的现象，只有"公布社会各有关方面应当遵守或周知的事项"，才能使用通告。

（3）准确表述通告事项。通告的核心是发布通告事项，因此其表述必须明确，使人一目了然，避免啰唆。

小卡片　"公文"溯源

公文是应用文的特殊分支，其特殊性主要体现在固定的格式、规范的语言和通畅的行政沟通职能等方面，其源头可以追溯至西周时期，《尚书》是我国最早的公文与政论汇编。鲁迅先生说，《尚书》中已出现了6种公文："曰典、曰谟、曰训、曰诰、曰誓、曰命，是称六体。"

病文评析

关于工业和信息化部、国家发展和改革委员会、财政部
深化电信体制改革的通告

根据新形势、新要求,为形成更为合理、有效的市场竞争格局,促进电信行业健康、协调发展,拟命令进一步深化电信体制改革,增强创新能力,优化资源配置,完善竞争架构,提升服务水平。

一、深化电信体制改革的必要性

我国电信业从完全垄断到引入竞争,从政企合一到政企分开,从两个竞争主体到多个竞争主体,走过了一条"在发展中改革,在改革中发展"的道路。1998 年后,加大改革力度,实现了政企分开、邮电分设,重组了中国电信和中国联通,正式成立了中国移动。2001 年,实施企业、资源、业务和市场重组,成立新的中国电信和中国网通,形成了中国电信、中国网通、中国移动、中国联通、中国卫通、中国铁通 6 家基础电信企业竞争格局。1994 年以中国联通的成立为标志,电信业打破垄断,引入竞争。

……

二、深化电信体制改革的指导思想、主要原则和目标

深化电信体制改革的指导思想是:以发展第三代移动通信(以下简称 3G)为契机,合理配置现有电信网络资源,实现全业务经营,形成适度、健康的市场竞争格局,既防止垄断,又避免过度竞争和重复建设。

……

三、配套政策措施

(1) 大力支持自主创新。……
(2) 加强电信行业监管。……
(3) 促进行业协调发展。……

四、组织实施要求

(1) 请中国电信、中国网通、中国移动、中国联通、中国卫通、中国铁通六家基础电信运营企业根据本通告精神,认真研究本单位参与深化电信体制改革的建议和意见,并尽快形成正式方案报相关部门。

(2) 如改革方案涉及公司重组、网络资产转让、上市公司合并等问题,实施中

应遵循国际惯例，遵守境内外资本市场运作规则。

(3) 改革重组与发放 3G 牌照相结合，重组完成后发放 3G 牌照。

工业和信息化部

国家发展和改革委员会

财政部

20××年 5 月 24 日

（资料来源：http://news.xinhuanet.com/tech/2008-05/24/content_8242658.htm）

评析：

这份通告的问题主要有：①标题"关于"应调至"深化"前。②因是通告，故应删除引言中的"命令"。③正文的第一大点内容逻辑混乱，应按时间先后顺序予以介绍：1994—1998—2001。④3 个发文单位后应分别加盖公章。

任务演练

请根据以下信息，代某市公安局拟一份通告。

第六届"桃李杯"马拉松赛将于 9 月 15 日上午 8 时至下午 1 时在××市举行。为保证赛事的顺利进行，对环城路、江滨路、车站南路、中山路、桃园中路实行交通管制，除警备车、救护车、消防车、工程保障车外，禁止其他车辆通行。

知识拓展　党政机关公文的性质、特点和种类

一、党政机关公文的性质

2012 年 4 月 16 日，中共中央办公厅、国务院办公厅联合印发了《党政机关公文处理工作条例》（以下简称新《条例》）；6 月 29 日，国家质检总局、国家标准化委员会发布了《党政机关公文格式》的国家标准。两者均于 2012 年 7 月 1 日起正式实施，是全国各级党政机关公文处理工作的基本依据。原来的 1996 年 5 月 3 日中共中央办公厅发布的《中国共产党机关公文处理条例》和 2000 年 8 月 24 日国务院发布的《国家行政机关公文处理办法》同时废止。

根据新《条例》的规定，党政机关公文是党政机关实施领导、履行职能、处理公务的具有特定效力和规范体式的文书，是传达贯彻党和国家方针政策，公布法规和规章，指导、布置和商洽工作，请示和答复问题，报告、通报和交流情况等的重要工具。公文代表着机关的形象，是机关的"门面工程"，具备公文写作和处理能力是当今公务员的"基本功"。

二、公文的特点

(1) 作者的法定性。公文的作者必须是依法成立，能以自己的名义行使权利和承担义务的机关、团体、企事业单位。

(2) 明确的工具性。公文是各级各类机关、团体、单位等组织行使管理职能和业务职能的重要工具，是为国家政务、社会公务和公众事务服务的工具，是机关、团体、单位领导意图和意志的载体。

(3) 撰写的时效性。公文是针对工作中的具体问题而写作的，因此在写作时，既要做到言之有物，又要注意时效，不可拖拉。

(4) 体式的规范性。公文的体式必须符合新条例的规定。

(5) 制作的程序性。公文从准备撰写到制作成文，有严格的程序，若不履行法定的程序，就无法制成公文，也不可能生效。

三、公文的种类

(1) 按行文方向分为上行文、下行文、平行文及通行文等。

上行文是指下级机关、组织、单位向对其具有领导或指导关系的上级机关报送的公文，如请示、报告、议案等。行政机关向同级的权力机关报批的议案也属于上行文。

下行文是指上级机关、组织、单位向所属机关、组织、单位以及虽无隶属关系，却有领导职能的下级机关、组织、单位下发的公文，如命令、决定、公告、通告、通报、批复等。

平行文是指同级机关、组织、单位或没有隶属关系的机关、组织、单位之间，为协商或通知有关事项而制发的公文，如函等。通知、纪要有时也可以作为平行文。

通行文是指既可以上报、也可以下发，又可以平级送达的公文。如纪要、意见等。

(2) 按公文办理的时限要求，紧急公文可分为"特急"和"加急"两种，电报可分为"特提""特急""加急"和"平急" 4 种。

(3) 按公文涉密程度可分为"绝密""机密"和"秘密" 3 种。

四、党政机关公文格式设计

公文格式主要由文头、主文、文尾 3 部分组成，具体要求如下。

(一) 文头

文头又称版头、眉首，包括份号、密级和保密期限、紧急程度、发文机关标志、发文字号、签发人和红色分隔线等内容。文头位于公文首页上端，约占 A4 型公文纸的 1/3 或 2/5 面积(宽度同版心，即 156mm)。

(1) 发文机关标志。由发文机关全称或者规范化简称加"文件"二字组成，也可以使用发文机关全称或者规范化简称。发文机关标志居中排布，上边缘至版心上边缘为 35mm，推荐使用小标宋体字，颜色为红色，以醒目、美观、庄重为原则。

联合行文时，如需同时标注联署发文机关名称，一般应当将主办机关名称排列在前；如有"文件"二字，应当置于发文机关名称右侧，以联署发文机关名称为准上下居中排布。

(2) 份号。指公文印刷份数的顺序号。涉密公文应标注份号，一般用 6 位 3 号阿拉伯数字，顶格编排在版心左上角第一行如"NO.000015"。

(3) 发文字号。又称发文号、文号、文件字号，是指某一公文在发文机关一个年度内发文总号中的实际顺序号，由发文机关代字、年份、序号 3 部分组成。联合行文时，使用主办机关的发文字号。标注于版头下方居中或左下方(上行文时居左空一字编排)。文字采用 3 号仿宋_GB 2312，发文年度、发文顺序号用阿拉伯数字书写排印，发文年度用中文六角括号"〔〕"括起。

(4) 签发人。上报公文应在发文字号右侧标注签发人(居右空一字编排)，"签发人" 3 个字用 3 号仿宋体字，签发人后面标注姓名，文字采用 3 号楷体字。联合上报的公文，应同时标注各联署机关的签发人。

(5) 密级和保密期限。密级指公文内容的涉密等级。秘密等级分为"绝密" "机密"和"秘密" 3 级，如需标注密级和保密期限，一般用 3 号黑体字，顶格编排在版心左上角第二行。秘密等级和保密期限之间用 "★" 隔开。如"绝密★五个月"，意味着该公文为绝密等级，期限为 5 个月，过期即可解密。另外，如不标保密期限，秘密等级两字之间应空一格，如需标注保密期限，则秘密等级的两字之间不需空格。

(6) 紧急程度。是对公文送达和办理的时限要求，紧急公文可分为"特急"和"加急"，电报可分为"特提""特急""加急"和"平急" 4 种。一般用 3 号黑体字，顶格编排在版心左上角，如需同时标识秘密等级与紧急程度，应按秘密等级在上、紧急程度在下的次序。

单一和联合机关行文文头版式分别如图 2-1、图 2-2 所示。

000001
机密★×年
特急

×××× 文件

×××〔年份〕×号

图 2-1　单一机关行文文头版式

000001
机　密
特　急

×××××
×　×　×
×××××

签发人：×××　×××

×××〔年份〕×号
　　　　　　　　　　　　　　×××　×××

图 2-2　联合机关行文文头版式

（二）主文

主文包括标题、主送机关、正文、附件、发文机关、签署、印章、成文日期和附注等。

（1）标题。完整的公文标题由发文机关名称、公文事由、公文种类 3 部分组成。公文标题的 3 个组成部分一般要写完整，也有部分省略的情况。一是单位内部使用的公文，标题可省略发文单位；二是省略事由。标题中除法规、规章名称加书名号外，一般不用标点符号。

公文标题一般用 2 号小标宋字体，编排于红色分隔线下空 2 行的位置，分一行或多行居中排布。

标题排列应使用梯形或菱形，不应使用上下长度一样的长方形或上下长、中间短的沙漏形。

（2）主送机关。指公文的主要受理机关。标识主送机关时应标明主送机关的全称、规范化简称或同类型机关的统称。所谓同类型机关的统称如"各省、自治区、直辖市人民政府"。其位置在标题下空 1 行，左侧定格，用 3 号仿宋体字标识，回行时仍顶格；最后一个主送机关名称后标全角冒号。

多个主送机关的标点用法：同类型、相并列的机关之间用顿号间隔，不同类型、非并列关系的机关之间用逗号间隔，最后用冒号。如下文如示。

"各省、自治区、直辖市人事（人事劳动）厅（局），教委（教育厅），语委（语言文字工作机构），国务院各部位、各直属机构人事（干部）部门，新疆生产建设兵团人事局："

普发性下行文，主送机关较多；上行文的主送机关一般是一个；请示、批复、意见、函的主送机关只能是一个。一些行文方向不定，没有特指主送机关的公布性公文，如公告、通告及一部分通知，则不写主送机关。

（3）正文。是公文的主体和核心所在，用来表述公文的内容，公文首页须显示正文。正文中结构层次序数依次可以用："一、""（一）""1.""（1）" 标注，一般一级标题用黑体字，二级标题用楷体，三级和四级和正文一样用 3 号仿宋。

（4）附件。是公文附件的顺序号和名称。公文正文中的一些内容，如图表、名单、规定等，如穿插在公文正文中，往往隔断公文前后的联系而造成阅读上的不便，需将其从公文正文中抽出来，作为公文的附件单独表述，即附件。

公文附件是正文内容的组成部分，与正文具有同等效力。在正文下空 1 行左空 2 字位置编排"附件"二字，后标全角冒号和附件名称。如有顺序号，使用阿拉伯数字标注，附件名称后不加标点符号。

（5）发文机关。应当用发文机关全称或规范化简称。特殊情况如议案、命令（令）等文种需要由机关负责人署名的，应当写明职务。

单一机关行文时，发文机关署名在成文日期之上、以成文日期为准居中编排。

联合行文时，应将各发文机关署名按发文机关顺序排列在相应位置，并使印章加盖其上。

不加盖印章的公文，单一机关行文时，在正文下空1行右空2字编排发文机关署名，在发文机关署名下1行编排成文日期，成文日期首字比发文机关署名首字右移两个字；联合行文时，应当先编排主办机关署名，其余发文机关署名依次向下编排。

单一和联合机关行文发文机关版式分别如图2-3、图2-4所示。

×××。

×　×　部(印章)

×××年××月××日

(×××××)

图2-3　单一机关行文发文机关版式

×××。

×　×　部(印章)　　　×　×　部(印章)

×××年××月××日

(×××××)

图2-4　联合机关行文发文机关版式

(6) 成文时间。是公文的生效时间，是党政机关公文生效的重要标志。

成文日期确定的原则和标注位置有2种：一是会议通过的决议、决定等以会议正式通过的日期为准，成文日期编排在公文标题之下，写全年、月、日，用"( )"括起来。二是经机关负责人签发的公文，以签发日期为准(联合行文以最后签发的机关负责人签发的日期为准)。

成文日期在公文正文或附件说明的右下方右空4字编排，用阿拉伯数字将年、月、日标全，年份应标全称，月、日不编虚位。

(7) 印章。是公文生效的标志，是鉴定公文真伪最重要的依据之一。上行文一定要加盖印章。有特定发文机关标志的普发性公文可以不加盖印章。纪要不加盖印章。

(三) 文尾

文尾又称版记，由分隔线、抄送机关、印发机关、印发日期等要素组成。

(1) 分隔线。首条分隔线是用于区分主体与版记的标志，位于版记中第一个要素之上；末条分隔线与公文最后一面的版心下边缘重合。

版记中的分隔线与版心等宽，首条分隔线和末条分隔线用粗线，中间的分隔线用细线。

(2) 抄送机关。指除主送机关外需要执行或知晓公文内容的其他机关，应当使用全称或规范化简称、统称。如有抄送机关，一般用4号仿宋体字，编排在印发机关和印发日期之上一行，左右各空一字编排。"抄送"二字后加全角冒号和抄送机关名称，回行时与冒号后的首字对齐，最后一个抄送机关名称后标句号。

(3) 印发机关和印发日期。

印发机关是指公文的印制主管部门，一般是各党政机关办公厅(室)或文秘部门。发文机关没有专门的办公厅(室)的，发文机关就是印发机关。

印发机关和印发日期一般用4号仿宋体字，编排在末条分隔线之上，印发机关左空一字，印发日期右空一字，用阿拉伯数字将年、月、日标全，年份应标全称，月、日不编虚位(即不编01)，后加"印发"二字。

版记中如有其他要素，应当将其与印发机关和印发日期用一条细分隔线隔开，如图2-5所示。

抄送：××××××××，×××××××，×××××，×××××，×××××，××××××，×××××。	
××××××××	××××年××月××日印发

图2-5　机关行文文尾版式

(4) 页码。一般用4号半角宋体阿拉伯数字，编排在公文版心下边缘之下，数字左右各放一条一字线；一字线上距版心下边缘7mm。单页码居右空一字，双页码居左空一字。公文的版记页前有空白页的，空白页和版记页均不编排页码。

公文的附件与正文一起装订时，页码应当连续编排。

任务二　通知

案例赏析

日前，××省××市机关事务管理局发布通知，称该区各单位公务车及区工作人员私人车辆年审时，如遇到有电子警察违章记录的，该机关可以帮助协调，予以免除驾驶证扣分。事件被媒体曝光后，政府对责任单位和责任人作出处理决定，责令废止这个"最牛通知"。

(资料来源：《扬子晚报》，有改动)

"通知"是我们日常生活中经常接触的文种，但以机关的名义公然下发通知，协助机关干部逃避违章惩处，还是史无前例的"创举"。这种滥用通知的现象，其原因之一应是缺乏对通知这一文种的了解。

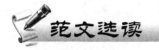

【例文一】

安徽省政务公开办公室关于印发《安徽省政务公开办公室关于再造流程的实施方案》的通知

皖政务办〔2013〕9号

中心各窗口单位：

省委教育实践活动领导小组《关于印发〈开展五个专项行动和建立五类重点制度的工作方案〉的通知》(皖群组发〔2013〕11号)要求，在全省第一批教育实践活动期间开展五个专项行动、建立五类重点制度，安徽省政务公开办公室作为第一责任单位承担"再造流程"的专项行动任务。经省政府同意，现将《安徽省政务公开办公室关于再造流程的实施方案》印发给你们，请结合实际，认真贯彻执行，抓好工作落实。

附件：安徽省政务公开办公室关于再造流程的实施方案(略)

安徽省政务公开办公室(印章)

2013年9月2日

简评：

这是一则发布性通知。标题采用发文机关+事由+文种的形式，主送机关为安徽省政务公开办的下属单位，正文包括发文缘由、事项及要求3部分，内容简洁。此类通知结构上由正文、附件构成。

【例文二】

××省人民政府办公厅转发省财政厅等部门关于进一步做好政策性农业保险工作意见的通知

各市人民政府，省政府有关部门：

经省政府同意，现将省财政厅、省政府金融办、省农委、××保监局《关于进一步做好政策性农业保险工作的意见》转发给你们，请认真贯彻执行。

附件：《关于进一步做好政策性农业保险工作的意见》(略)

××省人民政府办公厅(章)

二○××年九月二十七日

简评：

该文属于批示性通知中的"转发"一类。主送机关是规范性统称；正文简要写明批示态度、所转发文件的名称及要求；被转发的文件附在正文后面。

一、通知的概念

根据新《条例》的规定，通知适用于发布、传达要求下级机关执行和有关单位周知或执行的事项，批转、转发公文。

二、通知的特点

(1) 广泛性。通知适用范围广，使用频率高。各级各类国家机关、社会团体、企事业单位均适用。既可以传达事项，也可以转发和批转公文，还可任免人员，其内容涉及国家生活、政府工作和社会生活的各个方面。

(2) 时效性。通知的内容都是需要立即办理、执行或应知的事项。布置的工作若时间性较强，则一定要在开展此项工作之前的一定时间内通知到下级机关，以便有所准备。

(3) 执行性。许多通知用以布置和安排工作，做什么、怎样去做、什么时候完成，一般都说得比较清楚。

(4) 知照性。用于沟通情况、交流信息的通知，只要求受文单位了解情况而不要求执行和具体办理。

(5) 指导性。一些牵动全局的重要工作或重要事项在布置时，须阐明工作活动的指导原则。

三、通知的种类

根据通知的适用范围，可分为如下几类。

(一) 发布性通知

发布性通知是向下级机关单位发布行政法规、制度、办法、措施等文件，而不宜用"命令"来行文时用的。写法上，发布法规、制度、办法的，多用"颁布""发布"作谓语；印发一般材料的，用"印发"作谓语。如《国务院关于公布第一批国家级非物质文化遗产名录的通知》和《国务院关于印发国家知识产权战略纲要的通知》。

(二) 批示性通知

批示性通知包括"批转"和"转发"两种形式的通知。"批转"用于上级机关单位认为某一下级机关单位上报的报告或其他文件，具有普遍意义，于是对下级机关单位的文件加上批语，用通知的形式发给所属各下级机关单位，作为借鉴、参考或执行。如《国务院批转发展改革委关于 2009 年深化经济体制改革工作意见的通知》。

"转发"则是上级机关单位、同级机关单位或不相隶属机关单位发来的公文，对本机关所属下级机关单位具有指示、指导和参考作用，加上按语，用通知形式转发给下级机关。如《国务院办公厅转发水利部关于加强嫩江、松花江近期防洪建设若干意见的通知》。

(三) 指示性通知

指示性通知是上级机关就某项工作对下级机关有所指示和安排，而又不宜用"指示""决定"来行文时而用的。这种通知必须具体明确、切实可行，使下级机关单位知道要求他们处理、解决什么问题，为何要解决这些问题，准备采取什么措施等。

(四) 周知性通知

周知性通知主要是向有关单位或部门传达有关事项、情况，使对方知晓，以便工作的顺利进行。如人事任免、机构调整、召开会议等。

四、通知的结构与写法

在所有的公文中，通知的结构最为复杂，不同类型的通知具有不同的写法。通知的结构一般为：标题+主送机关+正文(+附件)+落款+成文日期。因落款和成文日期与其他行政公文写法相同，故不再赘述，只就前面几项进行说明。

(一) 标题

标题的形式有 3 种：一是四元素标题，即批转机关+原发文机关+事由+文种，如《国务院批转环保总局关于三峡库区水面漂浮物清理方案的通知》，批转型通知写作多用这类标题；二是三元素标题，即发文机关(批转机关)+事由+文种，如《教育部关于公布20××年度高等学校专业设置备案或审批结果的通知》；三是二元素标题，即事由+文种。在有眉首的文件中，可以运用两元素标题。正式发文的通知不能以"通知"作为标题，单元素标题的公文只适用于内部张贴。正式公文的标题，应该使受文者接到公文，就明白什么机关来文说了什么事，用了哪个文种，这样的标题才体现出明确性，才符合文秘人员办事的思路。

(二) 主送机关

通知的发文对象是相对下级机关,免写主送机关的做法是错误的。

主送机关的写法主要有两个要求,一是主送机关单一或不超过三个时,直接书写或按照惯例排序。二是主送机关超过三个时,采用简称,并用顿号与逗号区别主送机关的类别。

(三) 正文

一般性通知的正文结构为:发文缘由+通知事项+结尾。其中发文缘由常交代发布通知的意义、根据,有的通知还写有发文背景。通知事项则因事而异,简单事项采用一段式,复杂事项可采用条款式。结尾则多种多样,既可以提出要求或希望,也可以运用一些固定套语,如"请遵照执行""特此通知,望认真执行""本通知自下发之日起实行"等。

需要说明的是,批转性通知的正文结构有些特殊,其结构一般为:批语+转发语(+意义+执行要求)。转发性通知正文的结构为:转述批语+转发语(+意义+执行要求)。

(四) 附件

不是所有的通知都带有附件,批转通知、转发通知及印发通知附带文件常常成为固定形式,这些附带文件正是批转、转发和印发的对象,尽管它们在书写中居于附件的位置,但仍应将其视为正件的组成部分。另外一部分通知也常带有附件,如会议通知后的"回执""参会人员名单""交通路线图"等。

习作中容易出现的问题是,一些学习者误将附件原文置于正文下方、落款上方,国务院《行政公文处理办法》规定,附件原文应置于公文正文后,在附件左上角第1行顶格标识"附件"俩字,在序号、附件名称后,下附"附件"原文。

(五) 落款

署发文机关名称、成文日期并加盖印章。

特别提醒

(1) 事项具体。通知无论对有关情况的介绍和评价,还是对有关单位和人员的要求,都要明确清楚,以便办理执行。

(2) 行文实际。通知不能说空话、套话,这与通知要求和行政事务的实用性特点不相符合,应该做到有话则长、无话则短,使内容精悍实用。

(3) 措辞严密。通知的写作应该注意表述的准确性,让受文单位感受到上级机关的完整、严密、无懈可击，不使下级出现误解、找出漏洞，否则，文件会失去权威性、严肃性，其效用就会大大减弱甚至丧失，给工作带来不利。

(4) 用语得体。通知的语气必须庄重、恳切，既要体现出发文机关的权威性和严肃性，又要突出协调性与尊重性。如果乱打官腔，就会造成政令不当，有碍工作大局。

小卡片　应用"通知"注意点

通知一般为下行文，有时也可以为平行文，主要用于向同级或不相隶属机关传达周知事项。通知不能上行，如果需要上级机关或不相隶属机关知道的，可用抄送形式。它的篇幅可长可短，使用频率最高，应用范围最广，但不可滥用。

通知行文一定要迅速及时，以便下级抓紧安排实施，必要时可用"紧急通知"。

病文评析

国家发展改革委、财政部、财政部办公室关于重新核定交通行业特有职业技能资格鉴定(考核)考试收费标准及有关问题的通知

发改价格[20××] ××号

国务院，各省、自治区、直辖市发展改革委、物价局、财政厅(局)，新疆生产建设兵团发展改革委、财务局：

经研究，现将重新核定交通行业特有职业技能资格鉴定(考核)考试收费标准及有关问题通知如下：

一、交通运输部职业技能鉴定指导中心在组织交通行业特有职业技能资格鉴定(考核)考试时，向各省、自治区、直辖市职业技能鉴定站收取的职业技能资格鉴定(考核)考务费标准为：初级工、中级工、高级工每人 17 元，技师、高级技师每人 23 元。

二、各省、自治区、直辖市职业技能鉴定站向参加鉴定人员收取的职业技能资格鉴定(考核)考试费标准，由所在地省、自治区、直辖市价格主管部门会同财政部门，在交通部职业技能鉴定指导中心收取的考务费标准基础上，加组织报名、租用考试场地、聘请监考人员、阅卷以及实际操作考试中发生的专业设备租赁、材料消耗等费用核定。

三、收费单位应按规定到指定的价格主管部门办理收费许可证，并按财务隶属

关系分别使用财政部或省、自治区、直辖市财政部门统一印制的票据。

四、收费单位应严格按照上述规定收费,不得擅自增加收费项目、扩大收费范围、提高收费标准或加收其他任何费用,并自觉接受价格、财政、审计部门的监督检查。

五、本通知自发布之日起执行。《国家发展改革委、财政部关于交通行业特有职业技能资格鉴定(考核)考试收费标准及有关问题的通知》(发改价格〔2007〕301号)同时废止。

国家发展改革委

财政部

20××年××月××日

评析:

这则通知的问题有:①财政部办公室为财政部的下属部门,不可与发改委和财政部联合行文,应予删除。②发文编号中括号应改为六角括号"〔 〕"。③通知为下行文,主送机关中"国务院"为上级单位,应予删除。④落款没有发文单位印章。

任务演练

××市教育局近日收到××省教育厅《关于减轻中小学生过重学业负担的通知》的通知,假如你是该市教育局办公室秘书,请你拟一份通知,将此转发给各县、区教育局。

知识拓展　通知与通告的区别

(1) 受文对象不同。从受文对象看,通知的对象是下级机关,通告的对象一般是社会公众。

(2) 行文要求不同。从行文要求看,通知除需周知外,有的还须办理或执行,而通告则要求遵守或周知。

(3) 行文内容不同。从行文内容看,通告可以使社会公众广为知晓,而通知则局限于机关内部。

任务三　通报

20××年3月22日，××省××市各单位收到一份综合性通报，这是××市治理"会山会海"的一记"杀手锏"。今年2月底，××市委、市政府作出了3月份不开全市性会议的决定。"禁会令"一出，首先就给市委办等4部门提出了新要求：上级精神必须迅速传达，全年工作安排不能延误，但刚刚发布的"禁会令"又必须遵守。怎么办？以市委通报的形式传达会议精神——这个妙招，轻松解决了问题。一纸简便的通报，抵了4个平均耗资3万元、耗人时近200个工作日的大会。

(资料来源：《湖南日报》，有改动)

一则通报既省时又省力，还降低了成本，在提高行政效率、转变政府职能方面发挥了重要作用，本节主要来学习通报的具体写法。

【例文一】

合肥市人民政府关于2015年度造林绿化工作考核结果的通报

合政秘〔2015〕114号

各县(市)、区人民政府，市政府各部门、各直属机构：

森林合肥建设开展五年来，全市各级、各部门认真贯彻省委、省政府和市委、市政府的决策部署，狠抓森林进城围城、森林沿河沿路、森林覆岭、森林环湖、森林入村等"五森"工程，大力推进城镇园林绿化提升行动，造林绿化取得历史性突破，继2014年9月获得全国绿化委员会、国家林业局授予的"国家森林城市"称号后，今年4月再次通过"国家园林城市"复查。2015年全市造林绿化工作再创佳绩，全年共完成植树造林16.8万亩，完成城区绿化1662万平方米，超额完成了省、市下达的年度任务。经考核，肥西县等6个县(市、区、开发区)荣获一等奖，肥东县等9个县(区、开发区)荣获二等奖；肥东县白龙镇等20个乡镇(街道)荣获"2015年度合肥市植树造林20佳乡镇(街道)"称号；肥西县官亭镇、长丰县岗集镇、蜀山区小庙镇等 3 个乡镇荣获"特别贡献奖"。

希望各级各部门继续深入贯彻市委、市政府决策部署,进一步总结经验、明确目标、落实责任、创新举措、狠抓落实,为我市造林绿化事业,为建设长三角世界级城市群副中心,打造"大湖名城、创新高地"作出新的更大贡献。

附件:2015 年度合肥市造林绿化工作考核结果(略)

合肥市人民政府
2015 年 11 月 27 日

简评:

这是一则情况通报。正文第一段交代了通报的缘由及事项,第二段提出希望与要求。

【例文二】

关于表彰全国工商行政管理系统先进工商所
和优秀工商行政管理人员的通报

各省、自治区、直辖市工商行政管理局:

近年来,全国各级工商行政管理机关和广大工商干部在党中央、国务院的正确领导下,坚持以邓小平理论、"三个代表"重要思想、科学发展观为指导,深入贯彻落实党的十七大、十八大精神,围绕中心,服务大局,以人为本,执法为民,为维护社会主义市场经济秩序,促进经济社会科学发展作出了突出贡献,涌现出一大批先进集体和先进个人。

为表彰先进,弘扬正气,努力建设政治过硬、业务精通、作风优良、执行有力的工商行政管理干部队伍,国家工商行政管理总局决定,授予北京市工商局××分局××工商所等 400 个单位"全国工商行政管理系统先进工商所"荣誉称号,授予××等 499 位同志"全国工商行政管理系统优秀工商行政管理人员"荣誉称号。希望受到表彰的先进工商所和优秀工商行政管理人员珍惜荣誉,再接再厉,更好地发挥模范带头作用。

全国各级工商行政管理机关和广大工商干部要以受表彰的先进工商所和优秀工商行政管理人员为榜样,深入学习贯彻党的十八大和十八届二中、三中全会精神,在以习近平同志为总书记的党中央坚强领导下,以更加进取的精神,更加务实的作风,更加创新的举措,奋发有为,开拓进取,为促进经济社会科学发展,全面建成小康社会作出新的更大的贡献。

附件：全国工商行政管理系统先进工商所及先进个人名单(略)

国家工商行政管理总局

2013 年 12 月 19 日

简评：

这是一则表彰性通报。正文首先交待通报的缘由，然后说明发文目的及通报的内容。结尾提出希望，发出号召。

一、通报的概念

根据新《条例》的规定，通报适用于表彰先进，批评错误，传达重要精神和告知重要情况的公文。一般用于具有普遍意义的典型事例、成功的经验和失败的教训，以对人们起到示范、教育和警戒作用，同时还具有沟通信息、互通情报的作用。

二、通报的性质

(1) 通报属于奖励与告诫性的公文。通报承负着"表彰先进、批评错误"的任务，因而具有奖励与告诫性质，这一点不同于通知，也不同于公告、通告。

(2) 通报属于传达与告晓性公文。通报虽与公告、通告和通知共具传达、告晓功能，但通报的目的是让人知晓，无须人们办理或执行。

(3) 通报的发布范围，往往是在一个机关或一个系统内部。通报的发布范围较公告、通告和通知为小，通报往往是在一个机关或一个系统内部使用。

三、通报的类型

(一) 表彰性通报

表彰性通报指表彰先进集体和先进个人的典型事迹，宣传先进思想，树立学习榜样，号召人们学习等。

(二) 批评性通报

批评性通报指批评严重违法违纪事件，揭露问题，处分错误，总结事故教训，要求人们吸取教训等。随着经济形势的发展，批评通报不仅对违规操作进行批评，还对重大事故的责任人或单位进行批评。

(三) 情况性通报

情况性通报指向下级机关传达重要指示精神、重要会议精神，传达下级机关需要知晓的情况。

四、通报的结构与写法

通报的结构为：标题+主送机关+正文(+附件)+落款+成文日期。

这里具体介绍通报的标题、主送机关和正文的写法，通报的落款和成文日期与其他行政公文写法相同，故不再赘述。

(一) 标题

通报的标题一般有两种：一种是发文机关+事由+文种；另一种是事由+文种，这种标题有时用于基层单位，由于在单位内部使用，所以一般省略发文机关。

(二) 主送机关

通报的主送机关是相对于下级机关，正式发文的通报，均应写明主送机关，不能像公告或通告一样免写主送机关。主送机关可以是一个，也可以是多个。

(三) 正文

不同类型的通报其内容具有很大差异性，但其正文结构写法大致相同：发文缘由+通报事项+分析+决定+要求。

1. 发文缘由

发文缘由一般写出发文的意义、根据、背景或事项提要，或发文机关对此事的态度，这部分是正文的"帽子"。

2. 通报事项

通报事项或写表彰事迹，或写错误事实与事故经过，或写重要精神、情况，这是正文的主体。其写法可以直接叙述，也可以进行转述。直接叙述是将通报事项直接写入正文；转述则是以某种文件或材料为基础进行叙述，其通报事项不在正文，而在附件中，所以，转述式通报均有附件。

3. 分析

分析不在于长，而在于自然中肯，鲜明简洁，具有说服力。写分析时，切忌脱离通报事项本身、借题发挥，一两句到位的议论胜过大段夹杂水分的发挥。

4. 决定

决定是对表彰先进或批评错误作出嘉奖或惩处的决定措施。表彰通报与批评通报均须用决定的形式向下级机关表达本级机关意见，而传达通报一般无决定内容，所以无须设置决定部分。

5. 要求

表彰性通报要以通报事项为典型，激励人们学习；批评通报要用事项内容让人们引以为戒；传达通报要提出指导性意见，来指导全局工作。

(四) 附件

部分通报有附件, 写法与其他行政公文相同。

特别提醒

(1) 迅速及时。通报的内容应该是新进发生的具有现实指导意义的典型事例。

(2) 事实清楚。无论哪种通报都要涉及人和事, 把事实交代清楚是写好通报的关键。

(3) 分析入理。因为注重教育性, 就要有分析评论, 对表扬或批评的人和事, 要有定性的结论, 对具体情况也要有原因的分析、责任的追究和定性的结论, 并要总结教训。

(4) 措施得当。多数通报中有处理措施, 如表彰通报中的表扬决定, 批评通报中的处理决定, 事故通报中的防范措施, 情况通报中的今后做法等。

小卡片 通知与通报的区别

通知与通报都有告知作用, 但通知告知的主要是工作情况, 以及需要共同办理或遵循的事项; 通报告知的是正反典型, 或者有关重要的精神或情况。

病文评析

关于表彰 2009 年度市国资委系统信息工作先进单位和先进个人的通报

大国资办[20××]1号

市政府办公厅、各企业、机关各处(室):

2009 年, 市国资委系统信息工作在各级领导的高度重视和大力支持下, 在各企业和机关各处(室)的共同努力下, 紧紧围绕国资监管和国企改革发展中心工作, 积极主动收集上报信息, 进一步完善了信息报送的各项规章制度, 建立了方便、快捷的信息报送方式, 取得了较大的成绩。

全年在"××××"上发布信息 1790 条, 向市政务公开办报送信息 632 条, 被市委、市政府专网采用信息 679 条, 部分信息受到国务院国资委及省、市领导的重视。为市委、市政府领导充分了解市国资委系统工作提供了良好的信息平台, 为各级领导和有关部门把握全局、科学决策发挥了重要作用，为社会公众和企业提供了近距离快速了解市国资委系统工作动态的窗口和媒介，有力地推动了各项工作的开展。

这些成绩的取得是与各级领导的关心支持分不开的，与各位信息工作人员的辛勤劳动分不开的。但一年的工作中也出现了许多失误与问题，给国资委系统抹黑，特提出批评。根据《大连市党委系统信息工作考核评比奖励办法》，建议各单位对获得信息先进个人的人员给予奖励，以资鼓励。

希望受表彰的先进集体和个人珍惜荣誉，倍加努力，在新的一年里取得更大的成绩。同时号召市国资委各出资企业和机关各处(室)向他们学习，在2010年度信息工作中，及时准确上报动态信息，进一步加强学习研究，提高发稿质量，为提高市国资委系统信息工作的整体水平作出更大的贡献。

市国资委

2010 年 1 月 12 日

附件：2009 年度市国资委系统信息工作先进单位和先进个人名单

评析：

这是份表彰性通报，其问题主要有：①发文字号中的中括号应改为六角括号"〔〕"。②主送机关中"市政府办公厅"为上级单位，通报为下行文，故予以删除。③因是表彰性通报，所以在分析成绩时不应提及问题，删除"但一年……特提出批评"。④没有印章，时间须用汉字写，"附件"应提至"市国资委"前。

任务演练

请为下面一则通报拟写一个恰当的标题。

各市(县)、区建设局，各质监站、审图机构：

为推进我市建筑节能工作，并切实做好今年建设部建筑节能专项检查的迎检准备，根据省建设厅《关于印发〈20××年全省建筑节能工作考核评价工作计划〉的通知》(苏建科〔20××〕89号)的要求，今年上半年市建设局下发了《关于开展20××年全市建筑节能专项检查工作的通知》(锡建总〔20××〕67号)文件，明确了检查内容、范围、检查时间和要求，今年8—9月在全市各市(县)、区自查的基础上，市建设局又组织了抽查工作。现将检查情况通报如下：

一、总体情况

……

二、存在的主要问题

……

三、下一步工作要求

……

附件：20××年无锡市民用建筑节能检查项目情况表

无锡市建设局(印章)

20××年 10 月 24 日

知识拓展 15 种公文

根据新《条例》的规定，我国公文种类有 15 种：决议、决定、命令(令)、公报、公告、通告、意见、通知、通报、报告、请示、批复、议案、函和纪要。

任务四 报告

案例赏析

××市政府工作报告的起草过程

2010 年×月 20 日，在××市第三届人民代表大会第三次会议上，市政府代市长黄××作了市政府工作报告，政府工作报告是"两会"中的最大亮点，但其背后却是报告起草班子没日没夜连续 4 个多月的加班。

市政府工作报告的"写手"不是一个人，而是一个团队，他们是来自市政府研究室的 10 多个硕士博士，他们中设有一个主笔，其余分别辅助。

报告起草分为五步。第一步，9 月启动调研，11 月完成初稿；第二步，4 个务虚会定基调，毛稿出炉；第三步，中央经济工作会后修改毛稿；第四步，征求意见过四"关"；第五步，审议通过后，一字一句朗读找语感。最后校稿完成后，报告于 2009 年 1 月 17 日正式开印。

但政府工作报告定稿，则要在代表们审议以后，作最后修改。

"两句三年得，一吟双泪流"(唐·贾岛《题诗后》)、"吟安一个字，拈断数茎须"(唐·卢延让《苦吟》)。中国古人非常讲究文章的炼字炼句，这种优良传统千年而下仍然被很好地继承，政府工作报告的起草、修改牵涉上下、事关重大，逐字逐句"推敲"也是必不可少的过程。那么，报告到底是怎样的一种公文，其特点、写法又是怎样的呢？

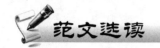

范文选读

安徽省国土资源厅关于 2012 年度依法行政暨法制宣传教育工作的报告

国土资源部政策法规司：

2012 年，我厅按照《安徽省依法行政和法治政府建设规划纲要(2011—2015)》《国土资源部关于进一步推进依法行政加快建设法治国土的意见》以及省委、省政府和国土资源部的有关部署和要求，以建设法治国土为目标，以构建保障和促进科学发展新机制为主线，以改革创新为动力，紧紧围绕国土资源管理的中心工作和科学发展大局，深入推进依法行政，不断提升国土资源管理水平。现将我厅 2012 年年度依法行政暨法制宣传教育工作报告如下：

一、切实加强领导

为加强领导，厅成立了进一步推进依法行政加快建设法治国土工作领导小组，由厅主要领导任组长，其他厅领导任副组长，厅机关各处室和所属单位主要负责人为成员，办公室设在厅政策法规处，形成了厅领导齐抓共管、法制机构牵头组织、各部门分工负责的工作机制。为确保……

二、进一步加强制度建设

积极推进立法工作。一是起草了《安徽省淮河干流行洪区调整新增河道滩地利用和管理办法》初稿，会同省政府法制办等有关部门到部分沿淮城市开展了调研，……

三、坚持依法科学民主决策

认真落实集体决策制度。近年来，厅多次对会审办法进行了修改，……

四、进一步规范行政执法行为

全面开展了行政职权清理。从 9 月开始，根据省政府办公厅《关于进一步清理省级行政审批项目提高行政审批效率工作实施方案》，对省级国土资源(包括省政府和省厅审批)行政审批项目进行了全面清理。经过清理，……

五、全面推进政务公开

一是根据省政府办公厅、省委宣传部《关于开展政务公开政务服务工作集中宣传活动的通知》，于 2012 年 4—7 月，在全省国土资源系统开展政务公开政务服务工作集中宣传活动……

六、强化行政执法监督

......

七、严格行政复议应诉工作

......

八、认真开展法制宣传培训

......

2012 年，通过深入开展依法行政建设法治国土活动，执法人员素质有了明显提高、国土资源行政管理的公信力和执行力有了显著增强，有力地促进国土资源事业的发展。但是，受各种因素影响，与新阶段依法行政和国土资源管理的实际要求相比，仍存在一些薄弱环节，如个别地方没有正确地处理好依法行政和制度创新的关系，基层对依法行政和普法宣传教育工作投入不足，人员力量薄弱，一些地方行政执法行为还不够规范等。针对存在的问题，我厅将按照《安徽省依法行政和法治政府建设规划纲要(2011—2015)》《安徽省国土资源厅关于进一步推进依法行政加快建设法治国土的实施意见》所明确的目标和措施，进一步加强制度建设，强化管理，严格监督，不断提升执法水平，将依法行政工作不断推向深入。

×××

2012 年 5 月 21 日

(资料来源：中华人民共和国国土资源部官方网站)

简评：

这是一则工作报告。主送机关一般是上级领导机关或上级业务主管机关，不得直接送领导者个人，顶格书写。正文第一段是报告的缘由，以惯用语"现将……报告如下："过渡到正文。主体部分从 8 个方面汇报工作，结构层次井然，逻辑严密。

一、报告的概念

报告是下级机关向上级机关汇报工作、反映情况、答复上级机关询问所使用的一种陈述性的公文。报告属于上行文。在 1987 年的《国家行政机关公文处理办法》中，报告与请示被列为同一类文。到了 1993 年，报告与请示才分别独立，各自成为一个文种。但实际工作中，报告与请示还是常常被人混用，以致影响工作。

实际运用中，报告与其他一些"报告"也常常出现混淆。其他报告是指：调查报告、读书报告、学术报告、形势报告以及气象报告等。鉴别的原则是，是否符合作为行政公文中报告的定义，即"适于向上级机关汇报工作、反映情况、答复上级机关询问"。

二、报告的特点

(1) 汇报性。所有的报告都是用来向上级机关汇报工作或情况的，有了下级机关的汇报，才便于上级机关作出正确的决策。发文机关应注意采用"汇报性"的语气。

(2) 陈述性。即以陈述性的表达方式，将本机关的工作或情况一一表述清楚。表达方式上，陈述性公文只能运用叙述和说明来汇报事项。

(3) 单向性。报告是为上级机关进行宏观领导提供依据，一般不需要受文机关的批复，属于单向行文。

三、报告的类型

(一) 按内容划分，可分为工作报告、情况报告、答复报告和报送报告

(1) 工作报告是向上级机关汇报本单位、本部门、本地区有关工作的进展情况、做法、取得成绩、积累的经验、存在的问题以及下一步工作的计划等的报告。其目的是"下情上达"，使上级了解情况，掌握全局。

(2) 情况报告是向上级机关汇报在正常工作运转中出现的新情况、新问题，特别是突发事件、特殊情况、意外事故、个别问题的处理情况的报告。

(3) 答复报告是对上级机关所询问事项做出答复的报告。下级机关一定要慎重对待上级机关的询问，如不了解真实情况，就要在作深入调查研究后再作答复。

(4) 报送报告是下级机关或部门向上级机关报送文件资料或物件时，随文随物而写的报告。调查报告、总结等非法定性公文，一般不便直接行文，需用报告呈送。

(二) 按性质划分，可分为综合性报告和专题性报告

(1) 综合性报告是向上级机关汇报全面工作或几方面工作情况的报告，其内容具有综合性的特点，但也要突出重点。综合性报告常常采用工作总结与工作计划相结合的方式，如各种代表大会上的工作报告。

(2) 专题性报告是向上级汇报某项工作、某个问题或某一方面的情况，提出建议的报告。有时也可用于答复上级机关的询问。专题报告具有单一性、专项性的特点，一般一事一报，较为迅速及时。

(三) 按作用划分，可分为呈报性报告和呈转性报告

(1) 呈报性报告用于向上级机关汇报工作、反映情况、答复上级机关询问，上级机关阅知即可，无须批转。其行文目的是供上级机关了解情况，接受上级机关的领导和监督，并为上级机关的决策提供依据。

(2) 呈转性报告是用于向上级机关汇报本单位、本部门、本地区有关工作的意见、计划等，并建议上级机关把报告批转的有关方面贯彻执行。

四、报告的结构与写法

报告的结构一般为：标题＋主送机关＋正文＋结尾。

(一) 标题

标题写法可有两种：一是发文机关＋事由＋文种，这是报告通常采用的完整式标题，如《××海关关于 2008 年度政府信息公开报告》；其二是事由+文种，这是省略了发文机关的标题形式，但在落款处必须注明发文机关，如《关于我市中学寒假补课的有关情况报告》。

(二) 主送机关

报告的主送机关通常是发文机关的直属上级领导机关或主管部门，一个报告通常只有一个主送机关。如有必要报送其他上级机关，可用抄送的形式行文。报告不能直接报送给领导个人。

(三) 正文

正文一般由发文缘由、报告事项及结束语构成。

1. 发文缘由

报告的发文缘由一般简明扼要交代报告的起因、目的、主旨或基本情况，要写得概括、集中、开门见山，一般用"现将有关情况报告如下""现将……汇报如下"等惯用语承启下文。如：

按照市政府、市纪委主要领导的要求，6 月 3 日至 7 日，市纪委(监察局)、法制办、行管局、审批中心、信息中心等有关单位同志一行 9 人，赴南京、合肥就两地行政审批大厅布局和管理、网上审批和电子监察等方面的情况进行了学习考察。现将学习考察情况报告如下：

答复报告开头要先引述来函文号及询问的问题，然后过渡到下文，如：

前接×政发〔2007〕15 号函，询问我市水质污染原因及治理问题，现将有关情况汇报如下：

2. 报告事项

报告事项，是将工作的主要情况、措施与结果、成效与存在的问题等分段加以表述。工作报告一般以"成绩、做法、经验、体会、打算、安排"为主；情况报告一般用"情况——原因——教训——措施"的结构来写；答复报告一般写答复的意见或处理结果。

3. 结束语

工作报告的结束语常用"特此报告""以上报告，请审查(审阅)"；答复报告多用"专此报告"作结束语；随文报告常用"请查收"等作结束语；呈转性报告常用"以上报告如无不妥，请批转有关部门执行"等作结束语。

(四) 结尾

结尾包括发文机关和成文日期。报告应在落款处注明发文机关和发文日期，并加盖公章。如标题中已写明发文机关，落款处可略去此项。

特别提醒

(1) 文种要准确。尤其应当注意不要与请求混用。报告事项不得夹带请示事项，否则会因"报告"无须批复而影响请示事项的处理和解决。

(2) 材料要准确。向上级机关汇报工作应该本着实事求是的态度，如实汇报。无论是成绩还是失误，都应全面、真实地反映，不能只报喜不报忧，也不能夸大和虚构。

(3) 主旨要鲜明。报告的内容，一般涉及的面宽而且复杂，很容易写得篇幅较长而又重点不够突出，形成泛泛而谈。所以撰写时应力求写得观点鲜明，条例清楚，简洁深刻。

小卡片　报告写作易错点

报告写作易错点：一是结尾处有"特此报告"一类结语，由于词语既无实际意义，也无结构作用，应当去除。如写成"以上报告当否，请指示"，就更错误，因为报告是无须上级回复处理的文种，即使进行协商，上级也不会答复。二是报告后面加附注标明"联系人"和"联系电话"，实属多余。三是报告写作篇幅切忌太长，一般应控制在 3000 字以内。

病文评析

××百货股份有限公司关于更换计算机系统工作的汇报

根据《市商务局办公厅关于处理好企业计算机管理工作的函》(×商函〔2007〕52 号)要求，现将我集团近期更换计算机系统工作情况汇报如下：

一、计算机管理为公司带来了管理便利

千叶百货股份有限公司共有 12 个商品部、3 万多种商品，每天营业额达数百万元，交易上万笔，运用计算机管理以后，当日销售额、当班销售额，甚至每个营业员的销售额都可随时查询，这为我公司的连锁配货管理提供了极大方便。

二、在商业电子化过程中遇到的问题

(一) 企业调整对计算机系统的要求

在商业竞争日益加剧的今天，企业调整已成为普遍现象。企业在不断变革中，对计算机系统的调整有着较高要求，需要软件开发企业研究企业调整规律，抓住共性，开发出适应企业需求的相对稳定的软件。

(二) 数据输入的难度

无论是新商场还是老商场，对新上或更换计算机系统都具有较大的工作难度，老商场的管理模式转轨更为复杂。我们作为市商业的龙头企业，在计算机管理上，起步较早，但目前遇到的问题也最多。主要难题是，企业调整后，数据转换的工作量相当大，我公司不仅要对现有库存进行盘点，还要清理陈年老账，因而牵涉的人很多。在把大量纸上数据和旧有计算机系统的数据输入到新计算机系统上，也需要做大量技术工作。

上述在商业电子化过程中遇到的问题，是所有商场计划进行计算机管理时需要充分考虑的问题。应该承认，我们经验不足，思想准备不够。我们现在体会到，更换完善的计算机管理系统的前期阶段，工作十分艰苦繁杂，手工的工作要做，计算机的工作也要做，更重要的是，还要检验计算机系统的可靠性，对计算机处理的结果进行细致检查。

目前，我公司全面进行计算机管理的条件已经成熟，作为老品牌的我们会把计算机管理系统作为重要组成部分进行规划改造，利用计算机进行优化管理，以适应市场需求。

特此报告

××百货股份有限公司

20××年×月×日

评析：

这份报告的问题主要有：①标题应是"报告"而非"汇报"。②缺少主送机关，即报告进行答复的对象。③正文中更换计算机系统带来的便利阐述较少，问题篇幅太长，不协调。④缺少单位印章。

任务演练

请你代学校团委向学校党委写一份开展××××活动的报告。要求说明为什么要开展这次活动？是怎样开展活动的？有什么收获？

知识拓展　党政机关公文处理工作条例(节选部分)(中办发〔2012〕14 号)

一、公文种类

公文种类主要有:

(一) 决议。适用于会议讨论通过的重大决策事项。

(二) 决定。适用于对重要事项作出决策和部署、奖惩有关单位和人员、变更或者撤销下级机关不适当的决定事项。

(三) 命令(令)。适用于公布行政法规和规章、宣布施行重大强制性措施、批准授予和晋升衔级、嘉奖有关单位和人员。

(四) 公报。适用于公布重要决定或者重大事项。

(五) 公告。适用于向国内外宣布重要事项或者法定事项。

(六) 通告。适用于在一定范围内公布应当遵守或者周知的事项。

(七) 意见。适用于对重要问题提出见解和处理办法。

(八) 通知。适用于发布、传达要求下级机关执行和有关单位周知或者执行的事项,批转、转发公文。

(九) 通报。适用于表彰先进、批评错误、传达重要精神和告知重要情况。

(十) 报告。适用于向上级机关汇报工作,反映情况,回复上级机关的询问。

(十一) 请示。适用于向上级机关请求指示、批准事项。

(十二) 批复。适用于答复下级机关请示事项。

(十三) 议案。适用于各级人民政府按照法律程序向同级人民代表大会或者人民代表大会常务委员会提请审议事项。

(十四) 函。适用于不相隶属机关之间商洽工作、询问和答复问题、请求批准和答复审批事项。

(十五) 纪要。适用于记载会议主要情况和议定事项。

二、行文规则

第十三条　行文应当确有必要,讲求实效,注重针对性和可操作性。

第十四条　行文关系根据隶属关系和职权范围确定。一般不得越级行文,特殊情况需要越级行文的,应当同时抄送被越过的机关。

第十五条　向上级机关行文,应当遵循以下规则:

(一) 原则上主送一个上级机关,根据需要同时抄送其他相关上级机关和同级机关,不抄送下级机关。

(二) 党委、政府的部门向上级主管部门请示、报告重大事项,应当经本级党委、政府同意或者授权,属于部门职权范围内的事项应直接报送上级主管部门。

（三）下级机关的请示事项，如需以本机关名义向上级机关请示，应当提出倾向性意见后上报。不得原文转报上级机关。

（四）请示应当一文一事，不得在报告等非请示性公文中夹带请示事项。

（五）除上级机关负责人直接交办事项外，不得以本机关名义向上级机关负责人报送公文，也不得以本机关负责人名义向上级机关报送公文。

（六）受双重领导的机关向一个上级机关行文，必要时应当抄送另一个上级机关。

（七）不符合行文规则的上报公文，上级机关的文秘部门可退回下级呈报机关。

第十六条　向下级机关行文，应当遵循以下规则：

（一）主送受理机关，根据需要抄送相关机关。重要行文应当同时抄送发文机关的直接上级机关。

（二）党委、政府的办公厅(室)根据本级党委、政府授权，可以向下级党委、政府行文，其他部门和单位不得向下级党委、政府发布指令性公文或者在公文中向下级党委、政府提出指令性要求。需经政府审批的具体事项，经政府同意可由政府职能部门行文，文中需注明已经政府同意。

（三）党委、政府的部门在各自职权范围内可以向下级党委、政府的相关部门行文。

（四）涉及多个部门职权范围内的事务，部门之间未协商一致的，不得向下行文；擅自行文的，上级机关应当责令其纠正或者撤销。

（五）上级机关向受双重领导的下级机关行文，必要时抄送该下级机关的另一个上级机关。

第十七条　同级党政机关、党政机关与其他同级机关必要时可以联合行文。属于党委、政府各自职权范围内的工作，不得联合行文。党委、政府的部门依据职权可以相互行文。部门内设机构除办公厅(室)外不得对外正式行文。

三、公文拟制

第十八条　公文拟制包括公文的起草、审核、签发等程序。

第十九条　公文起草应当做到：

（一）符合国家的法律法规和党的路线方针政策，完整准确体现发文机关意图，并同现行有关公文相衔接。

（二）一切从实际出发，分析问题实事求是，所提政策措施和办法切实可行。

（三）内容简洁，主题突出，观点鲜明，结构严谨，表述准确，文字精练。

（四）文种正确，格式规范。

（五）公文涉及其他部门职权范围事项的，起草单位必须征求相关部门意见，力求达成一致。

（六）深入调查研究，充分进行论证，广泛听取意见。

（七）机关负责人应当主持、指导重要公文起草工作。

第二十条　公文文稿签发前，应当由发文机关办公厅(室)进行审核。审核的重点是：

（一）行文理由是否充分，行文依据是否准确。

（二）内容是否符合国家法律法规和党的路线方针政策；是否完整准确体现发文机关意图；是否同现行有关公文相衔接；所提政策措施和办法是否切实可行。

（三）涉及有关地区或者部门职权范围的事项是否经过充分协商并达成一致意见。

（四）文种是否正确，格式是否规范；人名、地名、时间、数字、段落顺序、引文等是否准确；文字、数字、计量单位和标点符号等用法是否符合规定。

（五）其他内容是否符合公文起草的有关要求。

需要发文机关审议的重要公文文稿，审议前由发文机关办公厅(室)进行初核。

第二十一条　经审核不宜发文的公文文稿，应当退回起草单位并说明理由；符合发文条件但内容需作进一步研究和修改的，由起草单位修改后重新报送。

第二十二条　公文应当经本机关负责人审批签发。重要公文和上行文由机关主要负责人签发。党委、政府的办公厅(室)根据党委、政府授权制发的公文，由受权机关主要负责人签发或者按照有关规定签发。签发人签发公文，应当签署意见、姓名和完整日期；圈阅或者签名的，视为同意。联合行文由所有联署机关的负责人会签。

任务五　请示

案例赏析

"不用请示我"

2009年3月，温家宝总理在召开政府工作报告座谈会中，许多人大代表对城镇登记失业率很有意见，温总理当时说："你们社会劳动保障部该赶紧上网，或者你们赶紧开发布会，别等着我来发话你们再去做。今后各部委都这样，只要网上出了什么问题是需要解释的，你们不用请示我，别把问题拖成一个不得了的大问题！"

工作中的请示制度是完全必要的，不请示不汇报，还不天下大乱？但在今天，一些官员常常以"请示"的名义，把事情往上级领导那里一推，然后坐等上级决策，使许多紧急问题因"坐等"批复而错过了最佳处理时机，"拖成一个不得了的大问题"。

（资料来源：《今晚报》，有改动）

现实生活中，请示、报告常常成为一些官员逃避责任、疏远群众的"挡箭牌"，成为办事拖拉、推诿扯皮的理想"借口"，温总理的"不用请示我"则对此作了正面回应。那么，作为行政公文的"请示"是怎样的文种呢？

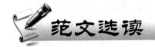

【例文一】

关于××集团公司国际总裁××先生一行来肥洽谈合作相关事宜的请示

市政府：

美国××集团公司国际总裁××先生一行拟于近期来肥与合肥××公司洽谈合作相关事宜，为促进双方合作，特恳请××书记、××市长于6月26日(暂定下午17:30)在政务大楼会见××先生一行，并会后宴请美国××集团公司客人一行。

妥否，请批示。

附件：1. 会人员名单
2. 美国××集团公司简介
3. ××集团公司国际总裁访问合肥交流意向书

×××

20××年6月19日

简评：

这是一篇请求上级予以支持、帮助的请示。正文先交代请示的缘由，接着明确请求帮助的事项，强调"群众所需"理由充分，用语恳切。最后以固定结尾"当否，请指示"结束全文。

【例文二】

同仁县人民政府关于解决双朋西乡养殖专业合作社变压器购置资金的请示

州人民政府：

今年以来，为切实解决群众增收难、渠道窄的问题，我县双朋西乡充分发挥草场资源丰富、发展养殖业条件好的优势，在县农牧部门技术指导下，引导群众积极转变观念，自筹组建了7个养殖业专业合作社，目前各专业合作社均已开工建设。但是，由于各合作社建设地点较为偏远，水、电、路等问题无法妥善解决，影响了建设进度及建成后的正常运转。特别是用电问题，我县多次向供电部门进行衔接协调，但根据电力供应需求，每个专业合作社需群众自行购置一台约3.5万元的变压器，由于群众自筹困难，无力购置，至今未能妥善解决。为切实解决群众的后顾之忧，推动各专业合作社顺利建设和正常运转，恳请州政府研究，解决我县双朋西乡7个专业合作社变压器购置资金24.5万元为荷。

　　妥否，请指示。

×××(印章)

2013 年 5 月 23 日

简评：

　　这是一篇请求上级予以支持、帮助的请示。正文先交代请示的缘由，接着明确请求帮助的事项，用语恳切。最后以固定结尾"妥否，请指示"结束全文。

知识聚焦

一、请示的概念

　　根据新《条例》的规定，请示适用于机关向上级机关请求指示、批准的公文。请示是上行文，具有强制回复的性质。其行文目的是请求上级机关对本机关单位权限范围内无法决定的重大事项，以及工作中遇到的无章可循的难题，给予答复。

　　使用请示应当慎重，凡属本机关职权范围内可以解决的问题，或上级机关以往政策中明确的问题，应不在请示之列。

二、请示的适用范围

　　(1) 遇有新问题，无执行依据。此种情况从原则上讲不可擅自处理，应向上级机关请求指示。

　　(2) 遇有困难，无力解决。遇有困难，需要上级机关给予财力、物力或人力上的援助。请示可写明遇到的具体困难以及拟解决问题的方案或措施，以报请上级机关批准。

　　(3) 超越职权范围，无权决定。当工作进行过程中，遇到超越本机关职权范围内的事项时，应向上级机关请求指示。

　　(4) 意见分歧，难于工作。部门工作中出现了意见分歧，难于统一，无法继续执行原计划时，应向上级机关请求指示。请示可说明具体分歧以及解决建议，以待上级机关裁决指示。

　　(5) 中止任务的执行。遇有突发情况或计划外事项，须中止正在执行的任务时，应当向上级机关请求指示。请示可说明中止任务执行的缘由、具体背景，以及中止执行的请求，报请上级机关批准。

三、请示的类型

(1) 求示性请示。即请求上级机关对有关方针、政策、规定中的难以理解或不明之处，以及在执行过程中需要作变通处理的问题或涉及其他机构职权范围的问题予以回复。

(2) 求准性请示。指请求上级机关批准编制、机构设置、领导班子组成、干部任免以及经费、工作任务等问题。

(3) 求助性请示。请求上级机关予以支持、帮助。

四、请示的特点

(1) 一文一事。为便于领导批复，请示行文必须一文一事。即每份请示只能提出批复一个事项，解决一个问题。这点与报告不同，综合报告可以是一文多事。

(2) 请批对应。一则请示，一个批复；没有请示就没有批复。请示所涉及的问题往往较紧迫，没有批复，下级机关就无法工作。因而，"请批对应"应该成为健全的公文运行程序，不应出现多请示一批复或有请示无批复的状况。等待批准，正是请示与报告的最大区别，报告是没有对应文种的。

(3) 事前行文。请示应在问题发生或处理前行文，不可先斩后奏。报告的时限原则是，可以在事前、事后或工作中行文。

五、请示的结构与写法

请示的结构为：标题＋主送机关＋正文＋落款。

(一) 标题

标题的结构是：发文机关＋事由＋文种三元素形式，或事由＋文种二元素形式，但不能只写"请示"二字。

标题中一般不采用"申请""请求"等词语，以避免与文种"请示"在语意上的重复。

(二) 主送机关

主送机关应为具有隶属关系的上一级领导机关或上一级业务主管机关，即负责受理请示之机关。主送机关应只有一个，如需呈送其他上级机关，应采用抄送形式。

(三) 正文

正文一般由发文缘由、请示事项及结尾组成。

发文缘由一般说明请示的意义、根据及背景。相比来说，报告的缘由可从简，而请示的发文缘由则应从详，要有理有据、扎实可信，以尽量获取上级批准。

请示事项有请示的问题也有待批事项，应具有可行性与可操作性，对需要上级机关审批的事项，应进行具体明确的说明，并可进一步提出办法、措施与建议，以争取获批。

结尾是请示与报告的最大区别。求示性请示常用"以上问题,请批复""请指示"等;求批性请示常用"当否,请批准""以上要求,请予审批"等。

(四) 落款

包括发文单位、印章及成文日期。

特别提醒

(1) 拟准主送机关。为防止上级机关、主管机关之间互相推诿、多头批示,请示只能主送一个机关,不可多头主送。如还须呈送其他上级机关,应采用抄送形式;如属双重上级领导,也要根据请示内容的性质,主送一个上级机关,抄送另一个,但不可抄送同级或下级机关。还要注意党政分开,属于行政部门的事,不必向党委请示。

(2) 坚持一文一事。撰写请示,一定要做到一文一事,避免一文多事,或在报告中夹带请示事项,以免辗转办理、延时误事。

(3) 不可越级请示。要按隶属关系逐级请示,不得越级行文。如遇事情紧急、情况重大,确需越级行文时,必须同时抄送被越过的上级机关。

(4) 用语要得体。请示用词应采用"请""拟""建议"等,不可生硬武断。

> **小卡片** 请示与报告的区别
>
> 请示与报告在行文方向上都属于上行文,但它们之间也有明显的不同:①性质不同。报告是陈述性公文,反映情况、汇报工作,提出意见或建议,不要求批复;请示是请求性公文,一定要求上级机关批复。②行文时间不同。报告较为灵活,事后、事中、事前均可行文;请示只能事前行文。③内容事项不同。报告可以一文一事,也可一文多事,篇幅往往较长;请示则必须一文一事,行文也较短。④报告一般不用发文字号,而请示一般都有发文字号。

病文评析

××市人民政府关于解决水利建设资金的请示报告

××省人民政府:

咱们××是一个以农业为主的山区市,自然条件比较差,农业生产主要是"靠天吃饭"。这些年来在省政府和有关部门的支持下,全市水利设施得到很大的改善,"八五"期间,全市一共新建、整治中型水库3个、小型水利工程47个、微型水利工程 2 万余个。但是连续 3 年的大旱，加上去年冬今年春的冬旱、春旱的影响，使咱们市的农业生产面临着十分严峻的形势，4 个县 3 个区都有重新贫穷的可能。因此特别请省政府帮忙解决水利建设资金，来支持咱们××的水利设施建设。

一、按照省委、省政府主要领导在广元视察时的指示精神，从咱们市的具体情况出发，根据山区特点，以小型水利建设为重点，全市在"九五"期间，计划新建、改建、整治、配套小型水库 50 座，微型水利工程 40 万个，实现新增蓄水量 5000 万，旱涝保收农田 20 万亩的目标，请省政府每年解决我市小型水利建设补助资金 300 万元。

二、"九五"期间，新建、改建、整治、配套中型工程 3 处。其中新建 1 座蓄水量为 1500 万的中型水库，整治、配套 2 座，使我市中型水利工程有效蓄水量达到 1 亿。所以请省政府解决中型水利工程建设资金 5000 万元。

特此报告

×××× 年 ×× 月 ×× 日

评析：

这篇请示的问题主要有：①请示中不能夹杂报告，应删除"报告"。②文中口语化色彩比较浓重，如"咱们""主要是""帮忙"等。③文中蓄水量后应加容量单位"立方米"。④"特此报告"改为"特此请示"。⑤应署上发文单位，并加盖印章。

任务演练

请示与批复是正式行政公文中一对相互对应的文种，请根据下面一则××省科技厅对××生物研究所请示的批复及背景材料，进行反推，拟写一则请示。

关于对××生物研究所项目缺口资金请示的批复

××生物研究所：

你所上报的"关于申请筹建生物工程实验室项目缺口资金的请示"已收悉，经研究，同意拨付缺口资金 100 万元，请你所按要求使用好该项资金，项目完成后，提交资金用途报告，我厅将进行审核。

××省科技厅(印章)

二○×× 年五月十日

背景材料：近年来，××生物研究所取得较快发展，开发的项目多次获奖，有的项目已进入市场，创造了较好的经济效益和社会效益。现正积极筹建生物工程实验室项目，经过努力，项目进展较快，但还差项目配套资金 100 万元。

知识拓展 请示的对应文种——批复

批复与请示是行政公文中唯一一对一一对应的文种。请示是批复的前提，批复是请示的结果，二者互为依存，被称为行政公文中的"姊妹花"。

批复是"答复下级机关的请示事项"时使用的文种。

一、批复的特点与分类

(1) 行文具有被动性。批复的写作以下级的请示为前提，是专门用于答复下级机关请示事项的公文，先有上报的请示，后有下发的批复，一来一往，被动行文，这一点与其他公文有所不同。

(2) 内容具有针对性。批复要针对请示事项表明是否同意或是否可行的态度，批复事项必须针对请示内容来答复，而不能另找与请示内容不相关的话题。因此批复的内容必须明确、简洁，以利于下级机关贯彻执行。

(3) 效用的权威性。批复表示的是上级机关的结论性意见，下级机关对上级机关的答复必须认真贯彻执行，不得违背，批复的效用在这方面类似命令、决定，带有很强的权威性。

(4) 态度的明确性。批复的内容要具体明确，不能有模棱两可的词语，否则会使得请示单位不知道如何处理。

根据批复的内容和性质不同，可以分为审批事项批复、审批法规批复和阐述政策的批复等3种。

还可以分为肯定性批复、否定性批复和解答性批复3种。

二、批复的结构与写法

批复一般由标题、主送机关、正文及落款构成。

(1) 标题。标题的写法最常见的是完全式的标题，即由发文机关、事由和文种构成。在事由中一般将下级机关及请示的事由和问题写进去。还有一种完全式的标题是：发文机关+表态词+请示事项+文种，这种较为简明、全面和常用。也有的批复只写事由和文种。

(2) 主送机关。主送机关一般只有一个，是报送请示的下级机关。其位置同一般行政公文，写于标题之下、正文之前，左起顶格。批复不能越级行文，当所请示的机关不能答复下级机关的问题而需要向更上一级机关转报"请示"时，更上一级机关所作批复的主机关不应是原请示机关，而是"转报机关"。如果批复的内容同时涉及其他机关和单位，则要采用抄送的形式送达。

(3) 正文。正文包括批复引语、批复意见和批复要求3部分。

批复引语要点出批复对象，一般称收到某文或某文收悉。要写明是对于何时、何号、关于何事的请示的答复，时间和文号可省略。

批复意见是针对请示中提出的问题所作的答复和指示，意思要明确，语气要适当，什么同意、什么不同意、为什么某些条款不同意、注意事项等都要写清楚。

批复要求(其实可以单独算作结尾)，是从上级机关的角度提出的一些补充性意见，或是表明希望、提出号召。如果同意，可写要求；如果不同意，则可提供其他解决办法。

(4) 落款。这部分写在批复正文右下方，署成文日期并加盖公章。

批复既是上级机关指示性、政策性较强的公文，又是对下级单位请求指示、批准的答复性公文，因此，撰写批复要慎重及时，根据现行政策法令及办事准则，及时给予答复。撰写时，不管同意与否，批复意见必须十分清楚明白，态度明朗。不能含糊其辞、模棱两可，以免下级无所适从。同时，批复必须有针对性地一文一批复，请示要求解决什么问题，批复就答复什么问题。需要指出的是，在全面推进依法行政的今天，"批复"这种带有较为明显的计划经济"人治"色彩的公文种类，各级行政机关应当慎用。

任务六　函

加点人味——老罗斯福改公函

大家都知道美国有位罗斯福总统，但许多人不知道罗斯福总统有两位，一位是美国第 26 任总统奥多·罗斯福(俗称老罗斯福)，另一位是美国第 32 任总统富兰克林·罗斯福(俗称小罗斯福)。老罗斯福是小罗斯福的堂兄，也是本篇的主角。

老罗斯福担任总统时，有一个习惯，凡是须经他签名的信函，在打完字后，他总要亲笔改动几个字后才发信。起初秘书认为自己撰写得不够好，所以被总统更改，于是更谨慎用心去写。后来秘书发现他还是每封信都改。有一天实在忍不住，秘书询问总统是否对所有信都不满意。

老罗斯福摇摇头说："我是怕收信人误以为信函全由秘书代写代打，只不过签个名而已，所以我一定要用笔改动一两个字。这么一来，每封信都增加了'人味'，不再那么冷冰冰了。"

(资料来源：http://www.hongname.com/mingrengs/html/57，有改动)

程式化，是公函的一大特点，这也是老罗斯福总统要刻意进行改动的原因。作为公务活动中经常用到的文种，我们该如何扬长避短、发挥函的重要作用？

范文选读

【例文一】

关于商请派车运送民工的函

××省交通厅：

为做好今年的春运工作，及时运送在我省工作的外省民工回家过年，我们组织了民工运送专门车队，但由于我们运力不足、车辆不够，估计不能满足民工的要求，特请贵省派出大型客车20辆，与我省组成运送民工车队，负责运送贵省在我省工作的民工。

妥否？请予复函，以便办理有关手续。

××省交通厅

××××年××月××日

简评：

这是一则商洽函。正文的缘由部分，开门见山，即陈要旨，继而提出要求。文末一句，语言得体，又暗含催促对方办理的压力。

【例文二】

卫生部办公厅关于粉条生产加工中不能使用明矾的复函

卫办监督函〔20××〕185号

质检总局办公厅：

你局《关于请予明确粉条生产加工中能否使用明矾的函》(质检办食监函〔20××〕689号)收悉。经研究，现函复如下：

我国《食品添加剂使用卫生标准》(GB 2760)规定了食品添加剂品种、使用范围和使用量，食品添加剂的使用应按照《食品添加剂使用卫生标准》执行。硫酸铝钾(钾明矾)或硫酸铝铵(铵明矾)的使用范围不包括粉条，因此不能用于粉条生产加工。

专此函复

中华人民共和国卫生部办公厅(印章)

20××年3月13日

简评：

这是一则回答问询的复函。标题采用发文机关+事由+文种的形式；正文首先引述对方函的标题和发文字号，表示来文收悉。接着对来函事项进行明确解答，合乎情理，具有说服力。

知识聚焦

一、函的概念

函适用于不相隶属机关之间商洽工作、询问和答复问题，请求批准和答复审批事项的公文。函以陈述情况、告知询问为主，不具有领导或指导的性质，但具有凭证作用。

函主要用于平行文，其使用范围主要有以下几种情况：上级向下级询问情况，而不是指示工作，可用函行文；下级答复上级的询问，而不是报告情况，可用函行文；向平级机关或不相隶属机关的主管部门请求批准时，要用函行文。

二、函的特点

(一) 广泛性

函对于不相隶属机关之间相互商洽工作、询问和答复问题，起着重要作用，充分显示平行文种的功能，这是其他公文所不具备的特点。

(二) 灵活性

表现在两个方面：一是行文关系灵活。函是平行公文，但是它除了平行行文外，还可以向上行文或向下行文，没有其他文种特殊行文关系的限制；二是写法灵活，既可以按照公文的格式、要求行文，也可以没有文头版，不编发文字号。

(三) 单一性

函的主体内容应该具备单一性的特点，一份函只宜写一件事项。

三、函的分类

按应用范围分为商洽函、答询函、请批函和告知函；按性质轻重分为公函与便函；按行文方向分为发函与复函。这里重点介绍发函和复函。

(一) 发函

发函也称"去函""问函"，是本机关主动向对方发出的函。

(二) 复函

复函也叫"回函"，是指回复询问或批准事项等的函。复函既回复对方的询问，也回复对方来函所商洽的事项，还回复对方请批函中所提出的请求。

复函与批复不同，批复是下行文，是对下级机关的请示表示准驳；复函是平行文，只是对平级机关或不相隶属机关的来函作出回复。

四、函的结构与写法

函的结构一般为：标题+主送机关+正文+落款。

(一) 标题

常用的标题形式有 3 种：一是发文机关+表态用语+事由+文种，如《国务院办公厅关于同意南昌市承办 2011 年第七届全国城市运动会的函》，"同意"就是其中的表态用语。二是事由+文种，这是省略发文机关的标题形式，如《关于拨款举办"民间艺术节"的函》《关于请求增拨设备维修费的复函》。三是发文机关+文种，这是省略事由的标题形式，如《中华人民共和国最高检察院函》。

(二) 主送机关

函的主送机关就是受文办理来函事项的机关，在文首顶格写明全称或规范化简称，其后用全角冒号。复函的主送机关与来函的发文机关应是一致的。

(三) 正文

其基本结构为：发文缘由+函事项+尾语+落款。

1. 发文缘由

去函(不论是商洽函还是询问函或请批函)均应说明发函意义、根据或背景等。复函(不论是答复函还是批答函)均应有引语，即引述对方函的标题或发文字号，表示来文收悉，并进行了研究处理。复函引语的写法同于批复引语，其结构是：你单位+来函标题+发文字号+收悉。

2. 函事项

去函应说明具体事项，或商洽事宜，或要求主送机关协办的事项，或通报的信息，或要求解决的问题等。复函要回复发函机关的事项、回答提出的问题，如不能满足要求时，应加以解释。书写事项时，如事项单一，可采用一段式；如事项复杂，或要求较多，可采用条款式分段书写。

3. 尾语

尾语是礼节性用语，商洽函的尾语常用："恳请协助""不知贵方意见如何，请函告""望协助处理，并请尽快见复""望大力协助，盼复"等。

询问函的尾语常用："请速回复""盼复""请予复函""即请函复"等。

请批函的尾语常用："请审查批准""当否，请审批"等。

(四) 落款

函的落款与其公文相同，一般在正文之后标明发函机关、成文日期和公章 3 项内容。

特别提醒

(1) 一函一事，内容单一。为工作方便，一份函以谈一件事为宜，内容集中，直陈其事。

(2) 内容简洁，直叙其事。要开门见山，直陈其事，简洁明了，并可主动把问题的症结和本单位的处理意见告知对方，以使对方明确来函目的。

(3) 态度诚恳，用语得体。函是平行文，用语既不必谦卑恭顺，也不能盛气凌人。发函一般要求对方关照、支持，态度要诚恳，语气要平和。复函用语要明快，以诚待人，不显生硬、冷漠。

小卡片　中国古代的书信

中国古代的书信：①函。如"便函"就是便信，"公函"就是公文。②书。如"家书"就是家信，"手书"就是亲笔信。③札。原指写字用的木片，引申为书信。如"大札""惠札""便札"。④简。原指写字用的竹片，引申为书信。如"书简""小简"。⑤笺。供题诗、写信用的纸张，引申为书信，如"便笺""锦笺""华笺"。⑥尺牍。牍，古代书写用的竹木简，狭长型，长约一尺，故称"尺牍"。⑦尺素。素，纸未发明前，富贵人家常用绢帛书写，通常长一尺。"尺素"引申为书信。⑧青鸟。典出《山海经·西山经》："又西二百二十里，曰三危之山，三青鸟居之。"神话传说中为西王母取食传信的神鸟。⑨鸿雁。典出《汉书·苏武传》："天子射上林中得雁，足有系帛书，言武等在某泽中。"此后文学作品中常用"鸿雁"来代书信，成语有"鸿雁传书"一词。

病文评析

××学校关于解决进修教师住宿的函

××大学校长办公室：

首先，我们以校方的名义向贵校致以亲切的问候。在此，我们冒昧地请求贵校帮助解决我校面临的一个难题。

事情是这样的，最近，我校为了培养师资，选派了五名教师到××学院进修。因该院基建工程尚未完工，学校住宿紧张，我校几位进修教师的住宿问题几经协商仍得不到解决。在进退维谷的情况下，我们情急生智，深晓贵校府高庭阔，物实人济，且有乐于助人之美德。因此，我们抱一线希望，冒昧地向贵校求援，请求贵校救人之危，伸出援助之手，为我校进修教师的住宿提供方便。为此，我们将不胜感激。有关住宿费用等事宜，统按贵校的有关规定办理。

以上区区小事，不值得惊扰贵校，实为无奈，望能谅解。最后，再次恳请予以关照！

××学校(印章)

××××年××月××日

评析：

此文就内容而言，对事情的交代是清楚的，但行文失范，用语错误，冗长拖沓，违背了函的写作要求。

任务演练

根据下列材料内容，撰写一则规范的公函。

××厂为适应引进国外先进技术和设备的需要，拟选派 10 名技术人员到××大学英语强化班进修半年，特发函与××大学商洽。有关进修费用等事宜按××大学的有关规定办理。

知识拓展 律师函

遭遇纠纷，并不是只有诉讼才是解决之道。律师函，就是常用的一种非诉讼法律武器，较之前者，它更加经济、和缓。

致×××镇人民政府律师函

×××镇人民政府：

贵方与王××、朱××租赁合同纠纷一事，朱××已委托我律师事务所全权予以处理。接受委托以后，我详细审阅了你们双方之间的合同及其他往来文书资料，现就本纠纷发表以下法律意见：

一、贵方没有适当、全面履行生效合同，已经构成违约，应当承担违约责任。

二、贵方应依法承担违约责任，赔偿因违约而给对方所造成的全部损失。

敬请贵方在收到此函以后，能够慎重对待此事，并依法予以解决；否则，王××、朱××为维护自己的合法权益，将不得不采用诉讼方式及借助媒体的力量等手段来解决此纠纷，由此造成的一切后果和影响将由贵方承担。敬请见谅。

此致

湖南人和人律师事务所

李××律师

二○○五年八月十日

(资料来源：http://www.fl168.com/Lawyer100/View，有改动)

训练设计

一、填空题

1. 按照行文方向划分，公文可分为_____、_____和_____。

2. 一般不得越级_____，报告中不得夹带_____。

3. 公告一般是面向_____发文，而通告是在_____公布大家遵守和周知的事项。

4. 通报一般分为_____、_____和_____3类。

5. 行政公文中与请示唯一相互对应的文种是_____，它属于_____。

6. _____适用于向上级机关汇报工作、反映情况、提出意见或者建议，答复上级机关询问的_____公文，它属于_____。

7. 根据适用范围，通知可以分为_____、_____、_____、_____和_____5种类型。

8. 函是_____之间商洽工作、询问和答复问题，向有关主管部门请求批准和答复审批事项的公文。

9. 批示性通知又可以细分为_____和_____两类。

二、单项选择题

1. 转发与批转公文时用(   )。
   A. 通报　　　B. 通知　　　C. 公函　　　D. 批复

2. 请示的正文一般由请示的事由、请示事项和(   )3部分组成。
   A. 请求　　　B. 目的　　　C. 意见　　　D. 计划

3. 信息产业部与农业部商洽工作时使用(   )。
   A. 批复　　　B. 请示　　　C. 公函　　　D. 议案

4. ×市广播电视局向市财政局行文请求批准有关事项应使用(   )。
   A. 请示　　　B. 报告　　　C. 通知　　　D. 函

5. 省人民政府将答复函直接发至某基层组织的行文方式属于(   )。
   A. 直接行文　　　　　B. 多级行文
   C. 逐级行文　　　　　D. 越级行文

三、判断题

1. ××县人民医院关于新设保健门诊的公告。(   )

2. ×省工商银行批转《中国工商银行关于加强亏损企业信贷管理的通知》的通知。（　　）

3. 除批转、发布法规性公文外，公文标题一般不加书名号。（　　）

4. 如有紧急情况需要越级向上级行文时，不需要将文件抄送给被越过的上级机关。（　　）

5. 为了节约经费、提高办事效率，可以将需要请求同一上级机关指示或批准的若干事项写于同一公文之中。（　　）

6. 公告不仅让人们知晓某一重大事项，而且还需要人们遵守、执行。（　　）

7. ×市商业局关于表彰×县商业局 2010 年商业工作显著成绩的通知。（　　）

8. 通知所批转、转发或印发的文件，应视作通知的正文，只是在附件的位置被一起装订。（　　）

四、改错题

1. 下面是一则请示，存在一些问题，请对其进行修改。

××市环境保护局环保科学研究室要求更名
为环保科学研究所的请示报告

市委、市政府、李副市长：

党的十七大报告指出："坚持以信息化带动工业化，以工业化促进信息化，走出一条科技含量高、经济效益好、资源消耗低、环境污染少、人力资源优势得到充分发挥的新型工业化路子。"为实现十七大提出的伟大目标，必须把环保科学研究放在重要位置，纳入议事日程。

根据市政府今年 3 月 5 日发出的新政〔2010〕35 号文件《关于我市实施可持续发展战略进一步加强环境保护工作的决定》的指示精神，我局经研究，决定在原有的环保科学研究室的基础上扩展规模，增加力量，同时将环保科学研究室更名为环保科学研究所。

撤室建所之后，需要引进科研人员 8 名，还要增添一部分设备，经费约需 150 万元(见附件)，请求市里给予支持。

以上报告如无不妥，请火速答复为盼。

新桥市环境保护局
2010 年 4 月 4 日

2. 请对下面的一则复函进行修改。

复　函

实验小学：

　　贵校最近工作顺利吧？

　　现在就贵校来函希与我校建立兄弟学校一事，作如下答复：

　　一、我校答应与贵校建立兄弟学校一事的请求。

　　二、建立兄弟学校后，两校每年定时进行学术交流，以达到互相提高的目的。

　　三、两校的教学设备可以相互交换使用。我校的微机房免费供贵校使用，我校的足球场、电教室也免费供贵校使用。

　　四、我们两校的教职员工子弟进实验小学或一中读书，在相同的条件下优先录取。

　　此致

　　　　敬礼

　　　　　　　　　　　　　　　　　　　　××市一中

　　　　　　　　　　　　　　　　　　　20××年××月××日

五、写作题

1. 燃放烟花爆竹是中国人春节期间特有的风俗习惯，但每年因此而引发的火灾或人身伤害事故也频频见诸报端。如何使人们既能通过燃放烟花爆竹表达节日的欢乐，又能最大限度地避免财产损失和人身伤害，北京市××花园小区物业管理处决定把小区广场划为特定的烟花爆竹燃放点，禁止在其他地方随意燃放，以规避危险。现请你以小区物业的名义就此事向全体业主写一份通告。

2. ××市一些机关及企事业单位的人事部门，纷纷来信来电询问关于职工出境期间要求办理退休手续的事，市人事局因没有现成文件可查，无法回答这些问题，所以必须向省人事厅提出请示，希望得到明确的指示。请示的具体问题是：第一，国家机关、事业单位的职工获准出境探亲，在探亲期间可否办理退休手续，如何办理？第二，国家对于这些人员的退休费的发放标准是否另有规定？

　　假如你是该市人事局的秘书，请你代××市人事局起草一份送达上级的请示。

3. 20××年7月2日，××大学向省教委上报了增设文秘专业(专科)的请示，拟于20××年9月招生，学制两年，每年招50人，以培养县以上党政机关和企事业单位秘书工作人员为目标。随着现代化建设事业的发展，社会对秘书的要求显著提高。据了解，其省县以上党政机关和企事业单位所需秘书的缺口就达7000人以上。开设秘书专业，培养高层次的秘书人才，刻不容缓，具有战略意义。附件是：《普通高等学校增设专科专业申请表》与《××大学秘书专业(专科)教学计划》。

　　请你根据以上材料写一份请示。

4. 请根据下列一则复函的内容，代上海市人民政府办公厅拟写《关于上海教师赴云南支教的函》。

关于上海教师赴云南支教的复函

上海市人民政府办公厅：

你市"关于上海教师赴云南支援教学的函"已收悉，经研究决定，我省已作好××等50名教师的迎接、食宿、工作等各方面安排。

特此函复

附件：关于××等50名教师的迎接、食宿、工作安排一览表(略)

云南省人民政府办公厅(印章)

20××年3月18日

项目二　事务活动

能力目标

● 能够熟练写作规范的条据、计划、总结、述职报告。

知识目标

● 学习条据、计划、总结、述职报告的写作理论知识，明确其在从业期间所起的重要作用，掌握其写作要求。

项目导航

时间过得真快，安琪在××商业集团公司工作已有半年了，她逐渐适应了紧张忙碌的工作，写文书也熟练起来。年底，公司的事情很多，比如有许多辞旧迎新的活动要组织开展，要进行年终考评，还要进行今年的工作总结及明年的工作计划，安琪需要写的文书一个接一个，领取活动物品要写借条，自己要写述职报告，还要起草公司的总结、计划等。

条据、计划、总结、述职报告等文书，该如何拟写呢？

任务一 条据

男孩借 10 余万给女友不敢要借条 对方事后不认账

男孩借给女孩 10 余万用于购房，期冀能获得女孩芳心，最终走进婚姻殿堂。没想到，女孩买了房之后，矢口不提恋爱之事。男孩想要回钱，但却没有借条，女孩拒不承认，为此，双方闹上法院……

(资料来源：新闻网)

人们在工作和生活中，常常会因为办理涉及钱财和物品的各种手续而留下条据。比如，向别人借到钱款或物品时要写给对方字据，这不仅是留给对方的凭证，也是检验和衡量借款、借物人诚实、守信的试金石。

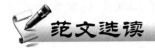

范文选读

【例文一】

请 假 条

王老师：

我因头痛发热，今天上午经医生诊断为病毒性流感，不能坚持到校上课，特请假两天(3 月 12 日至 13 日)，请予批准。

此致

敬礼

附：医生证明

请假人：王小丽

20××年 3 月 12 日

简析：

这份请假条理由充分，时间具体并附有医生证明，格式规范。

【例文二】

借   条

今借到李晓明人民币伍仟元整(￥5000.00)，于20××年7月11日之前归还。

此据

借款人：张刚

20××年6月25日

简析：

这份借条写明了被借人的姓名、借款数额及具体的归还日期。

【例文三】

欠   条

原借孙宇人民币柒佰元整(￥700)，已归还肆佰元整(￥400)，尚欠叁佰元整(￥300)，将于20××年2月5日之前归还。

此据

毛星星

20××年12月13日

简析：

这份欠条先把借钱和已归还的事实交代清楚，然后明确欠款及约定归还日期。

 知识聚焦

一、条据的概念

人们在日常工作、学习、生活中，借到、领到或者欠他人钱物时，一般要写张字条留给对方，作为凭证或进行说明，也称为"据"。有时要告知别人事情或者托人办事，对方不在，也写个纸条留给对方，这是便条、留言条，也成为"条"。

二、条据的分类

(一) 说明类条据：如请假条、留言条、托事条等(也叫便条)，说明类条据的作用主要是告知对方某个信息，向对方说明某件事情。这类条据只起说明告知的作用，

不具有法律效力。

(二) 凭证类条据：如借条、欠条、领条、收条等，凭证类条据的作用是作为证据、凭证，具有法律效力。

三、条据的结构与写法

(一) 说明类条据的结构与写法

这类条据由标题、称谓、正文、落款 4 部分组成。

(1) 标题：写在条据的正文上方，居中，字要大点。

(2) 称谓：顶格写受文者姓名或称谓。

(3) 正文：另起一行空两格，简明扼要地写明要说明的事情，交代清楚写给谁、什么事。

(4) 落款：在正文的右下角写明当事人的姓名或单位及日期。

(二) 凭证类条据的结构与写法

这类条据由标题、性质关系语、正文、尾语和落款组成。

(1) 标题：写在条据的正文上方，写明条据的名称。

(2) 性质关系语：这类条据一般不写称谓，在第一行空两格直接写明条据的性质、关系。

(3) 正文：紧接关系语，写明钱物名称、数量、归还日期。

(4) 尾语：可在正文结尾处，也可以另起一行空两格写"此据"二字，也可不写。

(5) 落款：在正文的右下角写明当事人的姓名或单位及日期。

特别提醒

(1) 款项、物件的数字必须要大写(如壹、贰)，以防出现涂改。

(2) 书写时不要用铅笔、易褪色的墨水或红墨水，最好用钢笔或毛笔，字迹要工整、清楚。

(3) 凭证类条据一定要有个人签字或手印，以单位名义出具的一定要加盖公章才能生效。

小卡片　便条与一般书信的区别

(1) 便条是不经过邮局邮寄的一种书信，一般托人代转或留在对方可以看见的地方。

(2) 便条一般不用信封，有时为了方便会使用信封，但也不必密封；而一般书信则要用信封密封。

(3) 便条语言平实，交代清楚即可；书信可以抒情、议论、叙述、描写。

病文评析

欠　条

原借叶俊人民币 500 元整，还欠款 400 元整，于 2011 年 3 月 3 日后还清。
此据

蒋军

2010 年 3 月 3 日

评析：

这份欠条存在的问题主要有：①钱数没有写汉字大写数目；②"还欠款"中的"还"字出现歧义，是已经归还欠款，抑或是还剩欠款；③归还日期中出现"后"字，日期不确定，词义模糊。

任务演练

1. 王力同学因参加××集团组织的家电商品促销活动，周五至周日共 3 天，周五要耽误学校上课一天。请根据材料写一张请假条。

2. 百叶欠海风公司人民币 5 万元，还了 3 万元。请代百叶写一欠条。

知识拓展　注意借条写作的 5 个陷阱

一、打借条时故意写错名字

案例：王某父子向朋友张宗祥借款 20 万元，并打下借条，约定一年后归还欠款及利息。想不到王某父子在借条署名时玩了个花招，故意将"张宗祥"写成"张宗样"。张宗祥当时也没有注意。到还款期后，张宗祥找到二人催要借款，谁知二人却以借条名字不是张宗祥为由不愿归还。无奈之下，张宗祥将王氏父子告到法院。尽管法院支持了张的主张，但张也因在接借条时的不注意付出了很大代价。

二、是己借款，非己写条

案例：王某向张某借款 10 000 元。在张某要求王某书写借条时，王某称到外面找纸和笔写借条，离开现场，不久返回，将借条交给张。张看借条数额无误，便将 10 000 元交给王。后张向王索款时，王不认账。张无奈起诉法院，经法院委托有关部门鉴定笔迹，确认借条不是王所写。

三、利用歧义

案例： 张某向王某借现金 3000 元，向王某出具借条一张："借到张某现金 3000 元，2005 年 8 月 17 日。"后王某持该借条向人民法院起诉，张某当庭辩称此借条证实王某借其款 3000 元，要求王某归还现金 3000 元。

四、以"收"代"借"

案例： 李某向孙某借款 7000 元，为孙某出具条据一张："收条，今收到孙某 7000 元。"孙某在向法院起诉后，李某在答辩时称，为孙某所打收条是孙某欠其 7000 元，由于孙给其写的借据丢失，因此为孙某打了收条。类似的还有，"凭条，今收到某某元"。

五、财物不分

案例： 郑某给钱某代销芝麻油，在出具借据时，郑某写道："今欠钱某芝麻油毛重 800 元。"这种偷"斤"换元的做法，使价值相差 10 倍有余。

任务二 计划

案例赏析

纪念中国人民抗日战争暨世界反法西斯战争胜利70周年阅兵式（以下简称9·3阅兵）在北京圆满落幕。本次阅兵是新中国历史上第15次大阅兵，是进入21世纪以来第2次大阅兵。新华网、人民网等多家网站对阅兵式的盛况进行了网络直播，而网宿 CDN 服务则在背后保障了各家网站阅兵网络直播的顺利完成，为近千万网络用户送上了高清、流畅的反法西斯胜利70周年大阅兵直播。

网宿副总裁黄莎琳介绍，承担阅兵式直播保障任务，首先要确保播出安全，防范可能存在的潜在攻击风险，避免出现网站不可访问、内容被非法篡改的情况。

对此，网宿进行了周密的计划，准备了多套预案，通过采取针对 DDoS 攻击或恶意访问请求限制、防页面篡改策略、离线模式策略以及针对源站服务监控，保障了阅兵视频直播顺利完成，圆满完成了这次"展国威、扬军威、树立民族自信"特殊汇报的保障工作。

凡事"预则立，不预则废"。这次阅兵的成功，最重要的因素就是活动开始前作好了周密的计划和细致的准备。

北京市建设人文交通　科技交通　绿色交通行动计划
(2009—2015 年)

为深入贯彻落实科学发展观,建设"人文北京、科技北京、绿色北京",在《北京交通发展纲要(2004—2020年)》提出的中长期交通发展战略基础上,结合北京奥运会后发展的新形势和新要求,进一步明确2009年至2015年交通发展目标和重点,特制定本行动计划。

一、发展理念

以科学发展观为指导,加快转变交通发展方式,强化管理,实现建设、养护、管理并重;坚持优先发展公共交通战略,着力推进"公交城市"建设;加大创新力度,提高交通设施承载能力和交通运输服务水平,构建以"人文交通、科技交通、绿色交通"为特征的新北京交通体系,实现全面协调可持续发展。

(一) 建设"人文交通",突出"以人为本"。(略)

(二) 建设"科技交通",突出"技术创新"。(略)

(三) 建设"绿色交通",突出"节能减排"。(略)

二、主要目标

到2015年,基本建成适应首都经济社会发展需要,满足不断增长和变化的交通需求,以"人文交通、科技交通、绿色交通"为特征的新北京交通体系,为建设繁荣、文明、和谐、宜居的首善之区提供有力的交通保障。

(一) 公共交通吸引力明显增强。中心城区公共交通出行比例达45%。(略)

(二) 城市物流配送体系形成规模。与铁路、水路、航空运输接驳的道路货物运输网络初步形成,中心城内物流配送系统承担城市正常运行货运量的70%左右。

(三) 交通出行效率不断提升。形成"1—1—2"小时交通圈,即中心城内通勤出行时间平均不超过1小时,最远新城到中心城(五环路)出行时间平均不超过1小时,本市到环渤海经济圈中心城市出行时间平均不超过2小时。中心城区交通拥堵指数控制在6左右。

(四) 道路交通安全水平进一步提高。交通参与者安全意识和法制意识明显提高,全市万车交通事故死亡率控制在2以下。

(五) 交通节能减排效果显著。通过经济技术手段降低机动车能源消耗。提高机动车尾气排放标准,机动车主要污染物排放总量低于2008年水平。

三、行动计划

(一) 着力推进"公交城市"建设。(略)

1. 轨道交通网络化服务工程。(略)

2. 地面公交网络化服务工程。(略)

3. 交通出行便捷换乘服务工程。(略)

4. 步行和自行车交通服务工程。(略)

5. 交通出行无障碍服务工程。(略)

6. 城市货运物流配送服务工程。(略)

(二) 着力推进路网承载能力提高。(略)

7. 城市干线路网建设工程。(略)

8. 道路微循环系统建设工程。(略)

9. 公路网络建设工程。(略)

10. 铁路民航配套交通设施建设工程。(略)

(三) 着力推进交通信息化建设。整合信息资源,加快新一代智能交通系统建设,提高管理、运输服务水平和运行效率。

11. 交通信息采集资源整合工程。(略)

12. 智能化交通运行管理决策支持工程。(略)

13. 智能化交通管理工程。(略)

14. 公众交通信息服务工程。(略)

(四) 着力推进交通技术创新与产业化发展。(略)

15. 交通技术创新工程。(略)

16. 交通节能减排工程。(略)

17. 轨道交通装备产业化工程。(略)

18. 动态交通信息服务产业化工程。(略)

19. 交通组织优化工程。科学设置区域交通单行线系统。研究城市快速路及主干道的高承载率车道和放射线的潮汐车道设置。优化调整城市快速路和主干道出入口,渠化改造道路交叉路口,改善路网功能。

20. 交通标识系统规范化工程。(略)

21. 静态交通规范化工程。(略)

22. 交通秩序综合治理工程。(略)

23. 交通安全保障工程。(略)

......

四、保障措施

(一) 规划与用地保障。(略)

(二) 资金与政策保障。(略)

(三) 体制与机制保障。(略)

(四) 法制与标准保障。(略)

(五) 加强组织领导。(略)

简评：

这是一份政府工作计划。正文首先交代了制定计划的"目的和依据"；然后阐述了该计划的发展理念和主要目的；最后对计划的行动方案、步骤和保障措施进行了详细的描述。

此计划条理清晰，考虑周全，语言简练。

 知识聚焦

一、计划概述

计划是党政机关、企事业单位、社会团体、部门或个人对未来一定时期的工作或活动预先作出安排，并用书面的形式记录下来的一种事务性文书。

"计划"是计划类文书的统称。写计划时，往往根据内容的差别、期限的长短、成熟程度等，还有不同的叫法，具体介绍如下：

(1) 规划，是一种时间跨度较长、范围广、带有全局性、内容较为概括的计划。

(2) 纲要，是一种提纲挈领式的计划，是为实现总体目标而作出的长远部署，时间跨越较长，比"规划"更为原则，有较强的政策性、思想性和指导性。

(3) 设想，是一种粗线条的、预备性的非正式计划，属于工作的初步构思，一般具有远景性、理想性、可变性。

(4) 方案，是对未来某一重要的专门事项，从总体上所作的最佳选择与安排。适用于专业性强、部署周密的工作。

(5) 要点，通常在一个时期的工作计划尚未正式出台之前，先拿出一个"工作要点"发给各部门，待正式的计划出台后，其使命即告完结。有人称之为"准计划"。

(6) 打算，是一种近期要做、内容不多、范围不大的非正式计划。

(7) 安排，是针对较短时期内(周、月、季度等)所提出的工作计划。这类计划范围小、时间短、内容单一、布置具体。

二、计划的特点

(一) 预见性

科学的预见性是工作计划的突出特点。计划是先于要进行的实践活动而判定的，在拟制计划时，要尽可能准确地预测出事物发展的趋势、方向和程度，提出科学的、切实可行的方案。这些都是建立在对将来事项的预测基础之上的。

(二) 可行性

可行性是预见性的基础，如果基础不牢，那只能是空中楼阁，完成计划就是一句空话。因此，为了实现预期的目标，必须有切实可行的措施和方法，必须切合实际情况，保证目标的实现。

(三) 指导性

工作计划虽不属于公文，其指导性不像公文那样具有法定的权威性和广泛的行政约束力，然而计划一经下达，就要对完成任务的实际活动起到指导作用和约束作用。工作的开展、时间的安排等，都必须按计划严格执行。

三、计划的种类

计划的种类很多，按不同标准可分为不同的种类。

(1) 按性质分：有综合性计划和专题性计划。

(2) 按内容分：有工作计划、生产计划、学习计划、科研计划等。

(3) 按时间分：有长期计划、年度计划、季度计划、月计划等。

(4) 按范围分：有国家计划、单位计划、部门计划、个人计划等。

(5) 按形式分：有条文式计划、表格式计划、条文表格综合式计划等。

四、计划的结构和写法

条文式计划一般由标题、正文、落款 3 部分构成。

(一) 标题

完整的计划标题一般由 4 个要素构成：单位名称、适用时限、计划内容和计划种类，如《××学院 2003 年招生工作计划》。有时可根据具体情况省略标题中的某些要素，或者省略时限，或者省略单位名称，或省略单位和时限，如《××商场接待方案》《2000—2005 年城市规划》《下岗工人再就业计划》。如果计划需要讨论修改的，应在标题后或下一行用括号注明"草案""讨论稿"等字样。

(二) 正文

正文是计划的具体内容，一般包括前言、主体和结尾。

1. 前言

前言主要是简明扼要地说明制订计划的背景、依据、目的、意义、指导思想等，也可以简要分析前段工作、生产的基本情况、存在的问题等，为制订计划提供可靠的依据。常用"特拟订本计划如下"等过渡。

前言的详略长短，要根据工作的重要程度、内容的多少来确定，总体上以精练简洁为原则。

2. 主体

主体部分主要包括以下内容：

(1) 目标和任务。即一项工作要求达到的数量、质量、速度等。目标是一份计划的"纲"，纲举目张、目标明确，措施才会有力。因此目标要明确，也就是任务要具体、指标要确切，尽可能做到量化、细化。

(2) 措施和步骤。这是完成任务的保证。措施是指为完成任务的指标而采取的办法，步骤则是从时间上把工作的进程加以安排。这部分要详细说明具体措施、时间进度、如何分工合作，要有针对性、可操作性，条理清楚，以利执行。

3. 结尾

结尾可以用来提出希望、发出号召、展望前景、明确执行要求，也可以在正文结束之后自然终结。

(三) 落款

正文的右下方署上制订计划的单位名称和制订日期。如果标题中已有单位名称，署名可省略。

特别提醒

(1) 从实际出发，统筹兼顾。首先，要深入了解党和国家的路线、方针、政策以及长期和近期的发展计划，以便明确工作的指导思想，避免计划偏离方向。其次，制订计划必须从实际出发，充分分析客观条件，不能凭主观的愿望和意志去设计将来的工作。事关全局性计划，还应该把方方面面的问题考虑周全，计划分解到部门，要处理好大计划与小计划之间的关系，整体与局部的关系，做到统筹兼顾。

(2) 重点突出，主次分明。一段时间内要完成的事情很多，先做什么、后做什么、主要做什么、次要做什么，必须有重有轻、有先有后、条理清晰。制订计划时可根据任务的主次、缓急来安排工作，先重后缓，先重点后一般。

(3) 留有余地。制订计划要留有余地，不要把话说绝。在执行计划的过程中，需定期检查，如果遇到新问题、新情况，应及时进行修正、补充、调整。

(4) 语言简洁明确，表述准确。计划的目标任务要明确，措施步骤要具体，不用"大概、左右"等模糊词语，避免空话、套话。计划的指标常常定量化，所以要恰当使用量词及模糊语言来表达数量的增减变化情况，注意"基数""增加数""和数""减少数""差数"的准确表述。要使执行者准确理解计划的内容，语言必须简洁明确，表述清楚、准确，没有歧义，让人明白易懂。

> **小卡片** **计划的 3 个"W"**
>
> 计划的 3 大项(3 个"W")：不管计划如何分类，也不管是哪种名称，计划内容的范围都是"为什么"(指导思想，WHY)、"怎么做"(具体措施，HOW)和"做到何种程度"(目标与任务，WHAT)3 大项。

病文评析

地矿股20××年工作计划

一、保证矿产资源专题规划通过预审。同时在规划的指导下，选择合适的矿业权投放市场，逐步规范矿业权招拍挂行为，着手编制我县矿产资源总体规划。

二、地质灾害防治工作进一步加强。同时按照《地质灾害防治条例》的要求，依据地质灾害调查结果和上级地质灾害防治规划，着手编制我县地质灾害防治规划。

三、加强矿产资源勘查工作，提高矿产资源利用率，重点项目为白地镇铅锌矿和石英矿。

四、继续加大对无证开采、越界开采、倒卖矿业权等违法行为的查处力度，切实维护采矿权人的合法权益。

五、征收20××年度矿产资源补偿费，保证征收面达100%，争取实现足额征收。

六、继续协助、配合安全生产主管部门做好我县矿山企业的安全管理工作。

七、继续治理整顿我县矿业秩序，依法加强矿产资源管理。

八、根据省、市主管部门的要求，对我县河道采沙和砖瓦窑厂进行专项整治。

评析：

这份计划的问题主要有以下几点：①缺少制订计划的依据，其切实可行性存在疑问；②计划目标不明确；③措施不够具体；④缺少落款部分。

任务演练

假设你是班长，请根据计划的写作格式和要求，制订一份本学期的工作计划。

知识拓展 如何写好工作计划

一、写好工作计划的方法

写好计划可能是公文写作中比较难的事。因为这不仅仅是文字表达上的事，还涉及具体工作业务的组织和安排问题，需要有长远眼光和领导魄力，是一个人综合能力的表现。但是在写作上也有一些章法。首先，写作者必须分清这个计划的内容属于哪一类，适合用哪一个具体的计划种类来表达，从而确定具体文种，即是规划、设想、计划、要点、方案、安排中的哪一种。然后，再根据具体内容和文种写作要求进行写作。如果是时间较长、范围较广的计划，就要用"规划"。因为规划不必也不能写得太细，只要能起到明确方向、鼓舞人心、激发热情的作用也就差不多了。

当然这并不是说规划就可以写得不切实际,但规划的切合实际的确只是个大致的切合。如果是初步的、不太成熟的计划,就要用"设想"。因为设想是为计划作准备的,也不必写得很细,甚至不用写得很好,只要能把大致的"思路"或想法写出来也就够了。但这也不是说设想就可以写得没条理,而只是说它更注重"想",即要有突破和创新。如果计划内容是某一项工作,一般则用"方案"或"安排",工作项目比较复杂者用"方案",较简单者为"安排"。因为方案和安排都必须写得很细(或很全面,或很具体),否则工作就没法开展。当然,若考虑到要给下级执行中留有余地,这方案可变成"实施意见",这安排也可变成"安排意见"。如果计划内容既不是单项工作,也不是很宏大的,这就该用真正的"计划"了。因为狭义的计划是广义计划中最适中的一种。当然,若只想把这计划摘要加以公布,则可用"要点"来写。

(资料来源:http://www.yewuqun.com)

二、计划的 3 种写作形式

计划可采用 3 种写作形式,即表格式、条文式和文件式。表格式在生产计划中运用较多,大多将生产的目的、指标、措施、任务、进度等内容填入表格即可,一目了然,十分清楚;条文式则是分条列项地交代计划的目标、任务、措施、步骤等,大多采用序数或小标题,层次鲜明、眉目清晰;文件式实际上就是用文字依次叙述,把计划的目标、任务等形成文字后再加以说明。

任务三 总结

案例赏析

实 习 总 结

马文丽是某学院文秘专业的大三学生,学校根据教学计划组织了第二次专业实习。实习结束,根据学校实习要求需要交实习总结。马文丽同学很快就递交了这样一份实习总结。

实习中的人生

6月22日,陈老师公布了实习分配单位。我仍然是在铁路局档案馆。

几天以后,便坐在了档案馆的办公楼上。仍然是那门、那院、那楼、那人,一切熟悉而陌生。看着房间、桌、椅,一切都和半年前相同。不同之处则是多了台缝纫机,盯着它,心中奇怪了半天,却仍是不得其解。

主任进门，仍是旧时相识，彼此笑笑。旧地重"游"，心情毕竟不会单纯，因而连那笑，也有说不清的复杂味。交谈了几句，主任话锋一转，便问："会踩缝纫机吗？"

这一问，便问得我们几个瞠目结舌。记忆中好像有一万年。看见同伴摇头，而我，看了又看主任，才缓缓地把头点了一下又一下。

以后的日子便周而复始。工作的程序是规定的：排列文件；在缝纫机上串联文件；给文件打号，很简单的工作。1、2、3、4、5、6、7、8、9、0十个阿拉伯数字，每天在眼前跳动不停。文件上，红红蓝蓝的小蝌蚪也蛮漂亮，而心中居然喜欢极了这些漂亮的小蝌蚪。

当然，最大的收获决不在此。……

不知道踩缝纫机相当于多大的运动量。

只是从第五天起，双腿居然开始抖颤，而且还软软的、疲疲的。

工作到第十天，还在机械地踩着机子。对于这项机械运动，刚刚向同学夸口"闭着眼睛我都没问题。"而事实上，心里也的确有这么点自信和自我陶醉。得意之下，为验证自己刚才话的真实性，便去轧文件。脚踏响了机子，眼望着窗外，心飘忽至远方，而手无意识地随意推着文件，目光不到之处，手指已到了针尖下却还不自知，不舍得放开手中的文件。于是，便发生了事故，幸运地是，只不过在手指上刻了个小洞而已，很小的一个教训。

时间终于很快地过去，那一段实习的日子，在今，也只能从记忆中去搜寻，而明日，却不知该到哪里去寻找今日。人生，居然如此无奈，也不知。这一段实习的收获，在明日成长起来的我的身上，是否还能窥见依稀。

（资料来源：张江艳主编. 应用写作案例与训练. 北京：北京师范大学出版集团，2008，有删改）

没想到这样的实习总结被告知不符合要求，退了回来。那么马文丽同学应该如何来写这份总结呢？

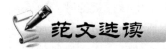

范文选读

烟草专卖管理工作总结

200×年×月烟草专卖管理所在县局的正确领导下，认真贯彻市、县局烟草工作会议和专卖管理工作会议精神，紧紧围绕县局提出的"打私打假、抓人重判"的工作方针，强化专卖所管理，提高控市质量，狠抓管理所建设，提高整体队伍素质，坚持规范化办案，严管市场，打击违法经营行为，市场管控质量有效提升，卷烟销量稳步上升。一年来，共查办"两烟"案件×起，查扣各类违规卷烟××条、烟丝××公斤，在12月大检查期间联合办理连环案、案中案×起，行政拘留×人，有效地遏制了不法商户的售假行为,为维护卷烟市场的正常经营秩序奠定了良好的基础。具体总结如下。

一、加强学习,狠抓队伍建设,提高全所人员整体素质

今年,县局加强对专卖所的管理,且高度重视,舍得投入,使××专卖管理所的标准化建设有了很大进步和提高。一是健全了各项规章制度,规范了办案程序,并实行网上办案。二是加强软硬件设施建设。给我所配置了电脑、打印机和扫描仪以及电视、电话、桌椅床具和必备的生活用品,大大地改善了办公环境,调动了全员的工作积极性;三是努力学习"一法两条例"和业务知识,提高整体素质。我们按县局要求认真记好 3 个笔记,坚持每周一、周五学习日制度,组织全所人员学习党的路线、方针、政策和行业有关法律法规及业务知识,并采取经验交流的形式,熟练掌握了识别假冒卷烟的方法,全所人员在思想上服从上级领导,在工作中埋头苦干严格要求,秉公执法、不徇私情,不分白天黑夜严寒酷暑工作在一线,以实际行动树立了烟草专卖管理人员的良好形象。

二、搞好宣传,提高烟草专卖知名度,营造良好的执法环境

200×年,我们利用各种机会向全社会和广大卷烟零售商户大力宣传"一法两条例",努力营造良好的执法环境,取得了良好效果。我们充分利用"3·15"消费者权益日,广泛宣传烟草专卖法律法规。在日常执法过程中,通过典型案件,特别是对去年县局××案件的广泛宣传,对不法商户起到了震慑作用。

三、热情服务,为商户排忧解难,实现专销结合共控市场

今年,一是我们依据有关商户合理布局的文件精神,及时组织全所人员对辖区卷烟零售商户进行了排查和梳理,对卷烟零售商户档案重新进行了补充和完善,对已办证的零售商户按照要求分步骤整整齐齐建档摆放在档案柜内。二是在县局实行大配送的新形势下,多次登门实地查看商户,并给商户介绍电话订货的呼入方式,为商户粘贴客户代码标签,还为他们讲解烟草形势和介绍适销卷烟信息。上述做法受到了商户的普遍认同,商户普遍反映,我们真正成了他们的贴心人,激励他们自觉守法、诚信经营。

四、管打结合,突出重点,为"两烟"经营保驾护航

为了进一步巩固"两烟"经营成果,从重打击"两烟"经营活动的违法行为,切实维护消费者合法利益,树立县烟草的良好形象。今年我们相继参加了县局组织的 4 次专项行动,整体行动效果明显。这 4 次专项行动是:"卷烟打假、诚信维权、专项活动、清除假烟、严惩违法"为主题的百日大会战、把守路口,严厉打击烟叶二道贩子的堵查行动、"破网追刑、净化市场"的卷烟打假专项行动。

回顾今年的工作，尽管我们取得了一些成绩，但还存在着很多不足，与上级要求有很大差距。我们的业务学习、网上办案、内部制度管理、工作纪律执行情况等方面还要进一步加强。为此，在新的一年里，我们将在县局党组的正确领导下，不断加强学习，开拓进取，创新实干，为振兴我县"两烟"事业作出应有的贡献。

×××

××××年××月××日

(资料来源：点亮网，有删改)

简评：

这份总结标题由内容和文种构成，清楚、明了。前言紧扣烟草管理工作，使用高度概括的语言，引用数据等点明工作的主要成就。主体部分从4个方面进行总结，其中列举了具体材料和数据加以说明，说服力强。结尾部分指出还存在的问题及今后努力的方向，较为简洁。全文采用条文式结构来写，条理清楚，井然有序。

一、总结的含义

总结是单位或个人对过去一段时期内的实践活动进行回顾、分析和评价，从中找出经验教训和规律性的认识，用以指导今后工作的书面材料。

总结与计划互相依赖又互相作用。计划是事前作设想和安排，解决"做什么"与"怎么做"的问题；总结则是作事后的分析，回答"做了什么""做得怎样"和"为什么这样"等问题。不对以前的工作作系统、深刻的总结，就很难制订出未来切实可行的计划。

二、总结的特点

(一) 理论性

写总结不能就事论事，堆砌材料。要有事实、有分析，要站在一定的高度透过现象看本质。

(二) 客观性

总结是对已经过去的实践活动进行回顾、分析，因此必须以客观事实为依据，真实地、客观地分析情况、解决问题、总结经验，不允许有任何主观臆测。客观性、真实性支撑着总结的价值。

三、总结的种类

总结的种类也很多，可从不同的角度分类。

(1) 按内容分类，有工作总结、学习总结、思想总结、科研总结等。

(2) 按时间分类，有年度总结、季度总结、月份总结等。

(3) 按范围分类，有个人总结、部门总结、单位总结、地区总结等。

(4) 按性质分类，有综合总结、专题总结等。综合总结又叫全面总结，主要用于对一个地区、一个部门或一个单位在一定时期内各项工作进行全面系统的回顾与分析，包括成绩、问题、经验、教训等；专题总结又叫单项总结，是一个地区、一个部门或一个单位对过去的某一方面进行的专门总结。一般选取某些突出的成绩、典型的经验或者带有典型意义的问题来进行总结。

四、总结的格式及内容

总结一般由标题、正文和落款3部分组成。

(一) 标题

总结的标题有多种，常见的有以下几种。

(1) 公文式标题。由单位名称、时间、主要内容、文种组成。如《××学院2008年工作总结》。

(2) 文章式标题。用简练、概括的语言揭示总结的主要内容或基本观点，标题中不出现"总结"字样。如《税制改革：三次重大突破》。

(3) 双标题。正标题揭示观点或概括内容，副标题补充说明。如《薄利多销　保质保量——××市××饮食店先进经验总结》。

(二) 正文

正文一般由前言、主体和结尾3部分组成。

(1) 前言。简明扼要地概述基本情况，交代时代、背景，取得的主要成绩或效果等。目的是为主体内容的展开作铺垫。

(2) 主体。这是总结的核心部分，包括成绩和经验、存在的问题与教训，今后的打算或努力方向等。

(3) 结尾。可以自然收尾；也可以概述全文，提炼主旨。

(三) 落款

在正文右下方署上单位名称，单位名称下方标明日期。如果单位名称已署在标题下方，此处可省略。

五、总结的结构形式

总结的写法比较灵活，常见的有以下几种。

(一) 纵式结构

纵式结构，即把工作的整个过程，按时间顺序分几个阶段来写，分别对每个发展阶段的情况进行分析和总结。这种形式适用于写作时限较长而又有明显阶段性的工作总结。

(二) 横式结构

横式结构，即把经验上升至一定理论高度，归纳出几个并列的观点，按照其内部的逻辑关系来安排内容和层次。这几个并列的观点或在开头概括介绍，或在结尾进行总结。这种结构形式能突出总结的理论性，较适用于专题经验总结。

(三) 分部式结构

分部式结构，即按"情况——成绩——经验——问题——意见"或者"主旨——做法——效果——体会"的顺序，分成几个大部分来写。每部分可用序号列出，也可用小标题。这种形式适用于内容较单一的单位总结、个人小结等。

(四) 贯通式结构

贯通式结构，即不分部分，也不分序号、标题，按时间和事物本身发展的过程，一气呵成，全文贯通，较适用于篇幅较短、内容较少的总结。

特别提醒

(1) 态度要实事求是。就是以客观事实为依据，恰如其分地反映实践活动的真实面目，既不夸大，也不缩小、隐瞒，更防止把经验拔高或绝对化。只有真实可信的总结，才会对未来工作有实际的指导意义。

(2) 材料要充足。充分占有材料，这是写好总结的前提。总结的材料一般包括：背景材料、典型材料、数据材料、正反面材料等。材料充足了，提炼的规律性认识才能反映事物的本质和主流，才能符合客观实际情况。

(3) 条理清晰有重点。总结一般篇幅都比较长。写作时须精心策划，安排适当的结构形式，使其内容完整、主旨突出、结构紧凑、条目清楚。在系统、全面的回顾分析中，要突出重点，抓住工作中的关键问题深入分析研究，找出成败原因，找出规律性东西，突出个性特征。切忌主次不分，面面俱到，浮光掠影。

(4) 叙议相结合。总结时兼用叙述和议论。总结中对情况的叙述是议论的依据，议论又是对叙述的综合分析和提高，两者反映观点和材料的关系，必须有机结合。

任务演练

学校召开期末学生活动总结大会，假设你是学生会主席，请撰写一份本学期的学生工作总结。

知识拓展 总结的层次以及与计划的关系

一、总结的层次与数字标注

总结一般内容较多，需要标注其层次时，按国内惯例，第一层用汉字"一、"；第二层次汉字外加小括号，即"（一）"；第三层次用阿拉伯数字后加下圆点，即"1."；第四层次用加括号的阿拉伯数字，即"(1)"。

国际惯例稍有不同。第一层次用阿拉伯数字标识，为"1"；第二层次标识为"1.1"；第三层标识为"1.1.1"；第四层次标识为"1.1.1.1"。

二、总结与计划的关系

总结和计划在实际运用中相互依赖、相互制约、相互促进。总结是计划执行的结果，计划要以前段时间的总结为依据。二者既有相同点又有不同之处。

相同点：总结和计划的范围基本一致，都是"做什么""怎么做"和"做到何种程度"3 大项。

不同点：计划在事前，总结在事后；计划侧重目标任务、具体方法步骤，总结重在概括经验规律；计划是为了完成一定的目标和任务，重在叙述说明，总结是对一定阶段的工作或计划执行情况作出总分析、评价，重在找出规律性的东西，作出理论概括。

任务四 述职报告

案例赏析

镇领导"向下"述职 众乡亲"坐上"评定

本报南昌讯 记者×××报道：11 月 4 日，随机邀请的 52 名××村选民代表来到村委会，听取 3 名当选区人大代表的镇领导当面述职，并为他们打分。

第一位述职的是余××，职务是××镇人大常委会专职副主席。一上台，余××就遭遇村民的"刁难"："征地农民农转非后期保障为何没跟不上？"余××没敢含糊其辞，作了耐心细致的回答，结果选民测评满意率达 98%。

对于"考试"的结果，余××表示满意。"我们镇虽然发展快，也有不少群众不理解、不满意的地方。把问题摆到桌面上，找出症结所在，及时解决，否则会被选民'炒鱿鱼'。"

　　这只是×××区人大常委会人大代表述职"一景"，该区6个乡镇当选区人大代表的领导述职正陆续展开。据介绍，工作酝酿之初曾遭遇多名乡镇领导干部反对，反对原因大家心知肚明，那就是在向上级述职时，可以把"莫须有"说得"活灵活现"，虽然"说问题"，但是"讲成绩"，报喜不报忧。接受述职的上级主管部门领导也往往随着述职人的抑扬顿挫，津津有味，喜笑颜开，待述职人道出最后一句"请领导批评指正，我将虚心接受、认真改正"，立即给予一番高度评价，充分肯定。因此他们认为反其道行之会"乱套"。

　　当选区人大代表的乡镇干部向选民述职，是×××区在全省的创新之举。今年5月15日，×××区人大常委会通过了《南昌市×××区人大常委会关于区人大代表述职的暂行办法》，今年将有30%～40%的区人大代表要向选民述职，在两三年之内，该区直选的人大代表都要进行述职。

　　(资料来源：http://www.jxnews.com.cn)

　　述职是当今人事管理的重要手段，述职报告是考察述职者德、能、勤、绩、廉情况的重要依据之一。可以说，述职报告是近年来使用频率越来越高的一种应用文书，它是党政机关和企事业单位常用的公务文书之一，是各级领导干部及其岗位责任人在人事考核活动中，向上级主管部门或本单位员工陈述集体或个人履行岗位职责情况，回答是否称职的一种文书。

公司办公室副主任20××年述职报告

考评组的各位领导、同志们：

　　今年3月，我被组织任命为办公室副主任。主要分管秘书科、督查科，侧重办公室行政事务。5个多月来，在主任的领导下，在同志们的配合支持下，我围绕办公室的工作特点和工作规律，努力适应新的岗位要求，认真履行自己的职责，集中大家的智慧，凝聚大家的力量，不敢有丝毫的懈怠，扎扎实实地开展了各项工作，较好地完成了工作任务。

　　下面，将我任职以来的学习、工作情况向大家作一简要述职，请予评议。

一、主要工作

　　1. 根据集团公司整体部署，搞好调查研究，掌握上级政策和基层情况，抓好办公室拟办的有关信息刊物，为集团公司领导决策提供信息服务。

2. 起草集团公司行政方面的工作报告、领导讲话、文件等有关材料。

3. 对集团公司文件、会议决定事项及领导指示的执行情况进行督促检查。

4. 组织秘书人员的业务和政治学习，不断提高秘书的工作质量和工作效率。

5. 完成集团公司领导及办公室主任安排的其他工作任务。

二、工作措施和效果

一是加强文稿起草工作，进一步提高了文字质量。积极开展"传、帮、带"和岗位练兵活动，组织秘书班子完成了大量的写作任务。先后起草了《劳模会报告》《重点工程建设动员报告》《转变干部作风动员报告》《向省委巡视组的汇报材料》等。

二是落实督查督办职能，促进了集团公司政令畅通。紧紧围绕集团公司党政的重大决策和重要工作部署，开展督查工作。重点突出了对集团公司职代会确定的15项重点工程的督查，坚持每月了解工程进展情况和存在的问题，通过《信息》及有关渠道，及时向领导进行了反馈。集团公司转变干部作风动员会后，根据党委安排，对各单位贯彻会议精神情况进行了督查。

三是认真参与调查研究，积极为领导决策服务。根据集团公司领导指示，先后组织了两次关于机关作风建设的座谈会，分机关部门和基层单位对改进机关作风进行了调研，对最终形成《加强和改进机关作风建设实施细则》起到了重要的作用。

四是服务党政中心工作，协助领导处理日常事务。在集团公司的重大工作方面，积极协助范主任做好协调服务。先后参与了第七次党代会的会务组织工作、中央12家新闻采访的接待工作，周边农民封堵公路、铁路的处理工作，科技创新大会的筹备工作以及董事会秘书处的日常事务性工作，发挥了参谋和助手作用。

五是加强信息沟通工作，努力为领导、机关和基层提供服务。坚持加强信息建设，将集团公司领导的重要指示通过《信息》及时进行传达，对基层单位的工作起到了积极的指导作用。

三、廉洁自律情况

我一贯对自己要求严格，能够认真遵守廉洁自律的有关规定和集团公司"五条禁令"。工作中守原则，讲公道，时刻提醒自己，"不该说的话坚决不说，不该办的事坚决不办"，没有吃拿卡要的行为，没有违反规定用公款进行高消费娱乐活动，没有参与过任何形式的赌博活动。

四、自我评价

优点及不足。优点：①爱学习，肯钻研；②能吃苦，能奉献；③责任心和敬业精神强，对工作认真负责。不足：①管理经验相对不足；②用辩证法分析思考问题的能力还不强；③政策理论水平需要进一步提高。

五、今后努力的方向

一是要围绕中心，突出重点，当好领导的参谋和助手。二是要加强学习，注重实践，不断提高自身素质。三是要扎实工作，求真务实，树立良好的形象，绝不辜负领导和同志们的期望。

述职至此，谢谢大家！

述职人：×××

二〇××年××月××日

(资料来源：中原秘书网)

简评：

这份述职报告的标题由述职者、时间和文种组成。前言用简洁的语言概括基本情况，写明所任职务、任职时间、分管工作及总体评价，接着用一过渡语到主体部分。主体部分分为五大部分：第一部分是主要工作介绍，分条列项，言简意赅；第二部分是"工作措施和效果"，分条列项，事例典型，实绩突出；第三部分是"廉洁自律情况"；第四部分"自我评价"明确优点和不足，真诚、中肯；第五部分指出今后努力的方向。全文格式完整，层次清晰。

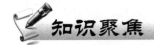

一、述职报告的概念

述职报告是党政机关、社会团体、企事业单位的领导或工作人员，向所在单位的人事部门、主管领导机关或本单位职工群众，陈述自己在一定时间内履行岗位职责情况时使用的应用文书。

二、述职报告的分类

(一) 从内容上划分

(1) 综合性述职报告：是指报告内容是一个时期所做工作的全面、综合的反映。

(2) 专题性述职报告：是指报告内容是对某一方面工作的专题反映。

(3) 单项工作述职报告：是指报告内容是对某项具体工作的汇报。这往往是临时性的工作，又是专项性的工作。

(二) 从时间上划分

(1) 任期述职报告：指对任现职以来的总体工作进行报告。一般来说，时间较长，涉及面较广，要写出一届任期的情况。

(2) 年度述职报告：这是一年一度的述职报告，写本年度的履职情况。

(3) 临时性述职报告：指担任某一项临时性的职务，写出其任职情况。比如，负责了一期的招生工作，或主持一项科学实验，或组织了一项体育竞赛，写出其履职情况。

(三) 从表达形式上划分

(1) 口头述职报告：指需要向选区选民述职，或向本单位职工群众述职的，用口语化的语言写成的述职报告。

(2) 书面述职报告：指向上级领导机关或人事部门报告的书面述职报告。

三、述职报告的特点

(1) 个人性。以个人名义向组织或上级领导汇报工作情况。

(2) 规律性。不是把发生过的事实简单地罗列，而是要进行归类、分析、研究，找出规律性的认识。

(3) 通俗性。使用适合于口头汇报和对方容易听懂的语言。

四、述职报告的基本写法

述职报告由标题、称谓、正文、落款组成。

(一) 标题

标题的写法有以下形式：

(1) 直接用文种名称作标题，如《述职报告》。

(2) 用全称标题或者省略其中某些要素构成标题。全称标题的要素包括单位名称、职务、姓名、年号和文种，如《××安全厅×××任职期间的述职报告》《我的述职报告》《××公司×××述职报告》等。

(二) 称谓

称谓即对听取述职报告的对象的称呼。

(三) 正文

正文由前言、主体、结尾 3 部分组成。

(1) 前言。概述任职者所任职务及期限，以及对自己任职期间履行职责的总体评价等。

(2) 主体。主要陈述自己的工作实绩、经验教训、存在问题及今后努力的方向。这是报告的重点部分。

(3) 结尾。述职者表态，一般用"以上报告，请领导和同志们批评指正""以上报告，请审查""述职至此，谢谢大家"等结尾。

(四) 落款

落款，即在正文右下角写上述职人姓名及述职时间。

特别提醒

(1) 实事求是。述职者必须真实地反映个人履行职责情况，既要实事求是地写出工作实绩，又要诚恳地指出存在的问题。

(2) 重点突出。述职报告，如果用口头报告表述。一般宜占用 30 分钟。如果用书面报告表述，一般以 3000 字以内为宜。因此，表述的内容应抓住重点，抓住最能显示工作实绩的大事件或关键事写入述职报告。凡重点工作、经验、体会或问题等，一定要有理有据，充实具体，而对一般性、事务性工作，宜概括说明，不必面面俱到。

(3) 写出个性。不同的述职者，述职内容不可能千篇一律，应突出自己的特色，突出自己独有的气质、独有的风格、独有的贡献，让人能分辨出自己在具体工作中所起到的作用。

> **小卡片　　"述职"古今义**
>
> "述职"一词较早出现于《孟子·梁惠王下》："诸侯朝于天子曰述职。述职者，述所职也。"原指诸侯向天子陈述职守，后来外官向中央政府汇报施政情况亦叫"述职"。

病文评析

临近期末，本学期即将结束。一个学期以来，×部以抓好各项改革为龙头，以全面实施素质教育为核心，统一思想，团结一致，加强管理，勇于开拓，较好地完成了本学期各项工作，取得了一定成绩。

一、加强以"三讲"教育为重点的党的建设和新形势下的思想政治工作

×部领导班子按校党委的统一部署，精心组织，认真开展以讲学习、讲政治、讲正气为主要内容的党风教育，用多种形式开展党员活动，坚持按季播放《党课一小时》录像片，定期召开组织生活会和民主生活会，举办学生党员学习班和学生党员基础知识培训班。

二、党总支换届选举

×部党总支始终把用邓小平理论武装人的工作放在首位，不断提高全体党员的政治理论素质和学习邓小平理论的自觉性；始终注重发挥党总支的政治核心作用、党总支的战斗堡垒作用和党员的先锋模范作用；始终坚持党的教育方针和正确的育人方向，积极参与×部的重大决策和重要事项。

×月下旬，×部根据校党委《关于党总支、直属党支部换届选举工作的通知》举行了党总支换届选举大会，在会上40名中共正式党员投下了自己庄严的一票。大会选出3位同志组成×部第二届党总支委员会，在其后举行的第二届党总支第一次全委会上，×××当选为书记，并对委员进行分工。今后，×部作为学校的一个局部，要继续发扬上一届党总支创业精神和艰苦奋斗的作风，胸怀大局，主动为学校的建设和发展分忧、添瓦。

××××年××月××日

评析：

这份述职报告的问题主要有：①格式不规范，缺少标题、称谓；②述职报告的主体应是述职者个人，而不应是"×部"这样的集体；③内容不完整，缺少"不足""今后的工作设想"等。

任务演练

作为班级或学生会干部，请根据自己履行职责的情况写一篇述职报告。

知识拓展　述职报告的特点

一、述职报告的3要点

(1) 关于述职报告的本身。为何述职？解决什么问题？只是简单让大家亮亮相，还是让大家通过述职解决问题？在陈述过程中，要以数据和事实来说话，同时要注重对成功经验的提炼，不要只是对所做事情的罗列。述职的最终目的是通过总结经验对系统加以改进。

(2) 述职的另一个目的是寻找问题。即一年来存在什么问题，同时找到产生问题的原因。通过分析找出问题，避免以后犯同样的错误。

(3) 述职本身是一个能力开发过程，是对自我能力以及团队能力的一个开发过程。除讲业绩经验以及问题，还要分析我们团队的建设及人力资源管理问题。

二、述职报告与个人工作总结的区别

述职报告和个人工作总结是使用比较频繁的两种事务文书。在实际工作中，有不少人在拟写述职报告时，往往把它写成个人工作总结，将两者混为一谈。二者的区别主要表现在以下几方面。

（1）目的、作用不同。述职报告是群众评议，组织、人事部门考核述职干部的重要文字依据，不仅有利于述职者进一步明确职责，总结经验、吸取教训、提高素质、改进工作，还有利于增强民主监督的良好风气。而个人工作总结则是为了更好地指导今后的实践。

（2）回答的问题不同。述职报告要回答的是有什么职责、履行职责如何、是如何履行职责的、称职与否等问题；个人工作总结是对一项工作或一段时间里的工作给予的归纳，它要回答的是做了哪些工作、有哪些成绩、取得了哪些经验、存在哪些不足、要吸取什么教训、今后有何打算等问题。

（3）写作的侧重点不同。述职报告则必须以报告履行职责情况、报告德才能绩为主，重点在于展示履行职责的思路、过程和能力；个人工作总结一般以归纳工作事实、汇总工作成果为主，重点在体现个人的主要工作实绩。

（4）结束语不同。述职报告结束时一般在指出存在的问题后，阐述自己的态度，欢迎大家对自己的述职报告进行评议，常用"以上报告请批评指正""述职至此，谢谢大家""专此报告，请审阅"等字样；个人总结结束时，即在指出存在问题后，还要写上下一步的工作打算、努力方向及解决问题的措施。

（5）表达方式不同。述职报告采用夹叙夹议的方式，运用叙述和议论，还辅以适当的说明；回顾工作情况时，主要用叙述；分析问题、评价成绩时，用议论；需要交代某些情况时，用说明。总结则一般采用叙述的方式，运用叙述语言，语句概括，不要求展示工作过程，只需归纳工作结果。

训练设计

一、填空题

1. 计划是一个统称，其还包括_____、_____、_____、_____、_____、打算、安排等。

2. 计划具有_____、_____、_____的特点。

3. 条据有多种，但基本上可以分为_____条据和_____条据。

4. 完整的计划标题，包括_____、_____、_____、_____等4要素。

5. 总结是单位或个人对过去一段时间内的实践活动进行回顾、_____、从中找出_____，用以指导今后工作的书面材料。

6. 总结的标题写法有_____、_____和_____。

7. 述职报告是述职者陈述自己在一定时间内_____时使用的应用文书。

8. 述职报告具有_____、_____、_____的特点。

二、判断题

1. 计划和总结都是行政公文。（　　　）

2. 计划一旦制订出来后，就再也不能进行修改。（　　　）

3. 借条只有借钱时使用。（　　　）

4. 欠条中出现的钱数一般用小写数字表示。（　　　）

5. 总结是把别人的实践材料组成书面材料。（　　　）

6. 述职报告只写成绩，不能写缺点。（　　　）

7. 述职报告是领导才能用的文种。（　　　）

8. 述职报告就是经验总结。（　　　）

9. 述职报告不能把集体的成绩，写成自己的成绩。（　　　）

三、分析题

1. 下面是一篇述职报告，请为主体部分加上小标题，并指明本文正文结构是由哪几部分构成的，本文的开头写了哪些内容。

本人自××××年×月任公司经理职务。两年多的工作中，比较突出的成绩是提出以质量求生存、以优质服务在市场上站稳脚跟的经营策略，并基本上达到了预期目标。但在解决公司实力不足、产品档次不高的问题上还需继续努力。下面就任职以来的工作情况汇报如下。

第一，（　　　　　）

××××年年初，我主张把一些未经严格检查的产品，冒险投入市场。本想把货品推出去，以尽量减少公司的亏损。可是事与愿违，用户纷纷退货，公司经济损失严重。这时，我才认识到，"质量是企业的生命"是一条千真万确的规律。为了重新赢得市场，我在二、三季度用了一把狠劲，亲自到生产第一线去把关，狠抓产品质量，做到责任落实、管理到位，使公司员工明确认识到"质量是企业的生命"，并提出同省内名牌争高低的口号。经过全体员工的共同努力，我们最终把丢失的市场又夺了回来，并赢得了更多的用户。

第二，（　　　　　）

我们的产品打入市场凭借的是质量，但是，光有质量没有优质服务也是不行的。特别是在市场不景气的情况下，更需要我们千方百计地研究市场、开拓市场，并全方位地满足市场的需要。为此，我亲自对市场进行了一个多月的调查，然后与领导班子共同研究决定，公司的产品都要实行跟踪服务，不合格的包退包换，使用过程中出现问题的负责保修，做到负责到底、服务到家。由于服务工作做得好，我们深受用户的好评，用户愿意跟我们长期合作，这样一来，产品市场的基础就更加牢固了。

第三，（　　　　　）

现代企业之间的竞争要靠实力，而这里所说的"实力"包含两层含义：一是作为公司必须具有现代企业管理的实力；二是公司总体要有实力。作为经理，我缺乏现代企业管理的实力，只能边干边学，有时还会显得力不从心。从这个角度来说，尽管我在努力去做，但还不能算是一个称职的经理。首先，在管理中，我没有做到优化企业管理，完善企业的标准化不够得力。从企业的总体实力的角度来看，由于我们公司属于中等企业，规模不大，只有同其他企业搞联营，利用别人加工部件，我们的经营才会兴旺起来。而从根本上说，公司要发展壮大起来，就必须走技术革新的道路，不断开发新产品，以充分适应市场变化的需要。

　　以上是我任职以来的主要工作状况，有些问题可能讲得不深不透，请领导和同志们批评指正。

××××年××月××日

　　(4) 全年共组织实施各类科技项目 56 项：其中有良种化专项 10 项，农业产业化专项 8 项，采用新技术专项 9 项，高新技术及产品开发专项 18 项，信息化专项 7 项⋯⋯

　　(5) 参加了"三个代表"回访复查和再回访复查活动，先后与×××村和×××村两个定点联系村一起学习、工作。

　　2. 请看下列计划类文书的标题，说说计划文体都有哪些文种名称，它们之间有何区别。

　　(1) ××市国民经济和社会发展五年规划

　　(2) 关于机构改革的初步设想

　　(3) ××大学 2008—2009 学年工作计划

　　(4) ××省社会养老保险试行方案

　　(5) ××宾馆圣诞节活动安排

　　(6) 关于对国家公务员进行计算机专业培训考核的意见

　　(7) 人事处近期工作打算

　　(8) ××百货公司 2009 年工作要点

四、改错题(指出下文的不足，并加以修改)

1. 请分析下面这份工作计划存在的问题。

中国建设银行××支行第四季度工作计划

　　今年的工作十分繁忙，尤其是第四季度的工作，如何把本季度工作搞好，作下列计划：

　　(1) 抽出时间认真学习十四届二中全会以来有关基建改革的文件。

　　(2) 深入单位了解完成工作量的情况和资金支用情况，为审查好年终决算打基础。

　　(3) 了解建设单位明年的计划安排和完成情况，以便做好明年的信贷计划工作。

　　(4) 认真与建设单位对清基建计划，避免超计划支出。

20××年××月××日

2. 分析下列总结存在的问题，并加以修改。

一学期学习总结

我在领导和教师的关怀指导下，在同志们的帮助下，在学习上迈出了可喜的一步。现在，我把学习情况总结一下，一来向领导和同志们做一汇报，再者也有利于今后的学习。

当我第一次踏进××学校大门的时候，新的学习环境使我耳目一新，这样好的学习条件，我从来没有看见过。今年有幸考进××学校，多年来学习的目的达到了，我一定要如饥似渴地学习，因为入学并不等于取得好成绩。我只有抓紧时间，才能学出新水平。入学的第一个夜晚，我久久不能入眠，我给自己订了一个作息时间表。规定早上5:30分起床，然后洗漱，进行体育活动30分钟，6:00—7:00学习语文和诗词，中午饭后稍作休息后看报纸和杂志，晚饭后只休息30分钟，学习直到夜晚11:30，主要任务是完成老师布置的作业，复习当天的课程。我还要求自己上课时专心听讲，尽量争取多记笔记。

按照我所订的作息时间表和学习方法实行了一学期,在学习上取得了一些成效，考试结果为：哲学85分，世界史80分，语文80分。

一学期我取得了可喜的成绩，但把自己却搞得太疲劳。以后，我要把时间另行调整一下，下面是我的新作息时间表：早晨6:00起床，按学校的安排执行；中午饭后休息1个小时；晚上6:30开始学习，完成作业和看报纸，休息时间最晚不超过10点。课堂上的学习方法也应改进：认真听讲，做笔记时只记重点问题，不把老师的话都记下来。

我还要加强政治修养，时刻保持清醒的政治头脑，要有正确的政治观点、坚定的政治立场，在重大原则问题上要分清是非，绝不能随波逐流。

董××

××××年××月××日

3. 分析下面条据中存在的问题。

借　　条

今借到张晓刚650元，3天后归还。

此据

李晓华

欠　　条

原借赵晓捌佰元，现在还欠300元未还，此据。

张××

领　条

今领到电脑一台，此据。

领用人：王××

二〇〇九年四月九日

五、职场模拟题

1. 用条文式写一篇新学期学习计划。

2. 就某一门课程的学习状况，写一篇学习总结。

3. 你所在的财务处举办新年茶话会，需要借用办公室果盘 10 个、茶杯 20 个，活动结束后归还。请你代写一个借条。

4. 丁四所在的东区居委会因植树借用了绿化队的铁锹 26 把，活动结束后归还了 20 把，还有 6 把需要再借用一周。请你以丁四的名义写一张欠条。

项目三　社交礼仪

▮ 能 力 目 标

- 能够对具体的礼仪文书就写作内容、格式、语言等方面加以分析评鉴。
- 能够熟练写作规范的社交礼仪文书。

▮ 知 识 目 标

- 掌握礼仪文书的相关知识和写作要求。
- 理解礼仪文书的概念、特点和写作要领。
- 了解礼仪文书的种类。

▮ 项 目 导 航

金秋十月，硕果满枝。2015 年 10 月 1 日，在举国上下欢庆节日之际，××商业集团公司又迎来了一件大喜事——××商业集团公司安徽分公司终于成立了！鼓乐声声，鞭炮齐鸣，××商业集团公司安徽分公司举行了隆重的开业庆典活动。庆典圆满结束后，安琪又接到一个任务，为公司拟写一份感谢信，感谢各有关单位长期以来的支持。

随着经济、社会的繁荣和发展，人们的社会交往活动也越来越广泛，邀请、祝贺、迎送、答谢等活动日益频繁。掌握礼仪文书的写作，是高职院校学生培养综合职业能力的需要。

任务一 请柬

案例赏析

"请"出艺术珍品

　　请柬，也叫请帖，是邀请客人参加某一活动发出的书面通知。长春市目前销售请柬的商店有上百家，一位销售人员介绍，请柬可分为单帖、双帖、组合帖3种。单帖单面印刷，正面为请柬的图案，反面为柬词；双帖又称对折帖，外面为请柬图案，内面为柬词；组合帖一般为参加人数较多，规模较大的活动所用，如大型展销会等，内附展览简介图文或临时通行证、代表证等。带有批准才能使用的徽志请柬，是档次最高的请柬，如印有国徽的"庆祝建国45周年招待会"请柬等。艺术请柬是人们最爱收藏的请柬品种。艺术请柬的主人往往是活跃于社会各界的艺术工作者，他们从自己的个性、理想、活动内容出发去设计请柬，独特的形式展示着明确的艺术内涵。

　　请柬的画面，图文并茂，形式多样，有集文学、诗书画印于一体的；有集产品介绍、交通指南等于一体的。请柬的图案，有花鸟鱼虫、人物、建筑物、几何图案、古代图案纹样、汉语拼音、英文、徽志等，丰富多彩，包罗万象，若加以分类、集中，也是一部生动活泼的美术作品精美图案集。

　　(资料来源：中国经济网•艺术收藏，有删改)

　　请柬是一种书面通知信，但又不同于一般的书信，其装帧美观、精致典雅。请柬不仅起到礼仪作用，还有较高的收藏与投资价值。

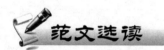

【例文一】

请　　柬

××厅长：

　　谨定于20××年9月9日下午2点30分，在我院学术报告厅召开教师节庆祝表彰会，届时敬请光临指导。

　　此致

敬礼

××职业技术学院(章)

20××年9月8日

简评：

这是一篇××学院邀请××厅长参加教师节庆祝表彰会的请柬。时间、地点和具体内容在短短的一句话中全部表达出来，显得简洁明确。

【例文二】

请　柬

鲁迅诞辰一百三十四周年纪念大会

×××先生：

兹定于二〇一五年九月二十四日上午九时，在省文联礼堂召开××省鲁迅诞辰一百三十四周年纪念大会。敬请届时出席。

致以

敬礼

××省鲁迅诞辰一百周年纪念大会筹委会

二〇一五年七月十五日

简评：

这是折叠式竖式请柬，右边为封面，左边为内芯。简洁的语言将所要告知的信息全部说出，言简意赅，简洁明快，不拖泥带水。所用格式采用竖排形式，典雅不俗。

一、请柬概述

请柬，也叫请帖，是为邀请客人出席有关的会议、典礼、仪式或各种喜庆、纪念活动而使用的礼仪文书。使用请柬，既可以表示对被邀请者的尊重，又可以表示邀请者对此事的郑重态度。

请柬作为一种交际礼仪文书，款式和装帧设计上应美观、大方、精致，使被邀请者体味到主人的热情与诚意，感到喜悦和亲切。

请柬一般有两种样式：一种是单面的，将全部柬文都写在正面，背面空白。一

种是双面的，即折叠式，由封面、内芯和封底构成。封面上写"请柬"二字，内芯写柬文内容，封底空白。(如例文二)

请柬按书写形式又有横式请柬(如例文一)和竖式请柬(如例文二)。

二、请柬的写作

请柬一般由标题、称谓、正文、请语、致敬语、落款几部分组成。

(1) 标题，一般用"请柬"字样，要求醒目、美观、大方。

(2) 称谓，即被邀请者的名称。为体现文种的"雅致"特点，在人名后加以尊称，如一般的称"先生""女士""小姐"；有职称头衔的可称"教授""经理"等；也可将职务头衔冠于姓名前，姓名后再加尊称，如"××公司董事长××先生"。

(3) 正文，写明被邀人的活动内容、时间、地点等。

(4) 请语，如"敬请光临""恭请光临""恭候莅临"等。

(5) 致敬语，如"致以 敬礼""顺致 崇高的敬意"等。

(6) 落款。

特别提醒

(1) 表达要严谨、准确。特别注意时间、地点和人物等项内容，做到清晰、明了、准确。

(2) 语言要"达、雅"兼备。"达"就是通顺、明白，不至于让被邀请者产生歧义；"雅"就是讲究文字美，根据具体场合、内容，采用得体客套的措辞。

(3) 制作要精美。

小卡片　请柬的用纸有讲究

请柬不能用通常的书写纸或单位的信函纸，应多用红色或彩色纸印写，并加上花边、图案等装饰，以示喜庆和对被邀请者的尊敬。

病文评析

请　柬

×××同学：

兹定于 2015 年 3 月 6 日上午 9 时到校医院看望病重的××老师,届时请准时到校医院指导。

××班委

2015 年 3 月 4 日

评析：

本请柬有以下几个方面的问题：①参加人不是客人，不用发请柬；②到医院看病人非隆重喜庆之事，不可发请柬；③看医问药治疗事宜乃医生之事，"请准时到医院指导"，措辞不妥，违背常理。

任务演练

××大学拟于××××年×月×日举行建校十周年庆典活动，拟邀请兄弟院校领导参加。该拟写怎样的文书呢？

知识拓展 请柬的递送方式以及与邀请书的区别

一、请柬的递送方式

请柬的递送方式很有讲究。在古代，无论远近都要登门递送，表示真诚邀请的心意；现当代亦可邮寄，但是不能托人转递，转递是很不礼貌的。另外，请柬如果放入信封当面递送，信封是不能封口的，否则会造成又邀客又拒客的误会。

二、邀请书与请柬在使用上的区别

一般来说，隆重的礼仪场合多用请柬；参加学术研讨会、订货会等多用邀请书(信)；一般的会议发通知即可。邀请的对象是单位集体的，多用邀请书的形式；邀请的对象是个人的，多用请柬的形式。邀请的事项单一，用请柬；邀请的事项较复杂或需要向被邀请者说明有关问题，则用邀请书(信)。

任务二　欢迎词

案例赏析

跨越世界上最辽阔的海洋的握手

1971 年 4 月，中美两国的乒乓外交打破了长达 25 年的隔绝，并促成了 1972 年 2 月两国领导人"跨越世界上最辽阔的海洋的握手"。当天晚上，周恩来在北京人民大会堂举行盛大国宴，欢迎尼克松一行。周总理致欢迎辞："促使两国关系正常化，争取和缓紧张局势，已经成为中美两国人民强烈的愿望。人民，只有人民，才是创造世界历史的动力。"尼克松的祝酒辞援引了毛主席的一首词："多少事，从来急；天地转，光阴迫。一万年太久，只争朝夕。"并借题发挥说："让我们两国人民以只争朝夕的精神建设一个更加美好的新世界。本着这样的精神，让我们共同举杯为毛主席和周总理，为中美两国人民的友谊，为世界所有人民的友谊与和平干杯。"中美两国的外交坚冰终被打破。

"有朋自远方来，不亦乐乎"，中国是个文明古国、礼仪之邦，十分重视礼节仪式。礼仪类文书可在宾客之间制造一种和谐融洽的气氛，可以交流感情，促进了解，促进国际间及国内各地区、各行业、各单位之间的关系的发展。

(3) 主持人口语应讲求艺术性。主持人的口语有宣传作用，宣传就要讲究艺术性，不能简单灌输和生硬说教，应该追求美感，讲究吸引人的魅力，这样才能提高节目的收听率或收视率。

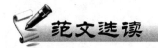

范文选读

欢 迎 词

尊敬的刘×董事长、尊敬的考察团全体成员：

大家好！

今天，美丽的古城迎来了我们最尊贵的客人，对此，我们表示最热烈的欢迎和真诚的祝愿，愿大家在古城心情愉快，万事如意。

××集团与我公司已经建立了长期、友好的合作关系。多年来贵公司一直大力支持我们的工作，今天董事长亲自率领考察团一行莅临我公司对我们的生产技术、经营管理进行指导，我们再次表示热烈的欢迎和衷心的感谢。

董事长先生，你们先进的企业运营理念、科学的经营模式，一直是我们学习的领域，这次的现场指导定会使我们的技术和管理人员开拓视野，解决疑难。我相信，这次指导不仅能进一步加深双方的了解与信任，促进我们双方友好合作关系的进一步发展，更能寻找到、搭建起更广阔、更深入的合作平台。

最后，让我们以热烈的掌声，向董事长和考察团的所有成员表示热烈的欢迎！

谢谢大家！

胡 海

20××年8月15日

简评：

这份欢迎词的正文首先对客人表示了热烈的欢迎和良好的祝愿，接着概括叙述对方给予的帮助、支持，并表示感谢，阐述来访的意义；结尾再次表达欢迎之情；行文简洁，真诚热情。

一、欢迎词的概念

欢迎词是以组织或个人的名义，在庆典、集会、宴会等公共场合对宾客表示热诚欢迎的讲话稿。欢迎词具有礼貌热情、篇幅短小的特点。

二、欢迎词的格式及写法

欢迎词一般由标题、称呼、正文、结尾和落款5部分构成。

(一) 标题

标题一般应由致词人、致词场合和文种3个要素组成，例如《×××在欢迎新员工仪式上的欢迎词》，也可以省略致词人姓名，由场合和文种组成，如《在贸易洽谈会上的欢迎词》；还可以直接以文种作为标题，如"欢迎词"。

(二) 称呼

称呼在第二行顶格写，一般要写全称，有的在名称前加上诸如"尊敬的""亲爱的"之类的修饰语，并在其后加上被欢迎宾客的头衔，也可加"先生""女士""夫人"等。

(三) 正文

正文是欢迎词写作的主体，应根据实际情况表达不同的内容。

开头要表示欢迎之情。一般先用简短的语句交代举行什么仪式，发言者代表谁向宾客表示欢迎、问候。

主体部分说明或阐明欢迎的缘由，可叙述彼此的交往历史与友谊，对宾客在交往过程中所作的贡献予以赞扬，突出双方合作的成果，并表示继续加强合作的意愿；对初次来访者可多介绍本单位的情况。

正文结尾热情地表示良好的祝愿或希望。

(四) 结尾

用简短的话语，再次对来客表示欢迎与祝愿。

(五) 落款

落款包括署名和日期。

特别提醒

(1) 分清不同场合。欢迎的场合、仪式是多种多样的，写作时要看场合说话，该严肃则严肃，该轻松则轻松。

(2) 感情饱满、语气愉悦。致欢迎词时要感情饱满、语气愉悦，表现出致词人的真诚。只有这样才可给客人一种"宾至如归"的感觉。

(3) 营造情谊氛围。为了让被欢迎者感到亲切，写作时要营造出情浓谊厚的氛围，需要运用一些约定俗成的社交辞令，如"热烈的欢迎""衷心的祝愿"等。

(4) 热情而不失分寸。欢迎应出于真心实意，要热情、谦逊、有礼。语言应亲切、饱含真情。说话要注意分寸，不卑不亢。

(5) 突出口语化的特点。欢迎词本意是现场当面向宾客口头表达的，所以口语化是欢迎词文字上的必然要求，在遣词用语上要运用生活化的语言，既简洁又富有生活的情趣。口语化会拉近主人同来宾的亲切关系。

(6) 篇幅短小精悍。欢迎词一般适用于隆重典礼、喜庆仪式、公众集会或者设宴洗尘等特定场合，因而在篇幅上应力求简短。

病文评析

欢 迎 词

尊敬的各位教师、各位同学们：

在此我谨代表本宾馆的全体员工欢迎阁下同志们光临××宾馆。

××宾馆坐落于风景秀丽的东湖岸边，三面环水，环境幽雅。具有岛国风情，是××市委、市政府接待和开放的窗口。希望我们的服务能够让阁下有宾至如归的感觉，在此将宾馆内设备及服务向你们作一介绍。

我们将忠诚地为阁下服务效劳，并希望你们能够提出宝贵的意见。

××宾馆

总经理谨致

(资料来源：张建. 应用写作[M]. 北京：高等教育出版社)

评析：

这篇欢迎词的问题主要有：①称谓不准确，应改为"尊敬的各位老师、同学"；②"阁下同志们"应改为"老师、同学们"；③"希望我们的服务能够让阁下有宾至如归的感觉"一句使用不妥，因为欢迎师生不是欢迎入住宾馆的旅客；④ "在此将宾馆内设备及服务向你们作一介绍"一句不妥，或向师生作具体介绍，或省略不讲，留待以后再讲；⑤ "忠诚地为阁下服务效劳"用语不当，可改为 "竭诚服务是我们的服务宗旨"，并表示要互相学习的意思；⑥缺少结尾，应在结尾处再一次表示欢迎或希望互相学习之意；⑦落款不规范，应署名和日期，"总经理谨致"可以删去。

任务演练

新学期开始了，学院又迎来了不少新生，请你作为老生代表在迎新生大会上致欢迎词。

知识拓展 欢迎词的种类

(1) 从表达方式上分：①现场讲演的欢迎词。一般指欢迎人在被欢迎人到达时在欢迎现场口头发表的欢迎稿。②报刊发表的欢迎词。这是发表在报刊或公开发行刊物之上的欢迎稿，一般在客人到达前后发表。

(2) 从社交的公关性质上分：①私人交往欢迎词。一般是在个人举行较大型的宴会、聚会、茶会、舞会、讨论会等非官方的场合下使用的欢迎稿，通常要在正式活动开始前进行，往往具有很大的即时性、现场性。②公事往来欢迎词。一般在较庄重的公共事务中使用，要有事先准备好的得体的书面稿，文字措辞上的要求较私人交往欢迎词要正式和严格。

任务三　欢送词

案例赏析

致辞也可以脍炙人口

致辞、讲话最忌官话、套话，也最不容易受到听众的认同。曾任北大法学院院长的苏力，在 10 年任期内之各种致辞，却一洗官腔套话之陈腐，耳目一新、脍炙人口，呈现苏氏风格之为师、为官、为学、为人，既有 "铁骨铮铮"，也不乏 "温情脉脉"。如今，他的致辞已经结集出版，名为《走不出的风景：大学里的致辞以及修辞》，受到读者的热烈欢迎。

2010年盛夏，苏力的《不可能的告别》应当是其作为北京大学法学院院长最后的欢送词，虽然这不可能是苏力散文写作的终点，但《不可能的告别》确实有着重要的意义。在告诫了他的学生们"发现你的热爱"和"责任高于热爱"后，苏力用"不可能的告别"作结，为自己的学术观和人生观建立了一个完整的话语体系。苏力说："当外在规范和制约不足时，我们心里就更需要有点荣辱感，也就是当独自面对自己或永恒时，你的心头会突然掠过的那一丝莫名的骄傲、自豪和优越感。"在苏力看来，承担热爱和责任的根本来源，就是人的荣辱感。有了这种荣辱感，我们永远也不可能告别。每个人有自己的荣辱感，每个人有自己的人生叙事，然而最重要的是，从此刻起，从现在起，"我们出发"。

在苏力的欢迎词和欢送词中，很少有溢美之词，却有很多告诫和批评。苏力常常告诉我们、我们自己、我们北大，我们所处的环境和国家还有哪些不足，我们应当承担怎样的责任。这种清醒在很大程度上源于对现实的关照，这种清醒也是当代中国知识界所最需要的。

(资料来源：搜狐资讯网)

欢送词自然是要表达依依惜别之情，但是对被送者的期望和祝愿却是最重要的内容，《不可能的告别》即是如此。

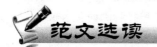

欢　送　词

尊敬的各位领导、老师，亲爱的同学：

岁月承载着历史的步伐，天地积淀着文明的精华，又是一载流光溢彩，又是一季桃李芬芳。我们的×××老师在教育一线兢兢业业、勤勤恳恳工作了35年，马上就要退休了。尊敬的×××老师，今天我们全体师生怀着无限崇敬的心情，特为您举行欢送会。

×××老师，您用知识的甘霖滋润着学生的心田，您用青春的热血承传着人类的文明，您用无悔的青春演绎着诗意的人生，您用35年的执着选择了淡泊，您用35年的平凡造就了伟大，您用35年的高尚摒弃了功利，您用35年的微笑勾画着年轮……

35年来，您始终默默无闻，无私奉献；35年来，您在工作中一直乐于吃苦，敢于挑重担；35年来，您不但坚持教主要课程，而且长时间任学校出纳。无论教学工作，还是出纳工作，您都用崇高的使命感和高度的责任感去对待，您都能一丝不苟地出色完成任务。您任出纳多年，票据整理得整齐而且规范，账务、财务料理得鱼清水白；您担任主课，每年学生统考成绩都能居于中上游，从来没有为学校抹黑。临近退休了，您仍然教主课，还任 68 人一个班的班主任。不管分内分外事，您都能挺身而出却不计报酬。

我们相信，您即使离开了讲台，仍然会心系校园，关注教育。我们真诚邀请您退休后经常光临办公室，经常提出您的合理化建议，经常献一献你的锦囊妙计。让我们同心聚道描绘××教育壮丽的画卷，让我们真诚祝愿您青春永驻！祝愿您在每一个红红火火的日子里，天天都有一份好心情！祝愿您快乐幸福，安康永远！

×××

×××年××月××日

(资料来源：应届毕业生网，有改动)

简评：

这是篇欢送老师退休的欢送词，正文首先简要表达真挚热情的欢送之意；接着叙述被送者的成绩、贡献，并积极评价；最后，再次表达惜别之情以及对被送者的祝福。全文以诗一般的语言叙事抒情、表达祝福，是一篇很好的欢送词。

一、欢送词的概念

欢送词是行政机关、企事业单位、社会团体或个人在公共场合欢送友好团体回归或亲友出行时致辞的讲话稿。

二、欢送词的特点

(一) 惜别性

"相见时难别亦难"，中国人重情谊这一千古不变的民族传统精神在今天更显得金贵。欢送词要表达亲朋远行时的感受，所以依依惜别之情要溢于言表，当然格调也不可过于低沉。

(二) 口语性

作为讲话稿，口语性也是欢送词的显著特点之一。遣词造句也应注意使用生活化的语言，使送别既富有情意又自然得体。

三、欢送词的结构及写法

欢送词通常由标题、称谓、正文、结尾和落款几部分组成。

(一) 标题

标题一般有两种写法：一是由场合和文体组成，如《在欢送会上的讲话》；二是直接以文种作为标题，如《欢送词》。

(二) 称谓

称谓，即对被欢送宾客的称呼，一定要写得礼貌得体，符合礼仪。用语要确切、亲和，一般应在称呼之前冠以诸如"尊敬的""亲爱的"之类的修饰语，并在其后加上被欢迎宾客的头衔，也可加"先生""女士""夫人"等。

(三) 正文

正文是欢送词写作的主体，应根据实际情况表达不同的内容。

首先简要表达真挚热情的欢送之意；接着叙述被送者或宾客的成绩、贡献或双方的友谊，并对此作出积极的评价；最后要再次表达惜别之情，以及对被送者或宾客的祝福和勉励。

(四) 结尾

结尾应再次向对方表示真挚的欢送之情，并表达期待再次合作的心愿。

(五) 落款

在正文的右下侧，由致词的机关、致词人具名，并署上日期，也可在标题之中载明。

特别提醒

(1) 要注意宾客身份，致辞要恰到好处，感情要真挚、诚恳。
(2) 措辞要慎重，把握情感分寸。
(3) 语言要精确、友好、热情。
(4) 篇幅短小精悍。

小卡片 导游欢送词的特点

导游欢送词的表述一般包括以下几方面：表示惜别之情、感谢合作之意、小结旅游之得、盼望重逢之愿。

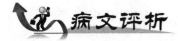

病文评析

欢 送 词

亲爱的朋友们：

你们好！今天，我们相聚在一起，欢送我们的好友××去北方读书。

依依惜别情，眷眷留恋情。青春的树越长越葱茏，生命的花越开越美丽，在这五彩缤纷的世界，友情是非常珍贵的。

我们从小就一起读书，在这过程中我们相互扶持、相互鼓励，我们的感情也与日俱增，这么多年相处的点点滴滴将是我们人生中美好的回忆。你把你热情、活泼的一面展现在我们面前，你也把你善良、大方的一面展现在我们面前，你所做的每一件事都让我们感触很深。

快乐随你而来，别情随你而走，天空为你打开，花儿也为你绽放！都说流星可以有求必应，如果可以，我愿意在这夜空下等待，等到一颗星星被我感动，为我划过星空，带着我的祝福传递到你的心中！

(资料来源：李佩英. 应用写作实训教程[M]. 北京：高等教育出版社，2009)

评析：

这份欢送词虽然使用了一些诗意的语言，却未表达出真挚的欢送之意。这里应该实实在在地写出被送者的成绩，最后要送上一些勉励的话。结构上还要加上署名和成文日期。

任务演练

6月份，毕业生即将离开学校，请你作为学弟或学妹在欢送毕业生的典礼上致欢送词。

> **知识拓展** 欢送词的英语写作
>
> 欢送词是在欢送客人时，宾主欢聚一堂，主人为客人而讲的一段表示欢送和祝愿的话语。其结构分称呼、正文和结束语3部分。
>
> 称呼语多用复数。
>
> 正文是欢送词的主体，要表现出亲切、留恋之情，也可以提出真诚的希望，或转达对某某人的问候和敬意，以增进友谊。如："In bidding farewell to him, we sincerely hope that Doctor×× will benefit us with his criticisms, advice and valuable suggestions tending to the improvement of our work." (在向××博士告别之际，我们真诚地希望××博士给我们提出批评指导和宝贵意见，以便我们改进工作。)

"We take this opportunity to request Dr××to convey our profound friendship to the××people，and also our best regards and respects to them." (我们借此机会请求××博士转达我们对××国人民的深情厚谊,请他转达我们对他们的亲切问候和敬意。)

"We wish Dr××a pleasant journey home and good health." (祝××博士回国途中一路平安。身体健康！)

(资料来源：东书兰. 几种常用英语社交公文的写作. 秘书之友，1988(10))

任务四　答谢词

案例赏析

2006 年 10 月 16 日，CCTV2006 中国魅力城市颁奖盛典在北京隆重举行。在这场"中国城市的电视盛会"上，苏州以其对传统和现代完美融合的不懈追求，掀起了一股炫耀而强势的冲击波。苏州从众多参选城市中脱颖而出，取得了第一名的骄人成绩。在颁奖典礼上，副市长朱永新发表了热情洋溢的答谢词，深深感染了现场的每一位嘉宾和电视机前的亿万观众。

苏州，我为您自豪
——朱永新副市长在 CCTV2006 中国魅力城市颁奖典礼上的答谢词

两年前，我有幸代表苏州参加了中央电视台中国活力城市的颁奖典礼，并且获得了唯一的大奖。今天，我有幸再次代表苏州，参加中央电视台中国魅力城市的颁奖盛典，感到无上的荣光。

苏州，一个 2500 岁的东方水城，总能够在不经意间引起世人的注目。一个城市，能够活力与魅力兼具，古韵与今风共在，这是这个城市的骄傲，也是这个城市的 607 万人民和 380 万新苏州人的荣耀与福分。

作为一个苏州人，我一直为这个城市的独特魅力而自豪。为这个城市的每一口古井、每一条古巷、每一个古镇古村落、每一座古典园林而自豪；为这个城市拥有 80%太湖水域的湖光山色而自豪；为这个城市美轮美奂的昆曲评弹和精彩缤纷的吴门书画、双面刺绣而自豪；为这个城市拥有伍子胥、孙武子、范仲淹、顾炎武、李政道、贝聿铭、吴健雄等文化名人而自豪。

作为这个城市的管理者和服务生，我一直见证着这个城市的成长。见证着她如何从中国文化的一个宁静后院走向中华经济发展的前台，见证着她怎样从乡镇企业的创业到对外开发的领跑的全过程。我为自己能够参与其中的一些工作并且贡献一点心力而自豪。

有一个苏州老乡，诺贝尔物理学奖获得者李政道先生曾经说过："我不知道天堂是什么样子，但是天堂如果有苏州的十分之一美丽，那就很好了！"昨天晚上，一个在苏州工作的台湾朋友给我发来一个短消息。她告诉我，一个城市，能够把刚与柔、雅与俗、传统与现代、科技与人文、物质与精神、城市与乡村、西方与中国，这些看似冲突的东西，如此完美而奇特地结合起来，西方在这里展开逻辑，中国在这里保留精致，这是多么不可思议！她告诉我，无论她走到哪里，苏州都是她魂牵梦萦的地方。

是的，无论你是苏州的游子还是观光的游客，无论你是短暂的居住还是长期的生活，只要你来过这里，苏州总会留在你的心里，苏州总会成为你精神的家园和永远的故乡！

（资料来源：http://szwzx.blog.sohu.com/20183955.html）

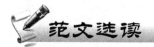

答　谢　词

女士们、先生们：

首先请允许我感谢你们的盛情邀请及款待，今天能够出席你们的招待会，我感到十分荣幸，能够有机会与在场的中国朋友畅谈，感到非常高兴。

随着中国改革开放的进程不断深入，我们两国之间的交往越来越频繁，许多政府官员、科学家、艺术家、体育代表团和商人的互访，更加深了我们的友谊。多年来，我一直盼望着能有机会来中国，现在终于圆了我中国之行的梦。

这次在华一年时间的访问学习是卓有成效的，我能够有机会见到许多知名人士，聆听许多专家、学者的教诲，我们之间互相探讨、学习，并向中国专家、学者请教，收获很大。

我的到访得到了热情好客的中国朋友的热情接待，我深深感受到了勤劳、善良的中国人民的热情、友好，我们彼此之间的深情厚谊，令我终生难忘！

借此机会请允许我再一次向大家表示衷心的感谢！

祝愿我们两国人民世代友好下去！

××××

20××年10月12日

简评：

这篇答谢词正文分为3部分：其一，先对主人的热情款待表示感谢。其二，概写自己多年来一直要来中国的愿望，表明了自己访问的收获和感受。其三，再次感谢和祝颂。全文情感真挚、感人，语言简练，结构完整，是一篇比较典型的答谢词。

知识聚焦

一、答谢词的概念

答谢词是指宾客对主人的热情款待表示感谢的致词。答谢词也指客人在举行必要的答谢活动中所发表的感谢主人的盛情款待的讲话。

二、答谢词的格式及写法

答谢词一般由标题、称呼、正文、和落款几部分构成。

(1) 标题。在第一行居中的位置上写上"答谢词"。

(2) 称呼。与欢迎词同。

(3) 正文。对主人的盛情款待表示感谢；表明自己的来访成果并对主人所作的一切安排给予高度评价；向对方介绍或汇报情况；展望和预示双方新的更广阔的合作前景。

(4) 落款。包括署名和日期。

特别提醒

(1) 饱含真情。

(2) 尊重对方习惯。在异地做客，要了解当地的民情、风俗，尊重对方习惯。

(3) 注意照应欢迎词。答谢词要注意与欢迎词的某些内容照应，这是对主人的尊重。即使预先准备了答谢词，也要在现场紧急修改补充，或因情因境临场应变发挥。

(4) 篇幅力求简短。

小卡片　答谢词的重要性

自古以来，人们就提倡"礼尚往来""知恩报德""来而无往非礼也"，于是在人际交往中便有了"谢"的言行：或揖拳，或鞠躬，或以言辞道谢，或以纸笔作书，倘若在庄重的礼仪场合，那便要温文尔雅地致"答谢词"了。

病文评析

升学宴答谢词

尊敬的各位来宾和亲友们：

你们好！

作为父亲，我为女儿实现自己的梦想而无比激动和高兴。所以我今天宴请各位，请各位来分享我们全家的幸福与快乐。希望大家能开怀畅饮，共同度过一个美好的良宵。

芳林新叶催陈叶，流水前波让后波。女儿的进步让我感到自豪和骄傲。金榜题名也只是她人生旅途步入社会所踏出的第一步，希望她在今后的日子里百尺竿头，更进一步，学业有成，一路高歌。

最后对给我关心和帮助的来宾和亲友表示衷心的感谢，并祝福你们家庭幸福、永葆康健、事事如愿、万事通达！

同时也衷心感谢为庆典忙碌的主持、琴师、歌手、摄影师，还有××酒店的工作人员！

谢谢大家。

×××

××××年××月××日

评析：

这份答谢词层次清晰，语言也较简洁流畅，但既然是答谢词，应该在主体部分再强调一下对宾客的感谢之情，如"女儿能够取得今天的成绩，是和恩师的谆谆教诲、在座亲友的鼎力相助分不开的，所以我还要郑重地说声谢谢你们。"

任务演练

××学院院长带领工商管理系部分师生到××大酒店参观学习，受到了酒店领导和员工的热情欢迎和款待。××酒店领导还在欢迎仪式上作了热情洋溢的欢迎词，请代××学院院长致答谢词。

知识拓展 答谢词的种类

依据不同的致谢缘由和致谢内容，答谢词可划分为两个基本类型。

(1) "谢遇型"答谢词。"遇"，招待，款待。"谢遇型"答谢词，即用来答谢别人的招待的致词，它常用于宾主之间，既可用于欢迎仪式、会见仪式上与"欢迎词"相应，也可用于欢送仪式、告别仪式上与"欢送词"相应。

(2) "谢恩型"答谢词。"恩"，受到的好处，即别人的帮助。"谢恩型"答谢词，即用来答谢别人的帮助的致词。它常用于捐赠仪式或某种送别仪式上。

任务五 感谢信

案例赏析

下课时的礼物：一封意料外的感谢信

东方网记者华×10月14日岷县报道 "在我们走出教室门的时候，她把纸条塞到我手里。"东方网志愿者朱恬说，"第一次当老师，居然收到学生写的信。感动得想哭！"

14日下午，四年级的学生杨××代表全班同学写了一封信，就在东方网志愿者离开学校时，她哭着将信塞到她们手中。信中写道："两位敬爱的姐姐，祝你们身体健康、天天开心！我们全班都希望你们和我们能再见面……谢谢你们教我们这么多的知识和道理。"

杨×和朱×是甘肃岷县东方网希望小学四年级的支教志愿者，她们虽然只上了两堂语文课，但两位亲切幽默的授课风格深受学生喜爱，孩子们亲昵地称呼她们为"姐姐"。

杨×介绍，这位杨××是班上最活跃，也是家庭条件比较困难的学生……在听说她的家庭困难之后，作为四年级带教老师，杨×和朱×计划补贴给杨瑞霞部分生活费。谁知临行前，杨××也代表全班同学给两位志愿者送上了感谢信。

这封感谢信让两位东方网的志愿者十分感动和欣慰……

(资料来源：东方网)

感 谢 信

《××××》杂志社：

请贵刊转告全国所有关心我的大学生、解放军战士、工人、教师及各界朋友，我的病情经几家大医院治疗和各界的关心，目前已得到控制，现正在家休养。如不出意外，下学期开学即可返校学习了。

顽疾缠身，是人生中的不幸，我遭此一难，几乎摧毁了我和我的家庭。由于《××××》杂志的呼吁，一封封来自远方的书信、一张张几经周折转来的药方，使我那不情愿跳动的心，又恢复了正常的节奏；几乎凝滞的血，又沸腾了。一双双援助的手，一颗颗充满爱的心，指明了我生活的路，温暖了我一家几乎冷却的心。

可敬的叔叔、阿姨、各位同学：我和你们天各一方，相见无期，你们却把微薄的收入，甚至助学金、生活费，或者靠卖几个字画的钱寄给了我。而你们当中甚至本人就有残疾，没有经济收入，而要用你们宝贵的血来挽救我……近来我的脑海中经常出现你们的身影。有年迈的老人，有可爱的军人，有可敬的老师，还有很多我不相识的人……我无法具体描绘你们的形象，但你们的高尚品格，助人为乐的精神将永存于我心中，永存于我家乡父老的心中……

唯一遗憾的是我不能面见答谢各位。在此请接受用你们的爱心挽救的人的深深谢意，愿你们的爱的春风暖遍祖国，充满世界。

为了不辜负你们的一片爱心和良好祝愿，我将继续我的学业，继续我的事业，争取取得优异的成绩，献给关心我的远方的各位朋友。

愿我们的心永远相通。

贺××

××××年××月××日

（资料来源：http://www.xinfanwen.com）

简评：

这封感谢信是贺××为感谢《××××》杂志社为其呼吁捐款救治而写的，心中对《××××》杂志社及全国各界人士表达了深深感谢之情。正文首先向关心自己的社会各界朋友报告了病情，然后叙述所感谢的事迹并揭示了意义，最后再次表达深深的谢意，表示今后一定努力学习，用优异的成绩回报社会。

一、感谢信的性质

感谢信是向帮助、关心和支持过自己的集体或个人表示感谢的专用书信，有感谢和表扬双重意思。感谢信对于表扬先进、弘扬正气，促进社会主义精神文明建设有着重要的意义。

二、感谢信的种类

按照感谢对象的特点，可分为：①写给集体的感谢信；②写给个人的感谢信。

按照感谢信的存在形式，可分为：①公开张贴的感谢信；②寄给单位、集体或个人的感谢信。

三、感谢信的主要特点

(1) 感谢对象要确指。感谢信应有确切的感谢对象、特定的单位或个人。

(2) 表述事实要具体。感谢信的缘由为已成事实，表述要有时间、地点和事项，否则就会显得抽象空洞。

(3) 感情色彩要鲜明。感动和致谢的色彩强烈鲜明，言语里饱含着对对方的感激之情。

四、感谢信的结构和写法

(1) 标题。一般有 3 种写法：①只写文种，如《感谢信》；②由受文单位和文种组成，如《致×××的感谢信》；③由发文机关、受文单位和文种组成，如《××公司致××学校的感谢信》。

(2) 称谓。写被感谢的单位名称或个人姓名，并在个人后面附上"先生(女士)"或职务(职称)等，然后再加上冒号。

(3) 正文。一般包含以下几方面内容：①感谢的理由。概括地写出感谢的理由，表达谢意。②对方的事迹。交代清楚 6 要素，尤其突出关键时刻对方给予的关心和支持。③揭示意义。指出对方帮助的重要性以及对方体现出的可贵精神，表示向对方学习的态度和决心。

(4) 敬语。按信函格式写上"致以最诚挚的敬礼"一类敬语。

(5) 落款。在正文右下方署上写感谢信的单位名称或个人姓名和时间。

特别提醒

(1) 叙事要简洁，内容要真实，有关人物、事件、时间、地点、原因等要交代清楚。

(2) 评誉对方时要恰当，不能过于拔高，以免给人一种失真的印象。

(3) 要洋溢感激之情，情感要真挚。

小卡片　坚持手写

没有什么能比亲手写的感谢信更有意义了，这种私人的联系可以将你和对方的距离拉近。

病文评析

感　谢　信

××出租汽车公司：

5 月 3 日下午，我公司经理张××乘坐贵公司"××××"号出租车时，不慎将皮包丢失。内有人民币 8 万余元、身份证 1 个、护照 1 本、空白支票 3 张及各种票据若干张。在我们焦急万分之时，贵公司司机×××先生主动将捡到的皮包送至我公司，使我公司避免了一次重大损失。为此，我们再三表示感谢并拿出 1 万元作为酬谢，×××先生却说"这是我应当做的"，表示不能接受。在此特致函贵公司，深表谢意。

×× 公司

×××× 年五月六日

评析：

这份感谢信只简述了事迹，说明了在对方帮助下产生的效果，但没有对对方的品德作出评价和颂扬；感谢对象也没明确，文中说"在此特致函贵公司，深表谢意"，但究竟是对贵公司深表谢意呢，还是对贵公司司机×××先生表示感谢，并不明确；缺写表示向×××先生学习的态度和决心的文字；缺写敬语。

任务演练

请根据下面一则新闻报道，代××矿机厂厂长拟写一封感谢信。

遂宁教师拾金不昧　　广安厂长写来感谢信

国庆期间，××二中一老师拾金不昧的故事被市民传为佳话。10 月 8 日下午，丢失东西的××矿机厂厂长给老师写来感谢信，表达对这位老师的敬佩和感谢。

邱×× 今年 52 岁，是××矿机厂厂长，老家在遂宁。国庆期间，他回到市城区油房街看望小孙子。5 日下午 4 点，一帮朋友约他到商务区喝茶。从油房街到商务区仅有几步路，但心急的邱德茂还是招手坐上了出租车。下车后，他走了大约 1 分钟，突然觉得手里少了一样东西，后发现是皮夹子丢在出租车上。他非常着急，沿着出租车离去的方向猛追一通，但街上出租车那么多，皮夹子丢在哪一辆车上呢？他一想，皮夹子里有现金 4000 元、存有 27 000 余元钱的银行卡、身份证等贵重物品。他很快来到附近农业银行准备挂失银行卡，但银行里人多，等了 20 多分钟也没有排到窗口处。

这辆搭乘邱××的出租车从育才东路口北转，在盐市街口上了一个客人，此人是××二中实验学校老师陈×。当时，他去××茶楼开同学会。陈老师坐车到茶楼门口欲下车，突然从打开的车门旁发现了一个皮夹子。哪个把皮夹子放车里了？陈老师踌躇间，司机催促道："快下，我要挣钱了啊。"

陈老师觉得丢皮夹子的人一定非常着急，所以他要让皮夹子物归原主。他打开皮夹子发现里面有现金、银行卡等物。翻着翻着，一张名片引起了他的注意，名片写着：××矿机厂厂长邱××。于是，陈老师照着名片上的电话打了过去。接电话的是一位女士："你哪里？你说的什么，我听不懂啊。"怪了！她居然听不懂我说的什么!陈老师有些失望，他挂了电话，准备拨打110将皮夹子送到派出所。一分钟后，一个男子打进了他的电话询问情况。陈老师据实以告。男子说："一定是我父亲的包丢了。他的手机在家里，我立即联系他。"

邱××接到儿子的电话，方知自己的钱包被陈老师捡到了。他立即赶到××茶楼。见到陈老师和自己的皮夹子，他非常激动。陈老师现场出了几道"试题"，内容是包里有什么东西、有多少钱之类的。他都对答如流。陈老师在确定此包就是邱××的之后，高兴地交给了他。

邱××非常感激，当即拿出一沓钱表示感谢，陈老师坚决拒绝了。回到××，邱××心里仍不平静，最后他想到写一封信表示感谢。他在信的末尾写道："回到××，我始终心怀感激，感谢拾金不昧的陈老师，感谢贵校培养了这样优秀的教师，感谢淳朴善良的遂宁人！"

(资料来源：遂宁新闻网)

知识拓展 感谢信与表扬信的异同

(1) 相同点：①格式相同；②内容均为叙述对方的先进事迹，予以赞颂或表扬。

(2) 不同点：①内容侧重点不同；感谢信重在表达感谢，谢意中含有表扬；表扬信则侧重表扬，在表扬中含有感谢。②感谢信一般由受益者写作；表扬信的作者可以是受益人，也可以是相关人员或单位。

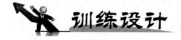训练设计

一、填空题

1. 欢迎词是以组织或个人的名义，在庆典、集会、宴会等_____对宾客表示_____讲话稿。

2. 欢迎词具有_____、_____的特点。

3. 欢迎词的标题一般应由致词人、_____和_____3个要素组成。

4. 欢送词通常由_____、称谓、_____、结尾和_____几部分组成。

5. 请柬，也叫_____，是为邀请客人出席有关的会议、典礼、仪式或各种_____、纪念活动而使用的礼仪文书。

6. 请柬的标题，要求醒目、_____、_____。

7. 请柬的正文，应写明被邀人的_____、_____、地点等。

8. 感谢信有_____和_____双重意思。

二、判断题

1. 欢迎词的开头，应对宾客的光临表示热烈的祝贺，结尾就不必再次表示欢迎了。( )

2. 一般书信都是因为双方不便或不宜直接交谈而采用的交际方式。请柬却不同，即使被邀请者近在咫尺，也须送请柬，这主要是表示对客人的尊敬，也表明邀请者对此事的郑重态度。( )

3. 欢送词要表达依依惜别之情，写得越难舍难分越好。( )

4. 感谢信大多是公开张贴或在大众媒体上播发的，具有公开性。( )

三、分析题

请阅读下面的例文，回答相关的问题。

××

××先生：

兹定于 10 月 2 日(星期三)上午 9 时，在本市××会堂隆重举行××学校建校 50 周年纪念大会。敬请光临指导！

此致

敬礼

××学校 校长××
××××年××月××日

1. 这应该是份什么文书？

2. 分析此文书的结构构成。

3. 这种文书的写作应注意哪些问题？

四、职场模拟题

1. 安琪的母校××学院院长带领部分师生到安琪现在所在的××商业集团公司参观学习，受到了公司领导和员工的热情欢迎和款待。××商业集团公司在师生到来时召开了欢迎会。学习一周后，双方相处很融洽，都获益匪浅，临别时公司还召开了欢送会，公司经理作了欢送词。

请你根据上述材料，分别拟写欢迎词、答谢词及欢送词。

2. 假设你不小心将家里给你交学费的装有 5000 元现金的钱包丢了，被××同学拾到，他毫不犹豫地将其交给了学院团委，你在得知详情后十分感动，决定向其表达感谢之意，请据此写一封感谢信。

项目四　专题会务

能 力 目 标

- 能够对具体的会务文书就写作内容、格式、语言等方面加以分析评鉴。
- 能够熟练写作会议文书。

知 识 目 标

- 学习会议文书的理论知识，明确其重要作用，掌握其写作要求。

项 目 导 航

安琪所在的××商业集团公司每年 7 月份要举行一次论坛活动。今年的主题论坛又将举行了，这次论坛将由××商业集团公司总经理主持，公司董事长作开幕词、闭幕词，公司中层干部及后备干部都将参加论坛。安琪正在为论坛的召开紧张地准备着，一系列的文书需要准备，如会议通知、开幕词、闭幕词，会后还要形成会议纪要。

本项目主要涉及会议通知、开幕词、闭幕词、会议纪要等会议文书，那么该如何拟写这些文书呢？

任务一　会议通知

案例赏析

2006 年 1 月 12 日，A 师后勤部魏部长将王科长叫来交代任务：

"前两天，我去军区参加了后勤部工作会议。现在要把会议的精神贯彻下去。刚才我已经请示了师长、政委，还有分管后勤工作的张副师长，他们都同意在 2 月

1 日召开一个全师后勤工作会。会议准备开两天，主要解决 3 个问题：一是把军区后勤工作会议精神和集团军 2006 年后勤工作指示传达下去；二是结合 2005 年后勤工作总结、部署 2006 年后勤工作任务；还有就是要各团进行经验介绍。具体是这样分工的：A 团介绍生活管理，B 团介绍财务管理，C 团介绍营房管理，师炮兵团介绍卫生工作，师高炮团介绍装备管理的经验。整理经验材料的事情去年底就布置下去了，现在催他们赶快交上来，还没有整理的要加紧。

"参加会议的除了师后勤部各部长、司令部管理科长、政治部秘书科长以及各团后勤处长、卫生队长之外，师直独立营、各团后勤业务股长也要求参加。各团参加会议人员要在 1 月 31 日 18 时前到师招待所报到。师部人员不集中住宿，开会时签到并集中就餐。

"这次会议时间有点紧，要求各单位抓紧时间作好准备。总结出来的经验一定要有的放矢并且便于推行。最好让他们尽早把提纲报上来看看，有价值的，继续成文，没意思的，就此停笔。经验材料最晚要在 26 日前报上来。到时候你们战勤科要负责审查稿子的质量。

"这次会议师长他们很重视，专门拨了钱，解决吃饭住宿问题。师招待所只有 1 月 31 日和 2 月 1 日、2 日这 3 天没有其他会议。所以这次会议的准备工作千万要抓紧。你今天中午就把会议通知的稿子拟好，下午一上班拿给我看，争取今天就把通知发出去。"

(资料来源：张江艳. 应用写作案例与训练[M]. 北京：北京师范大学出版社，2008)

上述案例中后勤部魏部长的口授指示内容颇多，王科长要据此拟写一份会议通知，他该从哪些方面构思这份通知呢？是否要将魏部长的话语内容都在通知里反映出来呢？

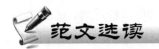 范文选读

重庆××电子有限公司关于召开代理商工作会议的通知

各地区代理商，本公司各部门：

为了保证××显示器在中国的领先地位，建立一个和谐顺畅而稳定坚固的销售渠道，给厂商、代理商和消费者带来更多利益，本公司决定在重庆召开××电子 2005年度显示器代理商工作会议。现将有关事项通知如下：

一、会议议题

1. 总结各地区代理销售情况。

2. 讨论并解决各地区存在的销售矛盾。

3. 商讨如何建立一个和谐顺畅而稳定坚固的销售渠道。

二、参加会议人员：各地区代理商及本公司各部门负责人。

三、会议时间：5 月 10 日至 5 月 12 日

四、报到时间和地点：5 月 9 日在重庆××度假村酒店大堂报到。

五、会议地点：重庆××度假村二楼圆形会议厅。

六、其他事项

1. 大会将为各与会人员免费提供食宿。

2. 参加会议的代理商请按要求填写本通知所附的会议报名表，于 4 月 20 日前寄回会务组。需接车、接机及购买回程机票、车票的人员，请在会议报名表中注明。

3. 请华东、华北及华南各代理商报到时向我公司提交一份销售情况报表。

会务联系：重庆市××路××号××电子有限公司代理商工作会议会务组

邮编：××××××

联系人：李秘书

联系电话：×××××××××

电子邮箱：×××××@21cn.com

附件：重庆××电子有限公司代理商工作会议报名表

重庆××电子有限公司

二〇〇五年四月十八日

(资料来源：湖州职业技术学院精品课程网)

简评：

这份会议通知的正文首先交代了会议目的和会议名称。用"现将有关事项通知如下"承上启下。主体部分写了会议的有关事项，包括议题、时间、地点、与会人员及有关注意事项，采用分条列项式，条理清晰。最后还交代了有关联系方式，文章层次分明，语言简洁、清晰。此外，为与会人员赴会考虑得比较周到，也是本文的一大特点，值得借鉴。

 知识聚焦

一、会议通知的概念

会议通知是上级对下级、组织对成员或平行单位之间部署工作、传达事情或召开会议等所使用的应用文。

二、会议通知的结构及写法

会议通知一般由标题、主送机关、正文和落款几部分构成。

(一) 标题

标题一般包括发文的单位＋事由＋文种，有的省略发文单位。

(二) 主送机关

主送机关，即送达对象的单位名称。所有通知都须有主送机关，即必须指定此通知的承办、执行和应当知晓的主要受文机关。机关名称要用全称或规范化的简称。

(三) 正文

正文通常由 3 部分构成：缘由、主体和结尾。

1. 缘由

缘由一般写明制发通知的理由、目的、依据或情况。

2. 主体

主体即通知事项，主要包括以下内容：

(1) 会议主要内容或主要议题。

(2) 与会人员条件、人数。

(3) 会议的详细地点。

(4) 会期及报道时间(会期包括会议起止时间)。

(5) 与会人员应做的准备工作(发言材料、有关资料等)。

(6) 会议食宿、费用安排。

(7) 会议筹备单位名称、联系方式。

(8) 其他需要说明的事项或填写与会回执。

3. 结尾

通知的结尾有 3 种常用写法。

(1) 主体部分结束，全文就自然结束，不单独作结尾。

(2) 用习惯用语"特此通知"收尾，但在前言和主体之间如用了"特作如下通知"作过渡语，则不宜在收尾处再用习惯用语。

(3) 用简要的文字再次明确主题或作必要的说明，以引起收文单位对该通知的重视。

(四) 落款

写明发文机关名称(包括公章)和发文日期。如果发文机关在标题中已标明，落款时可省略发文机关。

特别提醒

(1) 要有针对性。通知的内容具有很强的针对性，不管何种通知，都要考虑到其适应性,即针对或切合受文机关的实际情况。

(2) 要具体明确。通知事项要写得具体明确,一清二楚,以保证会议按预定要求召开。

(3) 行文要及时。通知行文一定要迅速及时,以便下级抓紧安排,必要时可用"紧急通知"。

小卡片　会议地点要具体明确

会议地点一定要具体明确,须注明会议的详细地址及楼层、房间号。不能概写会议地址。必要时,还应注明乘车方式。

病文评析

×县卫生局关于召开食品加工业负责人会议的通知

全县各食品加工业:

根据上级要求,对全县食品加工业的卫生状况进行一次全面大检查,我们拟召开食品加工业负责人会议,现将有关事项通知如下:

1. 会议时间:20××年 3 月 15 日,在县招待所报到,会议两天。

2. 参加会议人员:全县国有、集体食品加工业及县个体劳协各来一名负责人,各乡、镇派一名代表列席会议,不得缺席,否则一切后果自负。

3. 食宿费用完全由个人处理。

特此通知

20××年 3 月 10 日

评析:

这是一份有问题的会议通知。问题主要有以下几点:①标题的事由部分提炼不准确,应改为"关于召开食品加工卫生工作会议……";②开头语句不通顺,可改为"根据上级关于对食品加工行业的卫生状况进行一次全面大检查的指示精神,决定召开我县食品加工卫生工作会议……";③报到时间不明确;④报到地点不够具体。

任务演练

××大学拟于 20××年 7 月 18 日召开招生工作会议,会议将介绍和分析近年来学校的招生情况，着重讨论和分析今年的招生情况和招生工作安排等事宜。会议请各系部主管学生工作的负责人以及学生工作办公室的全体人员参加会议。会议将在学校三楼会议室召开，议程一天。

请根据上述材料拟写一则会议通知。

知识拓展 外资企业事务性通知格式

受文者(　　　)
发文者(　　　)
发文日期：　年　月　　日
事由：
时间：　年　月　　日　　星期
地点：
主持人：
联络人及电话：
出席者：
列席者：
摘要：

任务二　开幕词与闭幕词

案例赏析

有这样一个曾发生在我们生活中的真实的故事：某某领导担任会议主持人为某某大会致开幕词。这位领导走上讲台，从左边口袋里掏出一份讲话稿，然后庄重地宣读道："某某大会今天胜利闭幕了。"全场先是愕然，随之哄堂大笑。这位领导再看看稿子，才发现手中拿的不是开幕词而是闭幕词。于是又从右边口袋掏出一份讲话稿，看了看，再次庄重宣布："某某大会今天胜利开幕了！"这"开"与"闭"的一字之差，不但活脱脱地显现出一个官僚主义者的形象，而且暴露了开幕词与闭幕词写作中存在的问题：怎能在会议尚未开始时，即闭门造车地写出作为会议总结的闭幕词来呢？这就有必要研究开幕词与闭幕词的写作要求与规律了。

(资料来源：刘赤符. 改革时期的秘书工作. 秘书杂志)

任务二(I)　开幕词

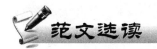

××学院首届科技与产业大会开幕词

各位老师、同志们：

　　××学院首届科技与产业大会今天正式开幕了，这是我院科技产业工作的一件大事。我们这次会议得到全院广大教职员工的高度重视和积极参与，更得到了省教育厅等上级部门的大力支持与关心。在此，我谨代表学院党委、行政，向莅临大会的各位领导、各位来宾表示热烈的欢迎和衷心的感谢！

　　高等院校是科学技术的重要方面军，充分利用高校的人才、信息等资源优势，积极进行高新技术的研究开发，推动科技进步，发展先进生产力是我们义不容辞的责任。××学院组建两年来，按照院党委"稳定、融合、改革、创新"的工作方针，广大师生员工团结一致、奋力拼搏，在较短的时期内顺利完成了"五统一"的各项工作，学院各项事业走上了稳定、健康、快速发展的良性轨道。在此期间，学院科技产业工作也取得了显著的成绩，科技与产业已经成为我院办学的鲜明特色和亮点。今天，我们在这里隆重召开学院首届科技与产业大会，就是要及时总结一段时期以来我院科技与产业工作的经验，广泛听取意见，分析当前形势与任务，落实全省教育工作会议有关高校科技与产业工作的精神与要求，明确今后一个时期的奋斗目标；同时，通过这次大会，我们要进一步解放思想、更新观念，加强政策导向，提高全体教职员工对高校科技与产业工作在办学中的地位与重要性的认识，在校园内大力营造积极钻研业务、努力攀登科学高峰的学术氛围，形成尊重人才的良好风尚，充分调动广大教师、科技与产业工作者的积极性和创造性，促进产学研结合与科技成果转化，进而推动学院科技与产业工作再上新台阶。

　　各位老师、同学们，今年是贯彻落实学院发展规划，实现跨越式发展的关键之年，本次科技与产业大会的召开，对于开创我院科技与产业工作的新局面，进而推动和促进学院各项事业发展，具有十分重要的意义。我们相信，在省教育厅等上级领导部门的关心和支持下，经过广大教职员工的共同努力，我院科技与产业工作一定能够百尺竿头，更进一步，再创新的辉煌！让我们团结一致，奋发向前，为把我院建设成为现代化、开放型、特色鲜明的学院而努力奋斗！

　　最后，预祝大会取得圆满成功！

简评：

这份开幕词条理清晰，表述严谨，写法规范。标题由会议名称＋文种构成；正文开头部分简要交代会议名称，向给予会议大力支持的有关单位、部门表示感谢，向出席者问候；主体部分先概述以往工作的主要成果和进展，接着介绍本次会议的主要内容、主要任务；最后是会议的展望和企盼。全文层次清晰、文字简练、言辞热烈。

一、开幕词的概念

开幕词是由领导人或活动主办方负责人在会议开幕时所作的讲话，旨在阐明会议的指导思想、宗旨、重要意义，向与会者提出开好会议的中心任务和要求。

开幕词的主要特点是宣告性和引导性。开幕词通常要阐明会议或活动的性质、宗旨、任务、要求和议程安排等，集中体现了大会或活动的指导思想，起着定调的作用，对引导会议或活动朝着既定的正确方向顺利进行，保证会议或活动的圆满成功，有着重要的意义。

二、开幕词的结构及写法

开幕词通常由标题、称谓及正文 3 部分组成。

（一）标题

开幕词的标题通常有 4 种写法：①"会议名称＋开幕词"，标题下要注明时间，外加括号，再下面是致词人姓名；②"致词人姓名＋会议名称＋开幕词"；③只写文种"开幕词"；④新闻式标题法，包括正标题和副标题，正标题点明会议主旨或概括主要内容，副标题注明"××会议开幕词"。

（二）称谓

开幕词对称呼比较注意，应根据会议的性质和出席会议的人员来确定。一般写"各位代表""同志们""朋友们"之类；如果是国际会议，要按照国际惯例来排列顺序，较常见的是"各位嘉宾，女士们、先生们"。

（三）正文

开幕词的正文一般包括开头、主体和结尾。

1. 开头。宣布会议开幕之类的话，会议的名称要用全称，以表示严肃、庄重，如"××市第×次人民代表大会现在开幕"。这部分中还可以对会议的规模和意义、在什么形势下召开、出席会议的人员情况、会议的筹备情况等作简要介绍，并对会议的召开及与会人员表示祝贺。开头须单独列为一个自然段。

2. 主体。这是核心部分，通常包括3项内容：一是阐明会议召开的重大意义，概括说明与会议有关的形势及会议的目的；二是说明会议的议程和任务；三是提出希望和要求。

3. 结尾。单独成段，并用呼告语或祝颂语作结，如"祝大会圆满成功"等。

小卡片　开幕词的分类

开幕词按内容可以分为侧重性开幕词和一般性开幕词两种。侧重性开幕词往往对会议召开的历史背景、重大意义或会议的中心议题等，作重点阐述，其他问题一带而过。一般性开幕词则只对会议的目的、议程、基本精神、来宾等作简要概述。

特别提醒

(1) 内容要实在。在撰写开幕词前，一定要全面了解会议的情况和基本精神，认真学习有关会议的文件材料。

(2) 言辞要热烈。开幕词具有明显的号召性和鼓动性，所以一定要注意运用热烈的言辞，使听众受到感染和鼓舞。

(3) 文字要简练。作为会议的前奏，开幕词的篇幅不宜过长，大约在10～15分钟为宜。

任务演练

20××年12月28日，××职业学院人文系的"商务秘书事务所"在院领导及系领导的关心和支持下成立了。为此，人文系特举办了隆重的成立大会。参加大会的人员有学院领导、老师和同学。文秘专业20××级高专班的全体学生为本次大会的顺利召开做了精心的组织、周密的安排和热情的服务。

商务秘书事务所是人文系学生校内实训实习的机构，也是让该专业的学生为学院广大师生服务的平台。

请根据上述材料为商务秘书事务所成立大会致开幕词。

知识拓展 会议的有关礼仪

一、会议发言人的礼仪

会议发言有正式发言和自由发言两种，前者一般是领导报告，后者一般是讨论发言。正式发言者，应衣冠整齐，走上主席台应步态自然，刚劲有力，体现一种成竹在胸、自信自强的风度与气质。发言时应口齿清晰，讲究逻辑，简明扼要。如果是书面发言，要时常抬头扫视一下会场，不能低头读稿、旁若无人。发言完毕，应对听众的倾听表示谢意。

自由发言则较随意，应注意，发言讲究顺序和秩序，不能争抢发言；发言应简短，观点应明确；与他人有分歧，应以理服人，态度平和，听从主持人的指挥，不能只顾自己。

如果有会议参加者对发言人提问，应礼貌作答，对不能回答的问题，应机智而礼貌地说明理由，对提问人的批评和意见应认真听取，即使提问者的批评是错误的，也不应失态。

二、会议参加者的礼仪

会议参加者应衣着整洁，仪表大方，准时入场，进出有序，依会议安排落座，开会时应认真听讲，不要私下小声说话或交头接耳，发言人发言结束时，应鼓掌致意，中途退场应轻手轻脚，不要影响他人。

三、会议主持人的礼仪

各种会议的主持人，一般由具有一定职位的人来担任，其礼仪表现对会议能否圆满成功有着重要的影响。

(1) 主持人应衣着整洁，大方庄重，精神饱满，切忌不修边幅、邋里邋遢。

(2) 走上主席台应步伐稳健有力，行走的速度因会议的性质而定。

(3) 入席后，如果是站立主持，应双腿并拢，腰背挺直。持稿时，右手持稿的底中部，左手五指并拢自然下垂。双手持稿时，应与胸齐高。坐姿主持时，应身体挺直，双臂前伸。两手轻按于桌沿，主持过程中，切忌出现搔头、揉眼等不雅动作。

(4) 主持人言谈应口齿清楚、思维敏捷、简明扼要。

(5) 主持人应根据会议性质调节会议气氛，或庄重，或幽默，或沉稳，或活泼。

(6) 主持人对会场上的熟人不能打招呼，更不能寒暄闲谈，会议开始前，可点头、微笑致意。

任务二(II)　闭幕词

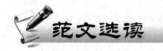

教代会闭幕词

各位代表、同志们:

　　我校第五届教代会第七次全体会议,在县教育局和教育工会的关怀指导下,在校领导的关心支持下,经过全体代表的共同努力,已圆满完成了预定的各项议程,即将胜利闭幕。

　　本次大会达到了统一思想、开拓思路、振奋精神、凝聚力量的目的,校党总支对这次大会非常重视,校党总支书记程××代表党总支所致的开幕词中对此次大会提出了热切的希望,对今后我校的发展提出了明确的要求。党总支副书记丁××所致的开幕词中也为我校的发展及教代会的成长指明了方向,赵××副校长所做的《学校工作报告》中实事求是地总结了我校 2008 年的工作,提出了对 2009 年工作的新要求;赵××校长所做的《财务工作报告》则实事求是地对我校 2008 年的财务工作做了细致的说明,并做出了 2009 年的财务执行预算。

　　这次大会,我们还讨论并通过了《××中学班主任考核方案(修改稿)》《××中学推先评模管理条例》,审议了《××中学教师教学效果考核奖励方案》等这些与全体教职工自身利益息息相关的报告。

　　各位代表,××中学的发展有赖于每一位领导、教师、职工的积极参与和努力,××中学的成败将与我们每一个人息息相关。希望广大教职工进一步强化主人翁意识和责任意识,与时俱进、开拓创新、爱岗敬业、振奋精神,恪尽职守、不辱使命,以高度的热情投身到学校的改革和建设之中,在学校党总支的领导下,按照"三个代表"重要思想的要求,树立科学发展观,认真履行教代会职责,团结和带领广大教职工,同心同德,扎实推进学校各项事业的发展,为把我校建设成为具有鲜明教育特色的教育研究型××省示范高中而努力奋斗。

　　最后祝各位代表身体健康、工作顺利、新年愉快!

　　现在我宣布:××中学第五届教代会第七次全体会议胜利闭幕!

　　谢谢!

　　(资料来源:第一范文网,有改动)

简评:

　　这是一份会议闭幕词。标题由会议名称＋文种构成。开头用简洁的文字说明会议在何种情况下圆满结束,"即将胜利闭幕";主体部分先是总结本次会议完成的任务，肯定会议的成果，对大会作出客观评价；然后提出贯彻会议精神的指导意义，提出希望和要求；最后祝愿并宣布会议结束。

知识聚焦

一、闭幕词的概念

凡重要会议或重要活动，与开幕词相对应，一般都有闭幕词，这是一道必不可少的程序，标志着整个会议或活动的结束。闭幕词是一些大型会议结束时由有关领导人或德高望重者向会议所作的讲话，具有总结性、评估性和号召性。闭幕词出现在会议终了，因此，与开幕词前后呼应、首尾衔接，显示大会开得很圆满、很成功。

二、闭幕词的结构及写法

闭幕词通常由标题、称谓及正文3部分组成。

(一) 标题

闭幕词标题的写法与要求同开幕词相似，同一会议的闭幕词与开幕词标题一般要相呼应。

(二) 称谓

闭幕词的称谓与开幕词一致。

(三) 正文

闭幕词的正文一般包括开头、主体和结尾。

1. 开头

开头用简洁的文字说明会议是在什么情况下圆满结束或胜利闭幕的，并宣布致闭幕词。

2. 主体

主体通常包括以下内容：一是总结会议所完成的任务，肯定会议的成果，对大会作出客观评价，评价要中肯，不能空泛笼统地说会议开得很成功、很鼓舞人心，要有实在内容；二是总结会议讨论通过的主要事项，对会议中提出的重要问题表明态度，提出今后的工作任务。最后，就如何贯彻会议精神、执行会议决议提出希望和要求。

3. 结尾

结尾宣布会议结束，如"现在，我宣布，大会闭幕"！也有的以对与会者的希望和祝愿作结。

特别提醒

(1) 紧密结合会议中心议题进行阐述。闭幕词是对会议的概括总结，是对会议精神的集中与强化，应全面熟悉会议情况，对会议作出总体的、较高层次的总结和评价。

(2) 要有鼓动性和号召力。行文要饱含热情，富有鼓动性和号召力，激发与会人员的工作积极性，增强其贯彻会议精神的信心和决心。

(3) 篇幅要短小精悍。

任务演练

写一篇学校运动会的闭幕词。

要求：跟踪学校运动会的进程，搜集相关的文字材料，全面掌握运动会的情况。

知识拓展 讲话稿

讲话稿是一个统称，涵盖面较大。它的适用范围，主要是各种会议和一些较庄重、隆重的场合。按用途、性质来划分，讲话稿主要有以下几种。

(1) 开幕词。指比较隆重的大型会议开始时所用的讲话稿。

(2) 闭幕词。指较为大型的会议结束时，领导同志所作的最后讲话。所以，会议闭幕词也常写为"会议总结讲话"或"会议结束时的讲话"。

(3) 会议报告。是指召开大中型会议时，有关领导代表一定的机关进行中心发言时所使用的文稿。

(4) 动员讲话。指在部署重要工作或活动的会议上，有关领导所使用的用于鼓励人们积极开展此项工作或参加此项活动的文稿。

(5) 总结性讲话。指某一事项或某一活动结束后，有关领导对其进行回顾、概括时所使用的文稿。

(6) 指示性讲话。指有关领导对特定的机关和人员布置工作、任务，指出希望和要求，并规定某些指导原则时使用的文稿。

(7) 纪念性讲话。指有关领导在追忆某一特殊的日子、事件或人物时，所使用的文稿。

任务三 会议记录

后溪河村的"会议记录"

　　婺城区罗店镇后溪河村是远近闻名的"花卉村"。昨天上午，村党支部书记唐××，又接到了邻村一位姓戚的支书打来询问"会议记录"的电话。许多年了，后溪河村党支部已把"会议记录"视为治村法宝。

　　小小的"会议记录"怎么会成为治村法宝？又凭什么引得基层党组织争相传阅呢？

　　唐××说，一本本小小的"会议记录"不仅记载着一个村的发展历程，更重要的是体现了基层党组织的凝聚力、战斗力。开全体党员会议，党员都要在"会议记录"上签名，商议的事项、出台的政策都详细地记录在案，这是党员干部群策群力的结晶。同时，"会议记录"又为村里各项工作的落实提供了文字依据，村里定下来的大事，记录在案，公布在墙，充分体现公开化、透明度。

　　(资料来源：金华新闻网)

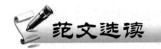

××市城南开发区管委会办公会议记录

时间：20××年4月6日上午

地点：管委会会议室

主持人：李××(管委会主任)

出席者：杨××(管委会副主任)　　周××(管委会副主任管城建)

　　　　李××(市建委副主任)　　张××(市工商局副局长)

　　　　陈××(市建委城建科科长)

　　　　建委、工商局有关科室人员

列席者：管委会全体干部

记录人：邹××(管委会办公室秘书)

讨论议题：

1. 如何整顿城市市场秩序

2. 如何制止违章建筑，维护市容市貌

杨主任报告城市现状：

我区过去在开发区党委领导下，各职能单位齐心协力，齐抓共管，在创建文明卫生城市方面取得了一定成绩，相应的城市秩序有一定进步，市场街道也比较整洁。可近几个月来，市场秩序倒退了，街道上小商贩逐渐多了起来，水果摊、菜担、小百货满街乱摆……一些建筑施工单位沿街违章搭棚、乱堆放材料，搬运泥土洒落大街……这些情况严重破坏了市容市貌，使大街变得又乱又脏，社会各界反应强烈。因此今天请大家来研究：如何整顿市场秩序？如何治理违章建筑、违章作业，维护市容？……

讨论发言：

肖××：个体商贩不按规定，到指定市场经营，管理不力，处理不坚决，我们有责任。这件事我们坚决抓落实：重新宣传市场有关规定，座商收店，小贩收市，农民卖蔬菜副食到专门的农贸市场……工商局全面出动抓，也希望街道居委会配合，具体行动我们再考虑。

罗××(工商局市管科科长)：市场是到了非整治不可的地步了。我们的方针、办法都有了，过去实行过，都是行之有效的，现在的问题是要有人抓，敢于抓，落到实处……只要大家齐心协力，问题是能够解决的。

秦××(居委会主任)：整顿市场程序，居委会也有责任。我们一定发动居民配合好，制止乱摆摊、乱叫卖的现象。

李××(建委副主任)：去年上半年创建文明卫生城市时，市上出了个7号文件，其中施工单位不能乱摆"战场"。工场、工棚不得临街设置、更不准侵占人行道。沿街面施工要有安全防护措施……今年有些施工单位不顾市上文件，在人行道上搭工棚、堆器材。这些违章作业严重影响了街道整齐、美观，也影响了行人安全。基建取出的泥土，拖斗车装得过多，外运时沿街散落，到处有泥沙，破坏了街道整洁。希望管委会召集有关施工单位召开一次会议，重申市府7号文件，要求他们限期改正。否则按文件规定惩处。态度要明确、坚决。

陈××：对犯规者一是教育，二是严肃处理。我们先宣传教育，如果施工单位仍我行我素不执行，就按文件严肃处理。

周××：城市管理我们都有文件，有办法，现在是贵在执行，职能部门是主力军，着重抓，其他部门配合抓。居委会把居民特别是"执勤老人"都发动起来，按7号文件办事，我们的市区就会文明整洁美观。

……

与会人员经过充分讨论、协商，一致决定：

1. 由工商局牵头，居委会及其他部门配合，第一周宣传，第二周行动，监督落实，做到坐商归店，摊贩归点，农贸归市，彻底改变市场紊乱状况。

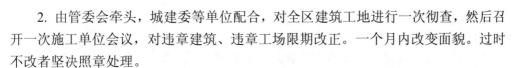

2. 由管委会牵头，城建委等单位配合，对全区建筑工地进行一次彻查，然后召开一次施工单位会议，对违章建筑、违章工场限期改正。一个月内改变面貌。过时不改者坚决照章处理。

散会

主持人：(签名盖章)

记录人(签名盖章)

20××年4月6日

简评：

这是一份摘要式会议记录，由标题、会议组织情况、会议内容和尾部4个部分组成，结构完整、内容要点清楚。

一、会议记录的概念及作用

会议记录是把会议的情况和内容如实记录下来而形成的书面材料。

会议记录有着广泛的适用范围，不论会议规模大小，凡是重要的会议都应有记录。有了会议记录，可以照决议办事，可以随时检查决议的执行情况，还可以查考发言的内容；有关政策、政治和业务学习的会议记录，可以作为学习研究的参考。因此，会议记录无论从近期功能还是从长远功效来看，都是一种极具价值的实用文书，而其价值集中体现在"资料性"上。

二、会议记录的基本写法

会议记录一般由3部分构成。

(一) 标题
标题一般为：会议名称＋文种。

(二) 会议的组织情况
这部分写在标题之后，可在会议开始前，把会议的有关情况写好，主要包括以下内容：

(1) 会议名称。

(2) 会议时间。写明年、月、日，必要时应注明具体时间。

(3) 会议地点。写明会议场所名称。

(4) 出席人。出席人数不多的，可以把出席人的姓名全部写上；出席人数比较多的，只写出席人数。有的会议为了便于统计人数和日后考查，也可以请出席的人在另外的簿子上签到。

(5) 缺席人。如果是小型会，只有个别人缺席，可以把缺席人的姓名写上，并注明缺席原因；如果是大型会，缺席的人数比较多，缺席的原因也很难一下子查清楚，可以只写缺席的人数。

(6) 列席人。指非正式的参会人员，但由于工作需要而参加会议的人员。

(7) 主席或主持人。写上具体姓名及职务。

(8) 记录人。写上具体姓名及职务。

(9) 议题。指会议研究或讨论的问题。

(三) 记录会议内容

按会议议题顺序，记录会议发言、报告、讨论和决议等事项。记录的方法有：摘要记录，即只记会上报告了什么事情，讨论了什么问题，通过了什么决议，学习了什么文件等，较适合一般例会；详细记录，即在重要会议中尽可能详细完整地记录会议上的重要发言、不同看法和争论。

现场记录下来的文字需要进行整理，整理完后，应送发言人和会议主持人审阅。

最后，另起一行写"散会"两字。在记录的右下方由主席或主持人和记录人签名。

特别提醒

(1) 真实准确，详略得当。

(2) 记录及时，速度要快。

小卡片 会议记录人员的职责

记录人员在开会前要提前到达会场，并落实好用来作会议记录的位置。安排记录席位时要注意尽可能靠近主持人、发言人或扩音设备，以便于准确清晰地聆听他们的讲话内容。从某种程度上讲，记录人员比一般与会人员更为重要，安排记录席位要充分考虑其工作的便利性。

任务演练

假如你所在的班级近期要举办一项活动，相关问题想征求同学们的意见。请根据要求，模拟召开一次会议，并完成会议记录。

知识拓展　会议记录的重点与写作技巧

一、会议记录的重点

会议记录应该突出以下重点：

(1) 会议中心议题以及围绕中心议题展开的有关活动。

(2) 会议讨论、争论的焦点及各方的主要见解。

(3) 权威人士或代表人物的言论。

(4) 会议开始时的定调性言论和结束前的总结性言论。

(5) 会议已议决的或议而未决的事项。

(6) 对会议产生较大影响的其他言论或活动。

二、会议记录的写作技巧

一般说来，有4条：一快、二要、三省、四代。

一快，即记得快。字要写得小一些、轻一点，多写连笔字。要顺着肘、手的自然去势，斜一点写。

二要，即择要而记。就记录一次会议来说，要围绕会议议题、会议主持人和主要领导同志发言的中心思想，与会者的不同意见或有争议的问题、结论性意见、决定或决议等作记录，就记录一个人的发言来说，要记其发言要点、主要论据和结论，论证过程可以不记。就记一句话来说，要记这句话的中心词，修饰语一般可以不记。

三省，即在记录中正确使用省略法。如使用简称、简化词语和统称。省略词语和句子中的附加成分，比如"但是"只记"但"，省略较长的成语、俗语、熟悉的词组，句子的后半部分，画一曲线代替，省略引文，记下起止句或起止词即可，会后查补。

四代，即用较为简便的写法代替复杂的写法。一可用姓代替全名；二可用笔画少易写的同音字代替笔画多难写的字；三可用一些数字和国际上通用的符号代替文字；四可用汉语拼音代替生词难字；五可用外语符号代替某些词汇，等等。但在整理和印发会议记录时，均应按规范要求办理。

任务四　会议简报

案例赏析

简报写作员——最埋头苦记的人

清晨的阳光铺满铁道大厦狭长的会议室，门被轻轻推开，几名"西装男女"快速走到靠墙的一排座位旁，摆放电脑、铺开资料、调试录音笔，静待工会界委员。"简报组的同志们辛苦了！"委员们款款走来，颔首微笑。

"我们开始讨论，哪位委员先发言？"小组召集人向委员们投去询问的目光。

委员们"七嘴八舌"，简报组工作人员的手指在键盘上不住跳动，唯恐漏掉一句精彩的发言。

他们的任务远不止这些：分发大会文件、简报、资料，安排委员出行，为委员提供"一对一"贴心服务……据了解，今年全国两会有数百名简报组工作人员为大会提供服务，他们整理编写的简报，保证了每一位代表委员的建言献策都能充分表达。

（资料来源：2012年3月14日《工人日报》）

范文选读

会 议 简 报

（第×期）

××市委××部	20××年××月××日

市人大常委会隆重召开颁发任命书大会

3月31日上午，市人大常委会在××宾馆隆重举行大会，向市人大常委会第一次会议任命的市计委、建委、外经委主任和市财政局、劳动局、物价局、物资局、统计局局长颁发任命书。

会议由副主任×××主持，主任×××向被任命的同志颁发了任命书，随后×××副主任、市委副书记×××和市长×××分别代表市人大、市委、市人民政府先后讲了话。

×××在讲话中，向被任命的干部提出了4点希望和要求：第一，要坚定不移地贯彻治理整顿和深化改革的总方针。第二，要认真学法，严格按照宪法和法律办事。第三，要发扬党的优良传统和作风，廉洁奉公，当好人民的公仆。第四，自觉接受人民的监督。

×××在讲话中，勉励大家要清正廉洁，不辱使命，牢固树立国家观念和法律观念，经常想到自己手中的权力是人民赋予的，把向党负责和向人民负责统一起来，自觉接受人民群众的监督，坚持全心全意为人民服务的宗旨，努力完成任期目标，以优异的成绩，来报答党和人民对自己的信任和期望。

市财政局局长×××代表被任命人员表态发言。表示绝不辜负全市人民的重托，恪尽职守勤勉为政，踏踏实实地为全市人民多办实事，多做好事，把自己的工作置于人民的监督之下。

这次会议，是为了进一步完善人大常委会人事任免制度，激励被任命人员的事业心和责任感，也是对国家机关工作人员进行民主与法制教育的一种形式。

(报尾略)

(资料来源：郗仲平. 新编应用写作教程[M]. 北京：首都经济贸易大学出版社，1997)

简评：

这是一份会议简报，分为报头、报体和报尾 3 部分。报体部分的标题是新闻式标题，准确概括了报道的中心内容；开头，用导语形式概括介绍了全文最重要的事实；主体部分，摘录代表发言的概要，供与会者参阅。

一、会议简报的概念与作用

简报是机关、团体、企事业单位及时沟通思想、反映情况、汇报工作、交流经验、揭示问题的一种文书材料。概括地说，简报就是情况的简要报道。会议简报是简报的一种，是指在会议期间为反映会议进行情况，包括与会人员在讨论中提出的意见、建议以及会议的决定事项而出的简报。

会议简报的作用在于：①便于领导了解情况，推动会议深入进行；②便于沟通情况、交流经验；③便于备考存查归档。

二、会议简报的格式与写法

会议简报的格式与简报相同，通常由报头、报体和报尾 3 部分构成。

(一) 报头

会议简报的报头由简报名称、期号、编发机关、印发日期、保密提示等项目构成，如图 2-6 所示。报头与本体之间画一横线隔开。

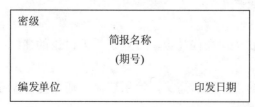

图 2-6　会议简报的报头

(二) 报体

会议简报的报体主要包括以下内容。

1. 按语(编者按)

必要时可加编者按，用来说明编者意图，或引起读者重视，或提出问题鼓励读者发表意见。一般只是在编发较为重要的文章或制作专题简报时，才根据需要加编按语。

2. 标题

标题要简明扼要地概括正文内容，编制方法类似于新闻标题。

3. 正文

会议简报的正文写法，要根据具体情况来定，大致有以下3种。

(1) 综述式。由编者采集各方面的言论，通过对发言的内容进行综合分析，梳理归纳成几个问题来编写。

(2) 重点报道式。重点反映会议的某个重要报告的内容、小组讨论情况、一个或几个人的发言等。

(3) 摘要式。摘录代表发言的概要，供与会者参阅。

(三) 报尾

会议简报的报尾一般由发送范围、印发份数两项构成。左边写发送范围(报、送、发)，右边写印刷份数。本体和报尾，如图2-7所示。

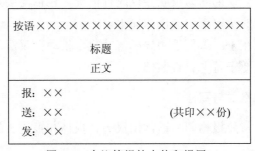

图2-7 会议简报的本体和报尾

特别提醒

(1) 快，即速度要快。会议简报，一般是头天讨论的情况，第二天一早就要印出发到与会人员手上。

(2) 简，即文字简洁。顾名思义，简报要简，通常是"千字文"，这就要求文字干净、简练，不说废话。

(3) 精，材料要精。简报内容要紧紧围绕会议的中心议题，把代表们的主要认识、意见和建议反映出来。

(4) 准，内容要准确。会议简报反映情况一定要真实、准确，简报反映的观点材料，必须是与会人员讲的，要忠实于原意，一些关键的词句甚至要求是原话。

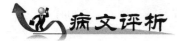病文评析

简　报

区委召开"为人民服务，对人民负责"讨论经验交流会

区委于 8 月 19 日召开了"为人民服务，对人民负责"讨论经验交流会。局和基层党、政、工、青、妇负责同志参加了会议。服务公司、×××医院、××二小、×××办事处、农机服务公司和××服装厂在会上介绍了他们各自的做法和经验。区委副书记××同志就如何把"为人民服务，对人民负责"的讨论深入持久开展下去的问题讲了话。服务公司等 6 个单位的经验说明，只要党委重视，把"为人民服务，对人民负责"的讨论列入党委议事日程，发挥党团员的先锋模范和工会、共青团、妇联等组织的作用，注意从本单位的实际出发，突出解决群众中的"急""难"问题，就能够取得实效。在总结前段开展讨论的情况之后，区委对今后如何把讨论深入持久地开展下去提出了如下要求：第一，要抓好思想政治工作。当前思想工作存在着涣散软弱的状态。各级党组织要重视加强思想政治工作，领导要坚强起来和统一起来，克服各种错误倾向，增强在坚持四项基本原则基础上的团结。第二，要把开展"为人民服务，对人民负责"的讨论和学习《决议》结合起来。要统一思想，联系实际，解决问题。在学习中，要注意把六中全会精神同本单位的实际结合起来；领导干部要带头把自己摆进去，敢于接触思想实际，总结经验教训，把各项工作抓好。第三，各级党委要把开展"为人民服务，对人民负责"的讨论作为一项重要工作列入党委议事日程，切实加强领导。要注意从理论和实践的结合上进一步提高对这场讨论重要意义的认识，领导干部真正做到亲自动手，身体力行。工会、青年团、妇联要根据自己的任务和特点，积极参加这场讨论。第四，各级党组织都要结合自己的工作性质和特点，制定各种切实可行、行之有效的规章制度。已建立各种制度的，要不断巩固和完善；没有建立的要抓紧落实。第五，要认真总结经验，抓好典型，以点带面，推动一般。要把一般号召和分类指导相结合。第六，要正确处理这场讨论同开展"五讲四美""学雷锋，树新风"等活动的关系。"为人民服务，对人民负责"讨论的重点，是端正各级领导的思想和作风，改进各部门和各单位的工

作。"五讲四美"和"学雷锋，树新风"的重点，是提高每个人的道德品质。它们之间的关系是相辅相成的，目的是一致的，是可以同时开展的。就全区情况看，虽然取得了一定成绩，但问题不少，发展还不平衡，个别单位还没有动起来。希望各单位认真总结一下前段开展讨论的情况，没有动起来的单位要尽快动起来。党委对下一步讨论如何开展要作好安排部署，结合学习《决议》，把这场讨论再向前推进一步，取得重大成效。

(资料来源：杨忠慧. 应用写作[M]. 北京：中国财政经济出版社，2004)

评析：

这是一份问题简报。首先，格式不规范，报头、报尾不齐全，正文一段到底；其次，内容空洞、极其概念化。这期简报的主题是"区委召开'为人民服务，对人民负责'讨论经验交流会"，却看不出"经验"在哪里。相反，通篇是区委提出的一般化的、人所共知的号召。全篇没有一个实际事例，没有一两句新鲜语言，空而长。这样的简报，对上级领导机关并没有多大参考价值，对下级机关也难以起到用先进经验来推动工作的作用。

任务演练

根据前述任务(会议记录)，以班委会的名义撰写一份简报。

知识拓展 会议简报与新闻的区别以及简报的其他种类

一、会议简报与新闻的区别

会议简报具有一般报纸新闻性的特点，这是共性，但又有其自身的特点。

(1) 内容专业性强。公开的报纸，一般是综合性的，内容广泛，各方面的新闻都有。会议简报就有所不同，它一般由有关单位、部门主办，专业性十分明显。

(2) 篇幅特别简短。会议简报的"简"，是它区别于其他报刊的最显著的特点。一期会议简报甚至只登一篇文章、几段信息，或一期几篇文章，总共一两千字，长的也不过三五千字，读者可以用很短的时间把它读完，适应现代快节奏工作的需要。

(3) 限于内部交流。一般报纸面向全社会，内容是公开的，没有保密价值，读者越多越好。正因为如此，它除了新闻性外，还要求有知识性和趣味性。会议简报则不同，它一般在编报机关管辖范围内各单位之间交流，不宜甚至不能公开传播，特别是涉外机关和专政机关主办的会议简报更是如此。有的会议简报，往往是专给某一级领导人看的，有一定的保密要求，不能任意扩大阅读范围。

二、简报的其他种类

除会议简报外，简报还包括工作简报和动态简报：①工作简报，也称情况简报，是反映本部门、本系统各方面工作情况的简报。②动态简报，反映各部门、各领域的新情况、新动态的简报。

任务五　纪要

　　某公司日常管理比较混乱，秘书没有将公司会议记录立卷归档，经常发生找不到会议文件资料的事情。一次，公司与合作方经过几次协商，双方签署了一个项目的合作意向。不久，双方约定再次商谈并签订正式文本。然而，当需要签署意向书时，秘书在自己所保存的文件中无论如何也找不到。当合作方听说此事后，中止了与该公司的合作。

　　上述案例告诉我们：秘书在收齐会议文件后，应及时整理会议相关文件，加工、修改与会人员的讨论稿，根据需要形成决议纪要或会议纪要。会议文件资料的立卷归档原则上是一会一卷，便于日后查找、利用。

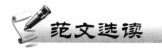

安徽省推进依法行政工作领导小组会议纪要

　　2014年5月22日，省长王学军主持召开省推进依法行政工作领导小组第六次会议，听取全省依法行政工作情况汇报，研究部署2014年重点工作，审议省依法行政示范单位建议名单、领导小组成员调整等事项。

　　会议认为，过去一年，各级行政机关以开展群众路线教育实践活动为契机，加强行政基础建设，优化政府立法工作，规范行政执法行为，推进政府管理改革，强化行政执法监督，法治政府建设取得积极进展，依法行政水平不断提高，成绩应当充分肯定。

　　会议指出，当前我省经济发展正处在增长速度换挡期、结构调整阵痛期、前期刺激政策消化期"三期叠加"阶段，全面深化改革进入攻坚期，处理好经济社会发展面临的新情况新问题，必须进一步强化法治意识。各级各部门要坚持依法治国、依法执政、依法行政共同推进，坚持法治国家、法治政府、法治社会一体建设，切实增强运用法治思维和法治方式的能力，全面推进依法行政工作，让人民群众切实感受到法治政府建设带来的新变化。

　　会议强调，今年是完成国务院《全面推进依法行政实施纲要》目标任务的最后一年，要进一步明确工作重点，深化行政体制改革，提高政府制度建设质量，规范行政执法行为，依法化解社会矛盾和纠纷，保障法治政府建设持续推进。各级各部门要切实加强组织领导，落实各方责任，严格目标考核，着力形成依法行政工作的强大合力，全面提升我省依法行政工作水平。

会议议定以下事项：

一、原则同意《2013 年依法行政工作报告》，请省推进依法行政工作领导小组办公室根据会议讨论意见修改完善后，以省政府名义报国务院和省委、省人大常委会。

二、原则同意《2014 年依法行政重点工作安排》，请省推进依法行政工作领导小组办公室根据会议讨论意见修改完善后，以领导小组名义印发。在重点工作方面，要进一步强化宣传培训，把依法行政列入党校、行政学院教学内容。要进一步完善政府法律顾问制度，明确法律顾问的资格条件、权责关系。要进一步落实分工责任，确保依法行政各项任务的有效落实。

三、原则同意省依法行政示范单位建议名单，请领导小组办公室按程序提请省政府常务会议审议。在示范单位管理方面，要保持能进能退、动态管理，确保示范单位的引领和示范作用。

四、原则同意省推进依法行政工作领导小组成员调整意见(名单附后)。

出席会议人员：(略)

附件：省推进依法行政工作领导小组成员名单(略)

省推进依法行政工作领导小组

2014 年 6 月 2 日

简评：

这是一份专项工作会议纪要。会议纪要的标题由发文机关名称＋文种组成；正文开头部分写会议概况，简介会议召开的时间、会议的主要内容；主体部分通过"会议认为、会议指出、会议强调、会议决定"等层层递进，提炼了本次会议的主要精神及议定事项。

知识聚焦

一、纪要的概念

纪要是用于记载会议主要情况和议定事项。其作用在于便于与会机关共同遵守，以使上下级机关了解会议的基本情况和精神，有利于工作的开展。

二、纪要的特点

(一) 纪实性

会议纪要是根据会议实况概括整理而成的文件，而非凭主观意志对会议主题进行人为加工。

(二) 概括性

会议纪要并不是把会议的所有内容都原原本本地记录下来，它要有所综合、有所概括、有所选择、有所强调。会议纪要重点说明会议的主要参加者、基本议程、与会者有哪些主要观点、最后达成了什么共识、形成了什么决定或决议等，不必像记流水账一样事无巨细一律照录。

(三) 指导性

会议纪要是与会机关及其下属单位贯彻落实会议精神和会议议定事项的重要依据，它对于指导人们统一思想、协调行动、做好会议所研究和布置的工作具有很重要的作用。

三、纪要的基本写法

(一) 标题

会议纪要的标题通常有 3 种写法：①"会议名称＋文种"，如《学术交流会会议纪要》；②"发文机关＋会议名称＋文种"，如《财政部第九届注册会计师考试委员会第一次全体会议纪要》；③双标题，其中正标题概括会议基本精神或主要意义，副标题交代会议名称、文种，如《为行业立标准　为公众谋利益——中国独立审计准则制定工作座谈会议纪要》

(二) 题注

成文日期通常写在标题之下，位置居中，并用括号括起，也可在文末右下角标明日期。

(三) 正文

正文通常由会议概况、会议事项和结尾 3 部分构成。

1. 会议概况

会议概括一般应简明扼要地介绍会议任务、目的，主办单位，会议时间、地点、与会单位和人员情况，以及会议的主要议程和主要收获等。

2. 会议主要精神及议定的事项

会议事项主要写会议研究的问题、讨论中的意见、作出的决定、提出的任务要求等，一般有以下 3 种写法。

(1) 概述法。即把会议研究讨论的主要问题、会议的议定事项等综合到一起，概述出来。这种写法多适用于例行性工作会议和其他小型会议。

(2) 归纳法。即把会议中研究、讨论的内容归纳成几个问题来写。适用于规模较大、内容较复杂的会议。

(3) 发言摘录式。即把与会者具有典型性、代表性的发言要点摘录出来，按发言先后顺序或按内容主次性质写出。常用于座谈会议纪要。

3. 结尾

会议纪要的结尾有多种写法。有的提出希望、号召，要求有关单位认真贯彻会议精神，努力完成会上提出的各项任务；有的列出会上尚未得到解决的问题，供以后继续研究探讨；有的对会议提供支持和作出贡献的有关单位与人员提出表彰或表示感谢；还有的主体部分结束，全文也结束。

特别提醒

(1) 要真实全面地反映会议精神。
(2) 要突出会议的中心内容和要点。
(3) 要条理清晰，文字简练。

小卡片　纪要的作用

纪要的行文呈现出一种灵活性：它可以对上汇报会议情况，起"报告"的作用；可以对下布置任务、指导工作，起"通知"的作用；可以与平行、不相关的机关、单位举行会议，形成决议，起"协议"的作用；还可以与有关单位互通情况，起"通报"的作用。

病文评析

时间：2008 年 4 月 2 日
地点：文秘班
主持人：团支部书记×××
出席人：文秘班学生
缺席人：×××
记录员：×××
现将春游的会议情况纪要如下：
主持人：各位同学，大家好！今天组织大家开会是为了讨论怎样更好地开展春游活动。大家有什么意见或建议请提出来。
班长×××：大家好！春游是一次接近大自然的最好时机，我们可以去张家界、岳阳楼、君山或农山。你们觉得呢？
副班长×××：我建议把春游和野炊结合起来，我们可以去农山。
有几点好处：

1. 可以节省经费；

2. 地点近，可以节约时间；

3. 我们班晕车的同学太多，可以节省精力。

大家讨论：去农山可以，没意见。

×××：那我们什么时候去合适？那边的情况怎么样？

×××：我建议清明节去。清明节快到了，而周末又有同学补课，我们这个时候去刚好调节了同学们的时间。

大家讨论：可以。

×××：我是岳阳人，那我就介绍一下情况。(略)

还有什么问题欢迎随时问我。

主持人：谢谢×××的介绍。下面我们来讨论一下分组的情况吧。

×××：我建议8个人一组，因为租餐具花费太大了。

×××：我建议4人一组，弄菜之类的快一点。

大家讨论：最后举手表决，少数服从多数，8人一组较合适。

×××：那买菜和费用的情况呢？

主持人：买菜之类的由你们那组组长安排。费用就先请生活委员介绍一下。

生活委员×××：我们班的班费还有×××元。我已经征得班主任同意，决定用班费。每组有××元，如果资金不够，就再由你们那组的想办法解决。可以吗？

大家讨论：没意见。

主持人：好，这次春游就定在清明节那天，去农山。如果那天下雨就另定时间。大家如果还有什么问题或想知道有关农山情况的，欢迎随时来问我或×××。

(资料来源：李佩英. 应用写作实训教程[M]. 北京：高等教育出版社，2009. 有改动)

评析：

这是一篇有问题的会议纪要。问题主要有：①缺少标题；②开头应概括写出会议的任务、目的、时间、地点、出席人员、主要议程和主要收获等；③会议主体部分的写作不符合要求，缺少整理，不应把会议的所有内容都原原本本地记录下来；④缺少成文日期。

任务演练

根据上节完成的任务(会议记录)，整理出一份会议纪要。

知识拓展 会议纪要与会议记录、会议简报的区别

一、会议纪要与会议记录的区别

会议纪要是在会议记录的基础上，对会议内容的要点加以整理后写成的，与会议记录的区别主要体现在：①会议记录是对会议的原始的、详尽的记录，是撰写会议纪要的基础；会议纪要是对会议记录的整理、择要，是会议记录内容的集中和提高。②会议记录是存档备用的内部材料，一般正式会议都要有；会议纪要是外发的公文。③会议记录不具有运行性，无周知性；会议纪要则具有下行为主的多向运行性和周知性。④会议记录是顺时结构；会议纪要则以整理过程的总分式结构为基本框架。

二、会议纪要与会议简报的区别

(1) 承担的任务不同。会议简报只是报告和交流情况，供上下左右参考，对阅读对象没有硬性要求，一般也没有什么约束力；会议纪要则有一定的权威性，它的结论可以指导有关方面统一认识，它列入的议定事项，要求有关方面共同遵守执行，对特定的阅读对象有一定的指导和制约作用。

(2) 篇幅长短不同。会议简报要求文字简短，一般在千字左右，最好不超过两千字；会议纪要则不受文字长短的限制，该短则短，该长则长，以"要"为主要特征。

(3) 形成时间不同。会议简报在会中分期编号制发，随时交流；会议纪要须在会后形成，一次会议只能有一次会议纪要。

训练设计

一、填空题

1. 开幕词是由_____或活动主办方_____在会议开幕时所作的讲话。

2. 开幕词的主要特点是_____、_____。

3. 闭幕词具有总结性、_____和_____。

4. 会议记录是把_____如实记录下来而形成的书面材料。

5. 会议简报是_____的一种，是指在会议期间为_____，包括与会人员在讨论中提出的意见、建议以及会议的_____而出的简报。

6. 一般只是在编发_____或_____时，才根据需要加编按语。

7. 纪要是用于记载和传达_____、议定事项和_____的一种公务文书。

二、判断题

1. 为保证会议按预定要求准时召开，通知的有关事项要写得具体明确。(　　)

2. 开幕词要运用热烈的言辞，使与会者受到鼓舞。(　　)

3. 闭幕词是在会议即将闭幕时所作的总结性讲话，所以完全可以等到闭幕前夕撰写，不必早作准备。(　　)

4. 闭幕词要与会议开幕词前后呼应。(　　)

5. 会议记录可以会后补上，不需要当场做。(　　)

6. 记录会议的组织情况要在会议主持人宣布开会之前写好。(　　)

7. 纪要对与会者的各种意见要"有闻必录"，全面加以详细记述。(　　)

三、分析题

请阅读下面的例文，回答相关问题。

政协××市第六届×次会议简报

(第 24 期)

大会秘书处　　　　　　　　　　　　　　　　　　　2005 年 3 月 18 日

今年政府应办几件实事

××委员说：建议市长要有相应的任期目标，要像×××那样一年办几件实事，年终总结，有哪些完成、有哪些没完成以及为什么。

改"三公开一监督"为好

×××委员说：报告在谈到廉政建设时，提出实行"两公开一监督"，我们认为应改为"三公开一监督"，即再公开市、县两级主要领导的经济收入，以便接受人民群众的监督。

不能再走大投入低效益之路

×××委员认为：1998 年我市社会总产值为 180 亿元，国民收入为 74 亿元，而全市的财政收入只有 9.15 亿元，很明显，经济效益是很低的。而 1998 年的计划数字，基本上是按比例同步增长，经济效益无明显提高。这是我市多年来生产发展的一个关键性的问题，即大投入、低效益，致使财政拮据，入不敷出。市领导应着眼长远，从当前入手，立足于大力提高经济效益和增强生产后劲。

报：省政协

送：市政府　　　　　　　　　　　　　　　　　(共印 30 份)

发：区政协

1. 分析该例文的结构特征(报头、正文、报尾)。

2. 该例文的正文采用了什么形式的写作方法？有何好处？

四、请诊断下面的会议文书所存在的问题

(一) ××学院第×届排球运动会开幕词

敬爱的老师们、亲爱的同学们:

你们好!

9月,生机勃勃、万紫千红,蓝天、白云、绿草、鲜花及红绿操场交相辉映。在柳枝荡漾的田径场,我校秋季排球运动会已经拉开序幕。这是一次体育的盛会,是我们6个年级组21个教学班同学和广大教师的重大节目,是同学们梦想与企盼的实现,让我们尽情欢呼这一盛会的召开。

为了开好本届运动会,展示我校师生的精神面貌,校领导群策群力,认真抓好每项工作。艺术组认真做好组织、协调主办,在此我代表学校向支持体育工作的各位老师和同学致以深深的谢意!

本届运动会必将进一步推动我校体育工作的开展,我们将乘着全国课程改革的东风,向着现代化双语示范学校的宏伟目标阔步前进!

最后,预祝大会圆满成功。把本次运动会开成一个团结的盛会、拼搏的盛会,令全体学生终生难忘的盛会。我们不在乎名次的前后、成绩如何,在乎过程的体验,愿成绩与风格同在,友谊与欢乐并存。祝愿全体运动员赛出成绩、赛出风格、赛出水平,祝愿全体与会人员在我校期间身体健康,心情愉快。

谢谢大家!

(二) ××医院2006年第三次会议记录

时间:2006年10月8日

地点:××医院

出席人:张××、李××、覃××、何××及各部门主要负责人

缺席人:韩××、白××

主持人:张××

记录人:何××

(1) 报告

① 李××报告医院基本建设进展情况。

② 主持人张××传达××省人民政府《关于压缩行政经费的通知》。(略)

(2) 讨论

张××:今天会议主要讨论我院如何按照省人民政府的《通知》精神,抓好行政费用的合理开支,切实做到既勤俭节约,又不影响正常工作、科研活动的开展。下面请大家发表一下意见。

覃××:……

李××:……

五、职场模拟题

1. 根据本项目的"任务导航"，拟写会议通知和会议开幕词。

2. 写一篇学校运动会的闭幕词。

要求：跟踪学校运动会的进程，搜集相关的文字材料，全面掌握运动会的情况。

3. 根据下面的会议记录，拟写会议简报和会议纪要。

××矿区行政办公会议记录

时间：×年×月×日

地点：矿区办公楼会议室

主持人：刘×主任

出席人：矿区副主任张××、劳资科科长刘××、财务科科长赵××、安全科科长熊××、人事科科长李××、办公室主任田××。

会议议题：

1. 三季度奖金发放办法。

2. 自然减员招工方案。

3. 有关人员的调动问题。

4. 对违反劳动纪律人员的处理。

会议决定事项：

1. 矿区三季度奖金按照×××总公司××年××月制定的《奖金发放办法》办理。

2. 这次自然减员招工，招收×年以前参加工作的职工子女，并实行文化统考，择优录取。

3. 同意赵×同志以父母身边无人照顾为理由，调往××容器厂工作。

4. 对矿工胡×无故旷工 3 天的行为，责成劳资科在全矿区给予通报批评，并扣发其 3 天工资及当月奖金。

××矿区办公室

××××年××月××日

项目一 调研策划

能力目标

- 能够对具体的调研策划文书就写作内容、格式、语言等方面加以分析评鉴。
- 能够熟练写作主题正确、内容充实、结构合理、语言得体、格式规范的调研策划文书

知识目标

- 学习市场调查报告、市场预测报告等调研策划文书的理论知识，明确其重要作用，掌握其写作要求。

项目导航

安琪很珍惜在××商业集团公司的工作机会，她认真地对待每一项工作任务，多次受到公司领导的夸奖，还被评为优秀工作者。面对荣誉，安琪下决心用业绩回报，用行动书写精彩。××商业集团公司主要经营家用电器，为了占有更大的市场份额，拟在 2012 年度进行一系列的促销活动，为此拟于 5 月下旬和 6 月初，对几个城市进行为期 10 天的洗衣机消费者和终端卖场调研。调研对象为各个层次的人群。调查采用问卷和面谈提问相结合的方式。样本选取方法是在每个城市的不同地点随机选取。这次调查的目的是，了解目前消费者对各种洗衣机的看法，并进行分析判断，提出对策建议，为公司今后的营销策略的调整服务。调研结束后，公司准备在"十一"期间组织一次大型营销策划活动……

安琪马上忙碌起来，她要作好充分的调研，写出科学合理的调查报告、预测报告及可行性分析报告，为公司领导层的决策提供参考。接着她还要策划"十一"期间的大型营销活动，保证活动的成功举办。

任务一 市场调查报告

案例赏析

男人长胡子，因而要刮胡子；女人不长胡子，自然也就不必刮胡子。然而，美国的××公司却把"刮胡刀"推销给女人，居然大获成功。

××公司创建于1901年，其产品因使男人刮胡子变得方便、舒适、安全而大受欢迎。进入20世纪70年代，公司的销售额已达20亿美元，成为世界著名的跨国公司。然而公司的领导者并不以此满足，而是想方设法继续拓展市场，争取更多用户。就在1974年，公司提出了面向妇女的专用"刮毛刀"。

这一决策看似荒谬，却是建立在坚实可靠的市场调查的基础之上的。

××公司先用一年的时间进行了周密的市场调查，发现在美国30岁以上的妇女中，有65%的人为保持美好形象，要定期刮除腿毛和腋毛。这些妇女之中，除使用电动刮胡刀和脱毛剂之外，主要靠购买各种男用刮胡刀来满足此项需要，一年在这方面的花费高达7500万美元。相比之下，美国妇女一年花在眉笔和眼影上的钱仅有6300万美元，在染发剂上要花5500万美元。毫无疑问，这是一个极有潜力的市场。

根据市场调查结果，××公司精心设计了新产品，它的刀头部分和男用刮胡刀并无两样，采用一次性使用的双层刀片，但是刀架则选用了色彩鲜艳的塑料，并将握柄改为弧形以利于妇女使用，握柄上还印压了一朵雏菊图案。这样一来，新产品立即显示了女性的特点。

为了使雏菊刮毛刀迅速占领市场，××公司还拟定几种不同的"定位观念"到消费者之中征求意见。这些定位观念包括：突出刮毛刀的"双刀刮毛"；突出其创造性的"完全适合女性需求"；强调价格的"不到50美分"；表明产品使用安全的"不伤玉腿"等。

最后，公司根据多数妇女的意见，选择了"不伤玉腿"作为推销时突出的重点，刊登广告进行刻意宣传。结果，雏菊刮毛刀一炮打响，迅速畅销全球。

（资料来源：费朗. 营销一点通[M]. 北京：中国商业出版社，2002. 有删改）

这个案例说明，市场调研是经营决策的前提。市场不相信眼泪，更不相信所谓的经验与感觉。只有充分认识市场，了解市场需求，对市场作出科学的分析判断，决策才具有针对性，从而拓展市场，使企业兴旺发达。

范文选读

××市居民家庭饮食消费状况调查报告

为了深入了解本市居民家庭在酒类市场及餐饮类市场的消费情况，特进行此次调查。调查由本市某大学承担，调查时间是2001年7月至8月，调查方式为问卷式访问调查，本次调查选取的样本总数是 2000 户。各项调查工作结束后，该大学将调查内容予以总结，其调查报告如下。

一、调查对象的基本情况

(一) 样品类属情况。在有效样本户中，工人 320 户，占总数比例 18.2%；农民 130 户，占总数比例 7.4%；教师 200 户，占总数比例 11.4%；机关干部 190 户，占总数比例 10.8%；个体户 220 户，占总数比例 12.5%；经理 150 户，占总数比例 8.52%；科研人员 50 户，占总数比例 2.84%；待业户 90 户，占总数比例 5.1%；医生 20 户，占总数比例 1.14%；其他 260 户，占总数比例 14.77%。

(二) 家庭收入情况。本次调查结果显示，从本市总的消费水平来看，相当一部分居民还达不到小康水平，大部分的人均收入在 1000 元左右，样本中只有约 2.3% 的消费者收入在 2000 元以上。因此，可以初步得出结论，本市总的消费水平较低，商家在定价的时候要特别慎重。

二、专门调查部分

(一) 酒类产品的消费情况

1. 白酒比红酒消费量大。分析其原因，一是白酒除了顾客自己消费以外，用于送礼的较多，而红酒主要用于自己消费；二是商家做广告也多数是白酒广告，红酒的广告很少。这直接导致白酒的市场大于红酒的市场。

2. 白酒消费多元化。

(1) 从买白酒的用途来看，约 52.84% 的消费者用来自己消费，约 27.84% 的消费者用来送礼，其余的是随机性很大的消费者。

买酒用于自己消费的消费者，其价格大部分在 20 元以下，其中 10 元以下的约占 26.7%，10～20 元的占 22.73%，从品牌上来说，稻花香、洋河、汤沟酒相对看好，尤其是汤沟酒，约占 18.75%，这也许跟消费者的地方情结有关。从红酒的消费情况来看，大部分价格也都集中在 10～20 元之间，其中，10 元以下的占 10.23%，价格档次越高，购买力相对越低。从品牌上来说，以花果山、张裕、山楂酒为主。

送礼者所购买的白酒其价格大部分选择在 80～150 元之间(约 28.4%)，约有 15.34% 的消费者选择 150 元以上。这样，生产厂商的定价和包装策略就有了依据，定价要合理，又要有好的包装，才能增大销售量。从品牌的选择来看，约有 21.59% 的消费者选择五粮液，10.795% 的消费者选择茅台，另外对红酒的调查显示，约有 10.2% 的消费者选择 40～80 元的价位，选择 80 元以上的约 5.11%。总之，从以上的消费情况来看，消费者的消费水平基本上决定了酒类市场的规模。

(2) 购买因素比较鲜明，调查资料显示，消费者关注的因素依次为价格、品牌、质量、包装、广告、酒精度，这样就可以得出结论，生产厂商的合理定价是十分重要的，创名牌、求质量、巧包装、做好广告也很重要。

(3) 顾客忠诚度调查表明，经常换品牌的消费者占样本总数的 32.95%，偶尔换的占 43.75%，对新品牌的酒持喜欢态度的占样本总数的 32.39%，持无所谓态度的占 52.27%，明确表示不喜欢的占 3.4%。可以看出，一旦某个品牌在消费者心目中形成，是很难改变的，因此，厂商应在树立企业形象、争创名牌上狠下功夫，这对企业的发展十分重要。

(4) 动因分析。主要在于消费者自己的选择，其次是广告宣传，然后是亲友介绍，最后才是营业员推荐。不难发现，怎样吸引消费者的注意力，对于企业来说是关键，怎样做好广告宣传，消费者的口碑如何建立，将直接影响酒类市场的规模。而对于商家来说，营业员的素质也应重视，因为其对酒类产品的销售有着一定的影响作用。

(二) 饮食类产品的消费情况。

本次调查主要针对一些饮食消费场所和消费者比较喜欢的饮食进行，调查表明，消费有以下几个重要特点：

1. 消费者认为最好的酒店不是最佳选择，而最常去的酒店往往又不是最好的酒店，消费者最常去的酒店大部分是中档的，这与本市居民的消费水平是相适应的。

2. 消费者大多选择在自己工作或住所的周围，有一定的区域性。虽然在酒店的选择上有很大的随机性，但也并非绝对如此，某些酒店也有一定的远距离消费者惠顾。

3. 消费者追求时尚消费，如对手抓龙虾、糖醋排骨、糖醋里脊、宫保鸡丁的消费比较多，特别是手抓龙虾，在调查样本总数中约占 26.14%，以绝对优势占领餐饮类市场。

4. 近年来，海鲜与火锅成为市民饮食市场的两个亮点，市场潜力很大，目前的消费量也很大。调查显示，表示喜欢海鲜的占样本总数的 60.8%，喜欢火锅的约占 51.14%，在对季节的调查中，喜欢在夏季吃火锅的约有 81.83%，在冬天的约为 36.93%，火锅不但在冬季有很大的市场，在夏季也有较大的市场潜力。目前，本市的火锅店和海鲜馆遍布街头，形成居民消费的一大景观和特色。

三、结论和建议

(一) 结论

1. 本市的居民消费水平还不算太高，属于中等消费水平，平均收入在 1000 元左右，相当一部分居民还没有达到小康水平。

2. 居民在酒类产品消费上主要是用于自己消费，并且以白酒居多，红酒的消费比较少，用于个人消费的酒品，无论是白酒还是红酒，其品牌以家乡酒为主。

3. 消费者在买酒时多注重酒的价格、质量、包装和宣传，也有相当一部分消费者持无所谓的态度。对新牌子的酒认知度较高。

4. 对酒店的消费，主要集中在中档消费水平上，火锅和海鲜的消费潜力较大，并且已经有相当大的消费市场。

(二)建议

1. 商家在组织货品时要根据市场的变化制定相应的营销策略。

2. 对消费者较多选择本地酒的情况，政府和商家应采取积极措施引导消费者的消费，实现城市消费的良性循环。

3. 由于海鲜和火锅消费的增长，导致城市化管理的混乱，政府应加强管理力度，对市场进行科学引导，促进城市文明建设。

简评：

这份调查报告观点鲜明、材料翔实，分析、判断科学、客观，条理清晰。正文前言部分交代了调查目的、调查时间、方式等，简明扼要。主体部分先概述调查基本情况，接着介绍调查的具体内容，最后表明作者的"结论和建议"。全文结构完整，内容清晰，格式规范。

一、市场调查报告的概念和种类

市场调查报告是市场调查人员以书面形式，反映市场调查内容及工作过程，并提供调查结论和建议的报告。市场调查报告是市场调查研究成果的集中体现，其撰写的好坏将直接影响到整个市场调查研究工作的成果质量。一份好的市场调查报告，能给企业的市场经营活动提供有效的导向作用，能为企业的决策提供客观依据。如果调查报告写得拙劣不堪，再好的调查资料也会黯然失色，甚至导致市场活动的失败。

市场调查报告可以从不同角度进行分类。按其所涉及内容含量的多少，可分为综合性市场调查报告和专题性市场调查报告；按调查对象的不同，可分为关于市场供求情况的市场调查报告、关于产品情况的市场调查报告、关于消费者情况的市场调查报告、关于销售情况的市场调查报告以及有关市场竞争情况的市场调查报告；按表述手法的不同，可分为陈述型市场调查报告和分析型市场调查报告。

二、市场调查的方法及内容

(一) 市场调查的方法

一般工作调查的方法有普查、抽样调查、典型调查和重点调查等，这些同样适用于市场调查，除此之外还可采用以下调查方法。

1. 询问调查法

询问调查法即用口头或书面形式向被调查者进行调查并取得资料的一种方法。其方式有个别访问、召开调查会、问卷调查等。

2. 直接调查法

直接调查法即企业派专人到产品销售地点，观察销售人员的服务态度，直接向消费者了解购买意向，以及对商品的意见。

3. 实验调查法

实验调查法即以试行销售的方式进行调查的方法。常见的展销会、订货会、博览会等都属此类。多用于开发新产品、改进老产品，或以一种新推销方式扩大产品的销售量。

4. 统计分析法

统计分析法即利用企业的现成资料，如统计、会计等报表及有关的数据进行综合分析的一种调查方法。

(二) 市场调查的主要内容

1. 经营环境调查

经营环境调查包括政策、法律环境调查，行业环境调查，宏观经济状况调查等。

2. 市场需求调查

市场需求调查包括现实需求调查和潜在需求调查。具体有市场需求容量、消费结构、市场环境对需求的影响、营销策略对需求的影响、潜在需求量及其投向、社会需求层次变化及不同消费者的不同需要的调查等。

3. 顾客情况调查

顾客情况调查包括两个方面的内容：一是顾客需求调查，例如购买某种产品(或服务项目)的顾客大都是哪些人(或社会团体、企业)，他们希望从中得到哪方面的满足和需求(如效用、心理满足、技术、价格、交货期、安全感等)，现在哪些产品(或服务项目)能够或者为什么能够较好地满足他们某些方面的需求等。二是顾客的分类调查。重点了解顾客的数量、特点及分布，明确目标顾客，掌握其详细资料。

4. 竞争对手调查

竞争对手调查包括竞争对手的数量与规模、分布与构成及其优缺点与营销策略。

5. 市场销售策略调查

市场销售策略调查重点调查了解目前市场上经营某种产品或开展某项服务的促销手段、营销策略和销售方式主要有哪些。

三、市场调查报告的结构和写法

市场调查报告一般包括标题、正文、落款 3 部分。

(一) 标题

1. 公文式

由调查对象、内容、文种几个要素构成。如《天津自行车在国内外市场地位的调查》。

2. 新闻式

单标题，如《皮革服装在××市场畅销》；双标题，由正标题和副标题组成，正标题概括内容或揭示主旨，副标题则标明调查对象、内容或范围，如《"皇帝的女儿"也"愁嫁"——关于××鱼滞销情况的调查》。

无论采用什么样的标题，都要做到用词精确、醒目简练。

(二) 正文

正文一般由开头、主体、结尾 3 部分组成。

1. 开头

开头又称为前言部分，一般说明市场调查的目的和意义，介绍市场调查工作基本概况，包括市场调查的时间、地点、内容和对象以及采用的调查方法、方式。这是比较常见的写法。也有调查报告在导言中，先写调查的结论是什么，或直接提出问题等，这种写法能增强读者阅读报告的兴趣。

2. 主体

主体是市场调查报告的核心部分，一般包括基本情况、分析或预测、对策和建议。

(1) 基本情况。即调查对象过去和现在的客观情况，如发展历史、市场布局、销售情况等。这些内容材料丰富、信息量大，既要有典型事例，又要有统计数据；既要有面上情况，又要有点上情况。这部分可以按时间顺序进行表述，也可以按问题的性质归纳成几类，用小标题分开进行表述。

(2) 分析或预测。通过对资料的分析和研究，预测出今后市场发展变化的趋势，从而对市场前景作出正确的判断。

(3) 对策和建议。根据分析或预测所得的结论，提出相应的措施和建议。这是市场调查的落脚点。

3. 结尾

结尾是全文的收束部分，也是前言的照应。或是重申观点，或是加深认识，或是总括全文，也可以没有结尾。

(三) 落款

落款即署上作者的单位和姓名及写作时间。这部分有时也可省略。

特别提醒

(1) 尊重事实。市场调查报告要从客观实际出发，实事求是地反映市场的真实情况，这是进行市场调查、写好市场调查报告的前提和保证。

(2) 中心突出。对于大量、庞杂的材料，要善于根据主旨的需要对材料进行严格的鉴别和筛选，突出重点，抓主要矛盾，忌面面俱到。

(3) 讲求时效。市场的情况瞬息万变，适时的市场调查报告可以带来良好的经济效益，反之时过境迁，就失去了现实针对性。

小卡片　现代企业的"第三只眼"

海尔集团总裁张瑞敏认为现代企业应该拥有"三只眼"，一只眼盯住用户，一只眼盯住员工，"第三只眼"则要紧紧盯住稍纵即逝的市场机遇。海尔正是有了这种匠心独具的"机遇眼"，才赢得了一次又一次的发展良机，企业不断做大做强，最终做到了欧美市场，成为跨越亚欧大陆的跨国公司，还吸引了大批洋人为自己打工。

病文评析

根据调查，北京市企业在"十五"期间对技术工人的需求占企业职工总量的40%，而现在只能满足需求的30%，相差的这10%具体到人数上就是30多万人。而从供给方来看，北京每年中专、职高和技校3类中等职业技术学校毕业的学生只有7万至8万人，而近几年的平均就业率始终保持在95%以上，已经出现供不应求的局面。

技校的培养定位就是企业一线操作的技术工人。目前职业技术学校毕业生供不应求的主要原因是，北京的职业技术学校处在"一冷一热"的状况，即"入学冷，毕业热"。这主要是由于北京的经济比较发达，家长对子女的期望很高，都以考高中和大学为首选，希望以后做管理、当白领。而从社会和企业的真正需求来讲，不但需要搞研发和搞管理的人才，更需要能将规划和图纸变成现实的一线操作人员。

技术工人的待遇低也是造成原有技术工人流失和后备技工不足的一个重要因素。而前些年许多企业经济效益不好，当时的企业领导者更关注企业的结构调整和产品研发方面，缺乏对职工的培训，也是技术工人缺乏的因素之一。

现在北京缺乏的是高技能和复合型人才，随着传统技艺的提升和北京振兴现代制造业的要求，北京在数控机床、汽车、仪表的技术工人方面有很大需求。另外，餐饮、烹饪等服务业人才也处于缺乏状态。

评析:

这是一份有问题的市场调查报告。问题主要有以下几点:①缺少标题;②没有对调查情况(时间、范围等)进行必要的交代,直接由"根据调查"得出一些数据,给人感觉不够真实、客观;③缺少对策建议,内容不完整。

任务演练

分组进行一次市场调研,并撰写调研报告,内容是在学校附近开设一个便捷餐厅,餐厅规模、档次、定位各组自己设定。本次任务为:开设餐厅前夕,投资者进行调研,并形成市场调查报告。

知识拓展　调查报告的材料整理

对调查报告材料的整理,一般分成 3 个步骤:

(1) 检查鉴别。首先检查社会调查报告材料是否切合研究的需要,其次要鉴别事实材料的真实性、数据的准确性,保证材料的真实可靠,确实反映客观实际。

(2) 制作图表、数表。因其直观形象信息量大,帮助读者理解社会调查报告内容。

(3) 分类分组。社会调查报告材料分类的标准,依研究目的而言,可根据材料性质分为记录资料、文献资料、问卷资料、统计调查资料等;可根据研究的目的按年龄、性别分类,或按职业分类等。也可分为背景材料、统计材料、典型(人或事例)材料等。

任务二　市场预测报告

案例赏析

市场预测,古已有之。2500 年前,春秋后期越王勾践的重臣范蠡,在帮助越王打败了吴王夫差之后,弃政从商,而且取得了成功。他的成功和他善于预测是分不开的。据史书记载,他曾提出"水则资车,旱则资舟"的观点。就是说,在水灾泛滥时,就要预测到水灾结束后,车辆将成为紧俏的商品,其价格必会大涨,因此要预做车辆的生意;同样,天旱时就要预测到旱后逢雨,船只将成为特别需要的商品,因此,要想赚大钱,就得预做船只的生意。他还提出"论其不足有余,则知贵贱。贵上极则反贱,贱下极则反贵"。就是说,要根据市场上商品的供求情况来预测商品的贵或贱,以确定自己所掌握的商品的售价。

经营者如果总是被动应对市场的风云变幻，就很难在市场上站稳脚跟，相反，如果善于捕捉市场信息，并据此对市场的变化趋势作出准确判断，那就完全可以征服市场。

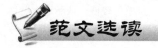

范文选读

2010年北京写字楼市场预测报告

一、北京市写字楼市场现状

(一) 供求
供应量和空置率继续攀升，成交量有所提升，但整体需求量仍较小。

1. 供应

截至2009年第二季度，北京市写字楼市场存量扩大至10 603 941平方米，二季度环比增长2.37%，同比增长14.95%。其中，甲级写字楼市场存量为4 383 420平方米，环比增长3.97%，占总存量的41.34%；乙级写字楼市场存量为6 220 521平方米，环比上升1.27%，占总存量的58.66%。北京写字楼市场整体空置率在2009年第二季度环比继续上升0.69个百分点至18.96%，而新增供应集中的CBD区域空置率更是攀升至29.6%。

2. 需求

由于大幅降价租售促销和经济复苏、通胀预期等因素，2009年二季度成交量环比攀升近1倍至126 956平方米。需求主要来自包括金融、律师行、医药、能源、银行、旅游、投资、IT和技术等多个行业的公司搬迁和扩张。值得注意的是，政府机构和新成立的金融机构推动支撑了众多大单交易的成交，如国开行购买北丰、国家知识产权局租赁优盛大厦等；但总成交量相对2008年同期仍较小。

(二) 价格
售价渐趋企稳，租金继续下调。

1. 售价

2008年全年北京市销售型写字楼成交均价为18 879元/平方米，而2009年1月—6月的成交均价为15 905元/平方米，均价下降15.7%。

月 份	1	2	3	4	5	6
均价(元/平方米)	14 525	19 931	16 513	16 783	12 035	15 640

2009 年 1 月—6 月北京销售型写字楼成交均价

注：① 数据来源：易居 CRIC 中国房地产决策咨询系统。

② 5 月成交项目多集中在四环以外，单个项目成交体量大，且单价较低，从而导致当月整个写字楼市场成交均价下滑。

由于购买型需求的小幅上升，经济回暖、通胀预期，及新增供应速度放缓等因素，预计写字楼销售均价将逐渐企稳。

2. 租金

2009 年第二季度，新入市项目通过低租金吸引租户以达到较高的入住率的策略促使市场上其他物业不得不随之调降租金水平，以维持稳定的入住率。致使北京写字楼市场(包括甲级和乙级)总体平均净有效租金环比下跌 3.83%。尽管较第一季度，租金跌速放缓，需求疲软仍致各主要区域的情况不断恶化，CBD、燕莎、东二环和东长安街租金降幅分别达到 9.83%、8.60%、8.52%和 4.79%。

第一太平戴维斯的研究表明,北京甲级写字楼 2009 年二季度的有效租金为每平方米每月人民币 150.4 元，较年初以来已累计下跌 16.1%，预计下半年租金将继续下调，幅度为 10%左右。

二、北京写字楼市场发展趋势分析

(一) 推升价格的主要因素

1. 政府政策鼓励

6 月 24 日，北京市政府出台《关于鼓励跨国公司在京设立地区总部的若干规定实施办法》，政府发放的补贴有望鼓励业主降低租金并且帮助企业降低运营成本，从而吸引更多的写字楼需求。

修订后的保险法 10 月 1 日将正式生效，《保险资金投资不动产的细则》有望在 10 月 1 日前后正式出台，据计算，这将释放 1700 亿元左右险资投资地产。鉴于保险公司对不动产的投资主要集中在写字楼和酒店，客观上将增加对写字楼的需求。

2. 国内国际经济触底回升

据相应机构研究，预计 2009 年下半年国内经济率先触底回升，内资企业写字楼需求将随之增加；预计 2010 年世界经济也将逐渐企稳，加上外资投资中国不动产的禁令已解除和"息差"的影响，届时外资的办公楼需求可能企稳回升。

3. 通货膨胀预期

全球流动性过剩和国内与国外经济前景、息差等差异，将导致内生性和输入性通胀预期，从而推升资产价格。2009 年 6 月高华证券中期策略会预测 2010 年中国 GDP 将增长 13%，通胀率将达 4.5%。

由于不动产天生具有较好的抗通胀属性，因此除通胀本身可能提升写字楼价格外，新增的"保值"型投资资本的入市，也有推升写字楼价格走高的动能。

(二) 制约价格上升的主要因素

1. 供应量仍然巨大

据测算，预计至 2009 年和 2010 年年末，北京写字楼市场(包括甲级和乙级)的新增供给将分别达到 2 078 849 平方米和 1 048 579 平方米，使总存量在目前基础上升高 20.57%和 10.38%。

2. 经济危机阴影

虽然国内国际经济已有企稳回暖迹象，但经济危机反复的可能性尚不可完全预知。

3. 固定资产贷款限制

为防止投机资金大肆炒作房产，国家已出台相应贷款限制政策，这将制约中小投资客户对写字楼的投资需求。

4. 物业税试点

据报道，深圳拟于 2010 年下半年开始物业税试点，这将制约地产投资资本的入市。

三、北京写字楼市场价格趋势预判

综合权衡上述影响写字楼价格的主要因素来看，我们预计预判北京写字楼销售价格或将于 2009 年年底，在经济形势的触底回升、内资大型"抄底"型自用和投资机构的持续入市等主要因素的综合作用下企稳；但鉴于一定时期内经济的回暖还不稳，写字楼销售市场的"去库存化"任务仍然艰巨，新增供应仍然巨大，预计 2010 年的写字楼销售价格将略有回升，或在一定范围内小幅波动(预计在 5%～10%区间上下波动)，形成大体稳定格局。

若乐观估计，以通胀率预期为参照，2010 年写字楼销售均价或上升 5%。

(资料来源：http://wenku.baidu.com/view/fea99a3331126edb6f1a10a6.html)

简评：

本例文中心明确，有理论、有数据，全文数据资料翔实，分析透彻细致，针对性强。本文没有单独的结尾，也没有提出一些具体可行的建议，但适应市场变化，发展对策基本明确。

正文部分没有单独的前言部分，第一部分是对现状的分析，从供求、价格两部分来分析，使用了大量数据来说明情况，为下文的预测提供依据。第二部分对北京写字楼的发展趋势进行分析，从推升价格因素及制约价格上升两方面阐述，科学合理。第三部分根据上文的分析预判 2010 年北京写字楼的市场价格。

知识聚焦

一、市场预测报告的概念

市场预测报告就是依据已掌握的有关市场的信息和资料，通过科学的方法进行分析研究，从而预测未来发展趋势的一种预见性报告。是在市场调查的基础上，综合调查的材料，用科学的方法估计和预测未来市场的趋势，从而为有关部门和企业提供信息，以改善经营管理、促使产销对路、提高经济效益。市场预测报告实际上是调查报告的一种特殊形式。

二、市场预测报告的特点

(一) 预见性

市场预测报告的性质就是对市场未来的发展趋势作出预见性的判断。这就要求预测必须通过充分的调查研究，运用有关经济学理论和方法，正确地分析、研究有关的数据资料，作出准确预测。

(二) 科学性

市场预测报告的科学性体现在撰写的资料是经过调查得来的；结论是经过认真的分析和论证的；预测方法是先进的、科学的。市场预测不能仅凭实践经验来进行，力戒主观盲目。

(三) 时效性

市场经济条件下，各种各样的经济活动是非常复杂且瞬息万变的。因此，市场预测报告必须及时，才能准确地把握市场的现状和未来发展的趋势，才能使企业在激烈的竞争中掌握主动。

三、市场预测报告的种类

市场预测报告的种类，因划分标准的不同而有所不同。

(1) 按预测范围可分为：宏观市场预测报告和微观市场预测报告。

(2) 按预测时间可分为：短期市场预测报告(1 年左右)、中期市场预测报告(2～4 年)和长期市场预测报告(5 年以上)。

(3) 按预测方法可分为：定性预测报告和定量预测报告。

(4) 按预测内容可分为：综合性预测报告和专题性预测报告。

四、市场预测报告的结构和写法

市场预测报告通常包括标题、正文、结尾 3 个部分。

（一）标题

公文式标题：由预测区域、时间、对象和文种 4 个因素构成。如《××县 2013—2015 年奶牛业发展预测报告》。

新闻式标题：采用类似新闻消息标题的写法，标题中没有"预测"二字，但含有预测之意。如《医药零售市场前景广阔》。

（二）正文

正文一般由前言、主体两部分组成。

（1）前言。主要交代预测的对象、目的、时间、范围、意义等基本情况，也可简单概括基本结论，也可省略前言部分。

（2）主体。一般包括对现状的分析、对未来的预测和经客观分析后的建议与意见 3 个部分。

（三）结尾

结尾部分可以归纳预测结论，也可以展望前景，也可以照应开头或重申观点以加深认识。

特别提醒

（1）预测目标要明确，对象要典型。市场预测是为了更有效地掌握市场供求变化规律，积极参与市场竞争，因此要首先选定好预测对象。如针对某一类产品，应选择那些将来极有可能大规模占领市场的品种，进行分析预测，以便优先占领市场，反之会影响预测的价值。

（2）注重调查研究，广泛收集资料。要使市场预测更加准确，就必须在市场调查的基础上，大量全面地占有第一手资料，在资料和数据全面、准确的基础上，采用科学的方法，客观地分析研究，得出科学的结论。

（3）注重时效，提供对策建议。机遇稍纵即逝，只有及时、准确地捕捉市场信息，才能有效地发挥预测报告的作用。预测未来是为了把握未来，依据分析预测，提供可行性建议是预测的根本任务之一。

小卡片　市场预测报告与市场调查

市场预测报告和市场调查报告既有联系又有区别。他们都与市场状况密切相关，都要运用调查分析的方法。不同之处在于，调查报告是客观地反映市场的过去和现状，要求调查分析得来的资料具有准确性和客观性；而预测报告是在市场调查分析的基础上，对市场的未来状况作分析、推断和预测，带有主观推断性和不确定性。

病文评析

电信资费调整预测

备受瞩目的电信资费听证会历时两天,于本月19日结束。同去年举行的电信资费听证会一样,本次听证会上讨论的方案和结果在上报国务院批准之前,仍然处于保密中。但据说本次听证会上代表们的发言和争论,比上一次激烈得多。虽然对此次听证会讨论的电信资费调整方案细节无从知晓,但是根据此前中国电信"透露"的调整方案和记者分析,应该不外乎以下几个方面。

计费单位会作调整吗

答案很可能是肯定的。目前现行的电话计费以分钟为单位,市话不足3分钟按3分钟计算收费,长途电话不足1分钟则按1分钟计算收费。这种计费方式的合理性已经多次受到老百姓和媒体的质疑。在此前中国电信"公布"的资费调整方案中,市话改为按1分钟计费,但每分钟的资费将高于先行的标准。

有此"探测气球"在前,加上老百姓的呼声日高、计费单位本身确有不合理之处,种种迹象表明,市话计费单位的调整应是定局。计费单位应该会从3分钟改为1分钟,而每分钟的资费很可能定在此前"透露"的0.10元左右。

上网费会降低吗

如果市话改为每分钟0.10元,则3分钟将是0.30元,老百姓的拨号上网花费将会大大增加。这也是此前中国电信版本的调价方案中遭到网民"抗议"最激烈的一点。其实网民们对此是有些反应过激了,本来我国的上网费与国际上相比就是偏高的,要调整只有理由降,没有理由升。网民们应该有这样的信心:如果市话资费调整了,拨号上网费一定会作出相应的调整,并且调整的方向只可能比原来更低。

中国电信总经理×××曾经承诺:用户拨号上网话费将大幅下调。因此在市话以1分钟计费、每分钟话费提高的情况下,拨号上网费很有可能另外采取收费制,上网时的通话费将不止减半,很有可能更低,或者直接由各ISP推出套餐或包月制。

初装费、入网费会取消吗

固定电话的初装费和移动电话的入网费很有可能会在这次听证会上讨论取消,但是固定电话和移动电话的月租费不会取消。原因很简单:月租费的征收有其理论和实际的依据,而初装费和入网费目前已经没有收取的合理性,所以很有可能被取消。

根据国际电联的规定,电信网络建设时投入大量的资金,要通过核定用户独立部分的成本,以租用费的方式收回。也就是说,初装费、入网费和月租费不可能再同时征收,而保留月租费,取消初装费、入网费是目前比较合理的方式。

手机会单向收费吗

短时间内不会。其实手机单向还是双向收费，只是收费方式的问题，老百姓更应该关心的是收费标准。即便以后手机改为单向收费，话费也肯定会作相应调整，不可能像有的老百姓想的那样，只是简单的"打手机一分钟 0.40 元，接手机不花钱"。

考虑到"双改单"可能对联通、寻呼业及公用固定电话造成的冲击，因此短时间内"双改单"可能不会提上日程。很可能此次听证会也根本没有把此议题列入讨论范围。

长话费会下降吗

答案应该是肯定的。中国电信一直在讲，和国外相比，我们现行的电信资费市话是偏低的，而长话(包括国内和国际长途电话)偏高。因此我国的电信资费需要进行结构性调整，把高的逐步降下来，低的升上去。

本着这一原则，市话的调高和长话的降低应该是同步的。现行国内长话 800 公里以内 0.8 元/分钟、800 公里以外 1.00 元/分钟有可能被统一为一个资费标准，即不管距离远近，国内长话均为一个标准，这个资费标准有可能定在 0.6 元/分钟。

(资料来源：张德实. 应用写作. 北京：高等教育出版社，2003)

评析：

这是一份有瑕疵的预测报告。前言部分介绍了预测的背景、预测的资料来源。主体部分进行了各方面的情况介绍及预测，在预测方法上主要采用了定性的预测方法。从文章整体看，预测较为全面，但还存在一些问题，主要有：①由于预测的基础是听证会这样的孤证材料，虽然有现行市场状况，但说服力仍感不足，所以预测的结果只能是参考，而不能以此作出应对策略。②在分析方法上，仅采用了定性分析，没有定量分析。在一般预测报告中应就市场调查数据及掌握的资料，使用数学模型的科学分析方法来说明其发展的规律性及其可能性结果。③缺少落款，结构不完整。

任务演练

为方便学生生活，学校拟在校区内办一个小型实习超市。为使经营方向、规模、品种、方式等更切合实际，在作出决策之前，请你进行市场调查与预测，并写出预测报告。

知识拓展　定量预测与定性预测

定量预测是根据所掌握的数据及各种因素的函数关系，用数学方法加以预测；定性预测是对影响需求量的各种因素，如质量、价格、消费者、销售点等进行调查、分析研究、判断。

任务三　可行性分析报告

AC 尼尔森

AC 尼尔森，荷兰 VNU 集团属下公司，是领导全球的市场研究公司，在全球超过 100 个国家提供市场动态、消费者行为、传统和新兴媒体监测及分析。客户依靠 AC 尼尔森的市场研究、专有产品、分析工具及专业服务，来了解竞争环境，发掘新的机遇和提升其市场及销售行动的成效和利润。

AC 尼尔森是全球领先的市场研究、资讯和分析服务的提供者，服务对象包括消费产品和服务行业，以及政府和社会机构。在全球 100 多个国家里有超过 9000 的客户依靠 AC 尼尔森认真负责的专业人士来测量竞争激烈的市场的动态，来理解消费者的态度和行为，以及形成能促进销售和增加利润的高级分析性洞识。

AC 尼尔森在中国主要提供以下 3 大市场研究服务:

零售研究。AC 尼尔森公司于 1992 年开始在中国开展零售研究，迄今，在中国的零售研究业务已增长了 10 倍。为满足不断增长的客户需求，AC 尼尔森公司加速拓展零售研究开展地域。目前，零售研究覆盖全国主要城市和城镇的 50 多类非耐用消费品，定期为客户提供有关产品在各地的零售情况报告。

专项研究。AC 尼尔森公司曾在中国 100 多个城市进行专项研究，内容包括单项和连续的定性、定量分析，帮助各行各业了解他们的消费者。AC 尼尔森开发的独创研究工具包括预测新产品销售量的 BASES，顾客满意度研究(Customer eQTM)和测量品牌资产的优胜品牌(Winning BrandsTM)，以及广告测试服务，充分利用其全球的研究经验，为中国客户服务。最近推出在线研究服务，帮助客户更及时地完成调研项目。

媒介研究。AC 尼尔森公司的广告研究服务连续监测电视报刊广告投放情况，并根据公布广告定价计算广告花费。其结果可用来衡量媒介、产品和品牌所产生的收益，判断哪些广告载体在何时何处效果较好，同时了解竞争品牌的广告动态，从而完善自身的广告策略。素材丰富的广告库更是随时可以提供各类产品的广告创意。目前，广告监测服务覆盖全国 300 多座的城市的 1000 个电视频道和 300 多份报刊杂志。

可行性研究已广泛运用于投资建设项目、新公司的设立、新产品的开发、新体制的实施等领域。只有进行全面、科学、严谨的分析论证，才会避免盲目决策带来的损失。

上述案例中的 AC 尼尔森公司其经营范围就包括新产品开发可行性研究。

某游泳馆项目可行性研究报告(提纲)

第一章　综述
　　第一节　游泳馆项目总论
　　第二节　游泳馆项目背景
　　第三节　游泳馆项目基本情况
　　第四节　游泳馆项目主要财务指标
第二章　市场研究
　　第一节　经济环境分析
　　第二节　周边环境分析
　　第三节　竞争对手分析
　　第四节　目标市场分析与定位
第三章　游泳馆项目经营设想
　　第一节　游泳馆项目市场定位
　　第二节　游泳馆项目内部设置
　　第三节　游泳馆项目管理和营销体系
　　第四节　销售和推广计划
　　第五节　会员制体系设置
第四章　财务评价
　　第一节　游泳馆项目投资效益估算
　　第二节　静态经济效益分析
　　第三节　动态经济效益分析
　　第四节　结论
第五章　风险分析
第六章　结论

　　根据以上各章节论述，苏州某大厦游泳馆项目，在行业背景、市场条件、专业水平等各方面条件相对较好，符合俱乐部的各项开发条件，具有良好的发展前景。游泳馆公司将对前期建设和后期经营管理投入大量人力物力，以使该游泳馆项目在各方面达到游泳馆俱乐部的水平，为进一步推进游泳馆连锁事业而努力。

　　(资料来源：http://www.fw123.net，有改动)

简评：

这份可行性分析报告可分为 3 部分：第一章"综述"部分，即正文的前言部分，陈述项目提出的依据、背景、基本情况等；第二章到第五章为主体部分，分别从"市场研究""游泳馆项目经营设想""财务评价""风险分析"4 个方面论证项目的可行性；第六章为结尾，对整个可行性研究提出综合分析评价，提出项目的结论。全文论证科学，结论明确，行文格式规范。

一、可行性分析报告的概念

可行性分析报告是对拟开发的新项目、新技术分析其必要性、可能性、客观条件与未来前景的书面报告。

可行性分析报告的基本任务是：争取获得有关部门批准，争取获得银行贷款和国内外投资者的投资，为项目的决策提供可靠的依据和建议。

二、可行性分析报告的特点

(1) 科学性。在项目开发前，要从经济、技术、市场销售等各方面进行综合比较、分析，作出科学严密的论证与评价。这直接关系到项目能否立项以及实施的结果。

(2) 真实性。可行性论证是项目顺利实施的前提和重要保证，其所有材料须真实可靠。

(3) 综合性。可行性分析报告涉及市场需求、技术上的可能性、资金的预算等多方面内容，大型项目的可行性分析报告就更复杂，在撰写时需要多方面人员的合作。

三、可行性分析报告的基本写法

一般来说，可行性分析报告由封面和标题、正文、附件构成。

(一) 封面和标题

大型的可行性分析报告设有封面，包括项目名称、项目主办单位、成文日期，有的还有项目负责人和主要参与者的署名，较长的报告还有目录。

标题由项目主办单位、项目内容、文种 3 部分组成。有时可省略主办单位名称。

(二) 正文

正文由前言、主体、结尾 3 部分构成。

1. 前言

前言又称总论，即简要地陈述项目提出的依据、理由、背景，基本情况和基本设想。

2. 主体

主体，是可行性分析报告的分析论证部分。

(1) 市场需求情况：包括国内、国际市场的现状、动向以及本产品、本项目参与市场竞争的前景、销售量、销售总额及发展趋势。

(2) 资料、原料供应及公用设施情况：主要指资源的储量、品位、成分、勘察情况和审批情况，原材料、辅助材料、燃料的种类、数量、来源等。

(3) 项目地址的选择和建设条件：主要指选址的自然条件、经济条件、社会条件和交通运输条件，土建工程要说明建筑面积、结构、实物工程量、造价等情况。

(4) 工艺技术：主要评估项目所采用的设备、工艺技术是否先进、适用，是否符合我国国情。

(5) 项目实施进度计划：即对项目实施的日常安排，包括工程设计、工程施工、设备购置和安装，试生产所需时间及进度要求等。

(6) 投资估算和资金筹措：即对项目投资的数额、资金的来源、筹集的方式及使用时间的安排等进行合理性和可靠性论证。

(7) 经济效益和社会效益：对项目本身的投资收益率、投资回收期、收支平衡、敏感性以及项目可能产生的社会效益进行分析。

3. 结尾

结尾，即结论和评价。根据以上各方面的研究论证，明确得出项目是否可行的结论，并适当提出一些建议。

(三) 附件

根据不同的可行性分析项目和内容，附上各种表格、图样和文字材料，如项目建议书、批准书，各项投资估算表、项目地理位置图、工艺流程图、设备材料一览表等。

特别提醒

(1) 实事求是。
(2) 科学论证。
(3) 视野开阔。

小卡片　可行性研究

可行性研究于 20 世纪 30 年代起源于美国，当时曾对田纳西流域的开发和综合利用起了很大的作用。第二次世界大战后，这种方法得到迅速发展并被广泛接受。我国自 1980 年开始将可行性研究列为工业投资的一项重要程序。1987 年由国家计委纳入基建程序。现在，它已广泛地运用于各个领域，成为各级领导机关进行决策研究的一个必要的环节。

病文评析

缝纫设备补偿贸易可行性研究报告

一、总论

我厂是初具规模的专业服装生产厂。在改革开放的总方针指导下，1986 年开始了外贸生产，1987 年领取了外贸生产许可证，××××年落实外贸生产任务 200 多万元。随着外向型经济的发展，现在生产规模和设备已不适应外贸生产高质量、高速度的需要，进行技术与设备改革已势在必行。为此，厂长×××在香港考察期间与香港××行×××先生就补偿引进关键设备事宜进行了友好的洽谈。双方初步达成了一致的协议，并因此进行可行性研究。

二、项目名称缝纫设备补偿贸易

主办单位：××青春服装厂

法人代表：×××

企业地址：××市××路××号

项目负责人：×××××

三、合作双方简况

甲方××青春服装厂是初具规模的专业化服装厂，现有职工 670 人，专业技术人员 25 人，服装设计师 2 人；年产衬衫 160 万件，毛呢服装 8 万件，产值 24 000多万元。

乙方香港××行是一个既有生产厂又有商店的综合性经济组织，有一定的资金和实力，信誉良好。

四、补偿金额：19.2 万美元

五、补偿方式：利用本厂生产的衬衫直接补偿

六、补偿期限：19××年 9 月开始分期进行至 200×年年底全部补偿完成

七、项目申请理由

1. 本项目引进的关键缝纫设备均为日本制造，具有性能好、生产效率高、操作简便等优点，是适合外贸生产的先进设备。

2. 引进项目后，每年可多为国家创汇 100 万美元。

3. 因该项目主要是利用本厂的衬衫作直接补偿，因此，可以扩大我厂产品在国际市场的销路，有利于我厂发展外贸生产。

八、市场需求分析

随着企业改革的不断深化，我厂产品质量越来越高。"北仑港"牌男女衬衫和拷花呢长大衣相继被评为省优、部优产品，畅销上海、南京、西安等 200 多个大中

城市，现有销售网点 300 多个。今年已落实销售计划 200 多万件，产品供不应求。今年 1—6 月份，生产衬衫 90 多万件，销售 130 多万件。预计明年可销售衬衫 250 万件。外贸产品销售趋势良好。今年预计可完成外贸收购额 200 万元。

九、原辅材料及水、电供应安排

我厂在上海、常州、无锡、宁波等地已有固定的原辅材料供应网点，因此，原辅材料供应能保证满足生产。

水、电可利用本厂现有设备及水塔，能满足生产需要。

十、项目内容

本项目共引进缝纫设备 160 台，新增衬衫流水线 1 条，改造老衬衫流水线 4 条。(见附表二，略)

十一、项目实施进度安排

8 月份进行立项审批与签订购货合同；10 月份设备厂进行验收；11 月份进行设备安装与调试；12 月份进入正常生产。

十二、经济效益分析

该项目建成后，预计每年可增产衬衫 50 万件，产值 425 万元，创汇 100 万美元，创利税 102 万元，一年内可收回全部设备投资总额。经济效益显著。(见附表一、二)(略)

××青春服装厂

二○××年××月××日

评析：

这是一份写得较简明，优缺点都比较明显的可行性研究报告。对象是一项工程项目：缝纫设备补偿贸易。

这份报告有 3 个优点：①内容涉及面较广。一项补偿贸易活动能否顺利进行，所涉及的因素很多。报告从补偿贸易双方的情况，补偿贸易的规范、期限到经济效益、发展前景都作了分析说明。②数字具体明确。这份报告有效地采用确切的数据来说明问题，既使报告要言不烦、简明有力，又使报告置于可靠的科学的基础之上。③结构规范，条理分明，先总后分，可读性强。

这份报告的主要不足之处：①对于合作方香港××行的资信凭证、规模、业务、地址、联系方式等情况没有具体说明，这是一个相当严重的不足，会影响上级对项目的最后审批。②对市场需求分析缺乏全面性。报告对市场销售的乐观估计，主要是根据该厂产品优质、目前比较畅销而做出的。但对市场的预测，还应考虑到产品款式的更新、顾客需求的变化以及同行业的竞争状况等诸多因素。报告忽略了这些方面的情况，是严重的不足。

任务演练

对上节的任务进行可行性论证分析，写出可行性论证报告。

知识拓展 可行性分析报告

一、可行性分析报告的种类

按项目规模可划分为：一般项目(小项目)可行性分析报告和大中型项目可行性分析报告。一般项目可行性分析报告内容单一、规模小、投资少，包括新建和扩建项目，常规性技术改造项目，以及某一方面经营管理改革和单项科学实验等；大中型项目可行性分析报告规模大、投资多、涉及面广，技术论证和经济评价复杂，涉及很多行业，要求很高，包括新建和扩建项目、工程浩大的技术革新项目、全局性的经营管理改革和重大科学实验等。

按项目的产业性质可划分为：工业项目可行性分析报告和非工业项目可行性分析报告。

二、工业项目可行性研究的主要内容

国家计划经济委员会在《关于建设项目进行可行性研究的试行管理办法》中，对工业项目(主要是新建项目)可行性研究报告规定了以下内容。

1. 总论

(1) 项目提出的背景(改扩建项目要说明企业现有概况)、投资的必要性和经济意义。

(2) 研究工作的依据和范围。

2. 需求预测和拟建规模

(1) 国内外需求情况的预测。

(2) 国内现有工厂生产能力的估计。

(3) 销售预测、价格分析、产品竞争能力和进入国际市场的前景。

(4) 拟建项目的规模、产品方案和发展方向的技术经济比较和分析。

3. 资源、原材料、燃料及公用设施情况

(1) 经过储量委员会正式批准的资源储量、品位、成分以及开采、利用条件的评述。

(2) 原料、辅助材料、燃料的种类、数量、来源和供应可能。

4. 建厂条件和厂址方案

(1) 建厂的地理位置、气象、水文、地质、地形条件和社会经济现状。

(2) 交通、运输及水、电、气的现状和发展趋势。

(3) 厂址比较与选择意见。

5. 设计方案

(1) 项目的构成范围(指包括的主要单项工程)、技术来源和生产方法、主要技术工艺和设备选型方案的比较，引进技术、设备的来源国别，设备的国内外分交或与外商合作制造的设想。

改扩建项目要说明对原有固定资产的利用情况。

(2) 全厂布置方案的初步选择和土建工程量估算。

(3) 公用辅助设施和厂内外交通运输方式的比较和初步选择。

6. 环境保护

调查环境现状，预测项目对环境的影响，提出环境保护和三废治理的初步方案。

7. 企业组织、劳动定员和人员培训(估算数)

8. 实施进度的建议

9. 投资估算和资金筹措

(1) 主体工程和协作配套工程所需的投资。

(2) 生产流动资金的估算。

(3) 资金来源、筹措方式及贷款的偿付方式。

10. 社会及经济效果评价

任务四　营销策划书

案例赏析

北京某节电设备有限公司是由香港物业发展公司、北京供电部门和铁路部门合资兴建的一个企业。公司原设想以生产经营节电产品为主，电器产品营销为辅，通过供电部门将产品推广到其他企业。但结果事与愿违，在当时改革开放、搞活经济的形势下不允许以行政手段干预企业的自主权，只能走市场经济的路子。于是公司组织人员进行广泛的市场调查，收集了在京各类型企业的用电、节电状况及市场上各类型节电产品的价格、质量等情况。经过认真分析，公司得出以下结论：

当时的节电产品主要是节能灯，上市厂家有几十家，普遍问题是寿命短，节电不节钱。许多用户有购买心理和需求，也有购买能力，节能灯在某些行业有相当大的需求量，在其他行业也有潜在需求。据此，公司管理层决定率先推出节能灯进入市场，进而带动其他节电产品的发展。为此，公司在市场销售部的基础上，又抽调力量专门成立了营销策划部，具体负责企业的战略规划、产品的销售策略及具体销售战术的实施。通过反复考虑，形成了一整套的方案和建议，报经公司董事会研究并批准后，形成了下列决策方案：由生产部门把节能灯寿命 5000 小时重新定位为 10 000 小时，质量标准直接瞄准飞利浦产品。产品质量承诺为：由保用半年改为保用 1 年。考核目标：公司要求营销部在 3 个月内将 2 万只节能灯投放市场，并形成一定的经济效益。为完成以上任务，又对各部门进行具体分工。通过各部门的共同努力，公司取得了较好的收益。

以上营销方案对节电设备有限公司来说是较为成功的，主要原因在于：通过广泛的市场调查，正确地制定了企业营销策划方案。

范文选读

伊利牛奶市场营销策划书

一、产品背景

伊利集团拥有全国最大的优质奶源基地：内蒙古呼和浩特市、呼伦贝尔大草原、黑龙江杜尔伯特大草原。伊利集团生产的具有清真特色的"伊利"牌产品凭借过硬的质量和良好的服务，行销全国各地，深受广大消费者的青睐和推崇。伊利雪糕、冰激凌连续7年产销量居全国前3位。伊利集团在全国食品行业首家通过了ISO9002国际质量体系认证；公司生产的39类产品中有多个品种通过了国家绿色食品发展中心的绿色食品认证。

二、市场分析

1. 竞争对手

校园内的牛奶品牌主要有：光明、扬子江、蒙牛等。

2. 市场机会

其他牌子的牛奶产品都集中于饭堂内销售，没有专门的售卖点出售产品，设立伊利牛奶站可以将广大师生的注意力投放在"伊利"身上。

三、产品分析

伊利的奶源具有独特的优势：内蒙古大草原"纯天然，无污染"得天独厚的自然环境孕育了伊利的奶牛，为伊利的发展提供了优质的奶源。与其他牛奶相比，伊利牛奶在物质(全固体)、脂肪等指标上高于国家标准，在口感上比较香浓。伊利牛奶口感比较香浓主要源于伊利特别优质的奶源和先进的加工技术。

1. 产品种类

(1) 纯奶系列：纯牛奶。

(2) 功能奶系列：高钙低脂，高钙，脱脂。

(3) 优酸乳系列：原味，草莓，AD钙，蓝莓。

(4) 双果奇缘系列：哈密瓜＋猕猴桃，菠萝＋橙，荔枝＋梨，木瓜＋杏，芒果＋西番莲。

(5) C小调系列：原味，芒果味，夏威夷味。

(6) 花色奶：草莓味，巧克力味，咖啡味，甜味。

各类产品的价格如表3-1所示。

表 3-1　产品价格一览表

种类	纯牛奶	优酸乳系列	花色奶	双果奇缘 6 系列	C 小调系列	功能奶系列
容量/ml	250	250	250	250	250	250
价格/元	2.2	1.9	2.0	2.4	2.6	2.6

2. SWOT 和问题分析

(1) 优势：伊利集团拥有雄厚的经济实力；有较强的技术实力；作为一个校园的分销商可以得到总公司的支持和配合。而且与其他品牌相比，伊利是第一个在校园开设牛奶站的牛奶品牌。

(2) 劣势：销售只限定在校园内。

(3) 机会：牛奶品市场发展快，市场容量大，学生的需求量大。

(4) 威胁：牛奶品市场竞争激烈，竞争对手多，起伏大。

综上所述，应当首先抓紧办好生产许可证，利用供应商的资金技术优势，在自身熟悉的校园采取全方位的促销和分销手段，确定区别于竞争对手产品的商标/品名，以最强的竞争力迅速占领尽可能多的校园市场份额，突出纯天然绿色食品的特色。

3. 产品定位

如何进行产品的定位至关重要，通过充分分析产品本身和市场情况，了解消费需求，才能制定相应的策略。"伊利"的特点在于它的"纯天然，无污染"。

(1) 功能定位：新一代的健康产品。

(2) 形象定位："纯天然，无污染"。

(3) 人群定位：校园内的学生和教职工。

四、销售策略

1. 广告策略

以宣传单为主要宣传手法，把宣传单派发到每个寝室，在海报亭张贴宣传广告。

2. 包装策略

伊利一向推行的是健康的绿色产品，所以对于牛奶站的设计来说，主要用绿色配合产品的外包装。

3. 地点策略

牛奶站设立在饭堂旁边，由于人流量比较多，有先夺取人流的优势。

4. 促销策略

促销的目的是为了增强购买率，提高知名度。对于"伊利"这类健康牛奶产品，必须建立良好的产品形象，配合广告投放，集中火力掀起健康概念。

(1) 在牛奶站开业一个月内，凡到牛奶站查询者可以获赠"牛奶常识小册子"一本，订购满一个月者获赠一只牛奶杯，而且可以享受"1+3"计划(即订购满 1 个月赠送 3 瓶同等价格的牛奶，而且可以自由选择口味)。

为了使顾客在购买时更为方便，本店特意为顾客设计了"牛奶卡"(即订购一个月的顾客就可以获得一张牛奶卡)。顾客在本牛奶站领取牛奶时只需出示牛奶卡，由店员在牛奶卡上记录当天的日期。牛奶卡不设置时间的限制，而且并不限制只可取同一口味的牛奶，只要价格一样就可以选择其他口味的牛奶。

(2) 随着炎夏的来临，乳品市场上，作为营养与休闲最佳结合品的酸奶产品又进入了旺销期。面对在口味、价格、品牌上日益挑剔和讲究的消费者，各厂家摩拳擦掌，各施解数。伊利酸奶作为主力品牌之一领先出击，从 5 月下旬开始，以"享天然，赢健康"为主题。推出了"伊利酸奶鲜风食尚 FOLLOW ME"体验等一系列富有创意的宣传促销活动。而且酸奶产品也同样参加"1+3"计划，满足广大师生的需求。

五、管理手段

1. 存货管理

由于牛奶具有不能长时间保存的特性，所以牛奶站对于存货的问题应该加以重视。要做到以下几点：

(1) 每天登记好每一个品种、每一个口味的销售数量。

(2) 每天在结账时统计好当天的存货量，哪些品种多了、哪些缺货，应该及时通知供货商。

(3) 特别注意过期问题。应该登记好不同生产月份牛奶的过期日期，以便及时发现，保证牛奶站销售牛奶的质量。

2. 预计的损益表

制定预算损益表，以随时跟踪销售情况，使销售业绩可以及时得到反馈。

3. 财务目标

制定每个月的财务目标以及赢利百分比。如果达到预期目标就提高下个月的财务目标，但如果没有达到就需寻找原因。

4. 信息反馈

顾客就是我们的上帝，所以顾客的意见有着很重要的意义。

(1) 对于订购了一个月的顾客来说，应该随时跟踪。两个星期作一次问卷调查。收集调查报告，并统计出意见大体反映什么问题，便于加以改善。

(2) 除了长期顾客要关注以外，还要注重其他比较分散的顾客。作为店员应该主动跟顾客打招呼，并且可以口头调查一下他们的口味偏好。

(资料来源：梁宏，等. 现代市场营销策划案例及点评. 北京：中国地质大学出版社，2005)

简评：

这份营销策划书分为 5 个部分。第一部分介绍产品背景，第二部分简要介绍了市场情况。第三部分是产品分析，介绍产品种类，对产品进行 SWTO 分析。第四部分是销售策略，分别从广告策略、包装策略、地点策略、促销策略 4 个方面来撰写，详写了促销策略。第五部分是管理手段，分别从存货管理、预计损益表、财务目标、信息反馈 4 个方面进行阐述。

一、营销策划书概述

策划是指企业对市场营销过程中的各步骤、各环节与各种不同营销的活动进行策划，是企业本身、企业的产品或服务能很快被潜在的消费者所认识、了解、接受，并进行购买的过程。它是企业市场营销活动的一项重要内容。

营销策划书是企业根据市场变化和企业自身实力，对企业的产品、资源及产品所指向的市场进行整体规划的计划性书面材料。

为提高策划书撰写的准确性与科学性，应首先把握其编制的几个主要原则。

(一) 逻辑思维原则

策划的目的在于解决企业营销中的问题，按照逻辑性思维的构思来编制策划书。首先是设定情况，交代策划背景，分析产品市场现状，再把策划的中心目的全盘托出；其次针对具体策划内容进行详细阐述；三是明确提出解决问题的对策。

(二) 简洁朴实原则

要注意突出重点，抓住企业营销中所要解决的核心问题，深入分析，提出其可行性的相应对策，针对性强，具有实际操作指导意义。

(三) 可操作原则

编制的策划书要用于指导营销活动，其指导性涉及营销活动中的每个人及各环节关系的处理，因此其可操作性非常重要。不能操作的方案创意再好也无任何价值。不易于操作也必然要耗费大量人、财、物，管理复杂、显效慢。

(四) 创意新颖原则

要求策划的"点子"(创意)新、内容新，表现手法也要新，给人以全新的感受。新颖的创意是策划书的核心内容。

二、营销策划书的结构和写法

(一) 内容概要

内容概要，即对主要营销目标和措施的简短摘要，目的是使管理部门迅速了解计划的主要内容，抓住计划的要点。

(二) 当前营销状况

当前营销状况，即进入正文。主要提供该产品目前营销状况的有关背景资料，包括市场、产品、竞争、分销以及宏观环境状况的分析等。

1. 市场状况

市场状况，即列举目标市场的规模及其成长性的有关数据、顾客的需求状况等。

2. 产品状况

产品状况，即列出企业产品组合中每一个品种近年来的销售价格、市场占有率、成本、费用、利润率等方面的数据。

3. 竞争状况

竞争状况，即识别出企业的主要竞争者，并列举竞争者的规模、目标、市场份额、产品质量、价格、营销战略及其他有关特征，以了解竞争者的意图、行为，判断竞争者的变化趋势。

4. 分销状况

分销状况，即描述公司产品所选择分销渠道的类型及其在各种分销渠道上的销售数量。

5. 宏观环境状况

宏观环境状况，即主要对宏观环境的状况及其主要发展趋势作出简要的介绍，包括人口环境、经济环境、技术环境、政治法律环境、社会文化环境，从中判断某种产品的命运。

(三) 风险与机会

风险与机会，即对企业的某种产品所面临的主要机会和风险、企业的优势和劣势及重要问题进行系统分析。

(四) 目标

1. 财务目标

财务目标，即确定每一个战略业务单位的财务报酬目标，包括投资报酬率、利润率、利润额等指标。

2. 营销目标

财务目标必须转化为营销目标。营销目标如：销售收入、销售增长率、销售量、市场份额、品牌知名度、分销范围等。

(五) 营销战略(STP、4PS)

1. 目标市场的选择和市场定位战略

明确企业的目标管理市场，即企业准备服务于哪个或哪几个细分市场，如何进行市场定位，确定何种市场形象。

2. 营销组合战略

营销组合战略，即企业在其目标市场上拟采取的具体的营销战略，如产品、渠道、定价和促销等方面的战略。

3. 费用战略

费用战略，即说明为执行各种战略所必需的营销费用。

(六) 行动方案

阐述以下问题：将做什么？何时开始？何时完成？谁来做？成本是多少？

可以列表加以说明，表中具体说明每一时期应执行和完成的营销活动的时间安排和费用开支等，如每项营销活动何时开始、何时完成、何时检查、费用多少等，使整个营销战略落实于行动，并能循序渐进地贯彻执行。

(七) 营销预算

营销预算，即开列一张实质性的预计损益表。

(八) 营销控制

营销控制，即将计划规定的营销目标和预算按月或季分别制定，上一级的管理者每期都要审查企业各门的业务实绩，找出达到或未达到预期目标的部门。凡未完成计划的部门，其主管人员必须说明原因，并提出改进措施，以争取实现预期的目标。

说明：

以上步骤是综合性较强的案例分析步骤，在做小型案例时可借鉴其中的几个主要步骤。按规范化步骤进行案例分析有助于把问题分析得比较全面，以及如何分析案例。当然，若不按此步骤也未尝不可，只要能把问题分析透彻，提出自己的策略，采取何种形式是不能限制的。

三、营销策划书的写作技巧

在做营销策划时要站在全局的角度，对整个市场营销活动进行全局性的规划，所以撰写营销策划书时需要体现出这一点。虽然营销策划书没有固定的格式，但还是有一些写作技巧的。

(1) 给出一定的理论依据。寻找理论依据来支持自己的观点，可以让自己的策划观点有理有据，不会让人有空口说白话的感觉。

(2) 举一些恰当的例子。适当举一些好的例子，不仅可以增强策划书的生动、形象感，还可以增强执行者的信心。

(3) 利用数字说明问题。用真实的数据来说明问题，可以大大增强此策划书的可信度和说服力。

(4) 适当运用图表。在适当的时候运用图表，可以更好地帮助客户和执行人员理解策划方案，使方案更易于被接受和执行。

(5) 合理利用版面安排，同时还要注意细节，消灭差错。

特别提醒

(1) 语言简洁，重点突出。

(2) 营销方案要有可操作性。

(3) 营销目标要设定适当。

(4) 营销手段要符合法律法规的要求。

小卡片 名人名言

史玉柱说："营销是没有专家的，唯一的专家是消费者，就是你只要能打动消费者就行了。"

病文评析

营销策划书

一、现状

市场调研的结果显示：快餐食品市场仍在缓慢成长。传统的街区和郊区市场已经饱和，当前大多数的销售增长来自非传统销售网点！诸如机场、火车站、办公大楼所在地。

近几年，发生了一些对××公司有利的和不利的事件。

有利事件：

××成功地向市场投放了各种色拉和三明治；儿童们对各种快乐套餐的需求经久不衰并在不断增长；××在各游乐场的销售非常成功，扩大了销售额；××快餐长期以来统治着本地的早餐市场。

总之，××公司虽然在快餐食品市场优势尚存，但是正在逐渐消失。

二、问题与机会

××公司面临的问题如下：

第一，通过现场试验发现，客户对××准备推出的新快餐评价不高；

第二，适于××开设新销售网点的区域十分有限；

第三，其竞争对手 TT 公司在经营成年人快餐销售链方面表现出极大的潜力；

第四，各竞争对手都纷纷向市场投放各种各样的快乐套餐，以吸引儿童；

第五，最近××组织了两次以成年人市场为目标的游戏性促销活动，顾客反映这些游戏太复杂；

第六，缺乏合格的工人和随着花色品种的增加所带来的质量控制方面的困难，使得××的快餐质量和服务质量都开始下降。

××公司的市场机会如下：

第一，顾客对公司即将推出的自由挑选小果子面包作出了积极的反应；

第二，××在非传统场所开设的销售网点相当成功；

第三，××的地区合作团体和当地特许经营组织的市场竞销能力在同行中是最强的；

第四，××投放市场的各种色拉取得一定的成功。

三、营销目标与行动方案

(一) 1999 年××在本地的营销目标

营销额：1.2 亿美元。

(二) 为达到这一目标的主要行动

1. 不断加强对儿童的市场营销活动，强化儿童的忠诚度；

2. 以成年人为目标市场进行促销活动，每 6 个月组织一次促销性游戏活动；

3. 继续在非传统场所开设销售网点，增加网点数目。

(三) 与主要行动相配合，还拟采取的行动

1. 扩大适合与地区合作团体的广告宣传活动的素材量；

2. 赞助体育活动及其他有关活动；

3. 增加形象大使露面的次数；

4. 发行有关××快餐食品营养成分及含量的新闻报告。

四、营销策略

(一) 广告宣传活动

××应继续以重金作广告宣传，费用额将是最大竞争对手的 3～4 倍，以期获得更大的市场占有率。计划主要强调两个方面。(略)

(二) 其他促销活动(略)

(资料来源：世界经纪人网，有改动)

评析：

这是一份有问题的营销策划书。题目应改为"快餐连锁店营销策划书"，尽量详细点。文中写了有利的事件，还应写不利的事件。第二部分的问题模糊化，不够详细，譬如"不高"的具体情况是什么。营销目标过于简单，最好详细点，如毛利、净利、市场占有率等都要写。

任务演练

选择自己感兴趣的商品，制作一份营销策划书。具体要求：

1. 符合营销策划书的写作规范和写作要求。

2. 有创意。

3. 文字流利畅达。

知识拓展 营销管理的需求

一、营销寓言故事

(一) 两家小店

有两家卖粥的小店，每天的顾客相差不多，都是川流不息，人进人出的。然而晚上结算的时候，左边这个总是比右边那个多出百十元来。天天如此。

于是，我走进了右边那个粥店。服务小姐微笑着把我迎进去，给我盛好一碗粥。问我："加不加鸡蛋？"我说加。于是她给我加了一个鸡蛋。每进来一个顾客，服务员都要问一句："加不加鸡蛋？"也有说加的，也有说不加的，大概各占一半。

我又走进左边那个小店。服务小姐同样微笑着把我迎进去，给我盛好一碗粥。问我："加一个鸡蛋，还是加两个鸡蛋？"我笑了，说："加一个。"再进来一个顾客，服务员又问一句："加一个鸡蛋还是加两个鸡蛋？"爱吃鸡蛋的就要求加两个，不爱吃的就要求加一个。也有要求不加的，但是很少。

一天下来，左边这个小店就要比右边那个多卖出很多鸡蛋。

营销启示：

给别人留有余地，更要为自己争取尽可能大的领地。只有这样，才会于不声不响中获胜。销售不仅仅是方法问题，更多的是对消费心理的把握程度问题。

(二) 三个旅行者

三个旅行者同时住进一家旅馆。早上出门时，一个旅行者带了一把雨伞，一个拿了一根拐杖，第三个则两手空空。

晚上归来时，拿着雨伞的人淋湿了衣服，拿着拐杖的人跌得全身是泥，而空手的人却什么事情都没有。前两个人都很奇怪：问第三个人这是为什么。

第三个旅行者没有回答，而是问拿伞的人："你为什么淋湿而没有摔跤呢？"

"下雨的时候，我很高兴有先见之明，撑着雨伞大胆地在雨中走，衣服还是淋湿了不少。泥泞难行的地方，因为没有拐杖，走起来小心翼翼，就没有摔跤。"

再问拿着拐杖者，他说："下雨时，没有伞我就拣能躲雨的地方走或者是停下来休息。泥泞难行的地方我便用拐杖拄着走，却反而跌了跤。"

空手的旅行者哈哈大笑，说："下雨时我拣能躲雨的地方走，路不好走时我细心走，所以我没有淋着也没有摔着，你们有凭借的优势，就不够仔细小心，以为有优势就没有问题，所以反而有伞的淋湿了，有拐杖的摔了跤。"

营销启示：
在营销过程中，优势是相对的，只有凭借客观的营销环境创造优势才能够取胜。
(资料来源：侨友乐网)

二、营销管理的 5 种需求

营销管理要考虑什么需求呢？这个问题涉及企业的很多方面，企业强调团队合作，强调供应链，因此各个环节的需求都要考虑到，这样的营销策略才是好策略。但在营销中，企业制定营销策略，要充分考虑营销策略推行的各个方面，其中主要是企业、消费者、经销商、终端、销售队伍 5 个方面。营销管理要满足这 5 个方面的需求，在不断满足需求的过程中企业便得到了发展。

(一) 满足企业的需求

企业的需求有哪些呢？企业追求可持续发展，说白了就是可持续赢利。企业可以短期不赢利，去扩张，去追求发展，但最终目的还是赢利。所有的人员、资金、管理等都是为企业实现可持续赚钱的手段。同时，按照营销理论，企业要坚持"4C"原则，以消费者为中心。但实际上"以消费者为中心"是企业思考问题的方式，企业要围绕自己的利益来行动，要把命运掌握在自己手上，要掌握市场的主动权。市场发展的不同阶段、企业发展的不同阶段，企业都有不同的需求。

市场孕育期，企业开发了创新产品。企业面临两个问题，一是要迅速完成资金的原始积累，另外要迅速打开市场。市场成长期，企业飞速发展，出现了类似的竞争对手。因此企业要用比对手更快的速度，扩大市场份额，占领市场制高点。市场成熟期，企业需要延续产品的生命周期，要追求稳定的现金流量，同时还要开发其他产品。

营销管理是对企业需求的管理，以满足企业的需求为根本。所以作为营销决策者首先要考虑："公司现在需要我做什么？"然后在具体落实企业需求的过程中，考虑下面 4 个需求。

(二) 满足消费者的需求

真实的、理性的消费者的需求是什么呢? 消费者对好的产品质量有需求, 对合理的价格有需求, 对良好的售后服务有需求。消费者的需求对企业来说是最重要、最长久的, 如果忽略消费者的需求, 企业可以实现短期利益, 但消费者是用 "脚" 投票的, 他们会选择离开。对企业来说, 满足消费者的需求是企业最长久的保障。在满足需求的基础上, 企业还要发掘需求, 引导消费潮流。

(三) 满足经销商的需求

经销商的需求是经常变动的, 但归根结底是 3 个方面的需求。

经销商需要销量。如果你的产品是畅销产品, 不愁卖。这个时候经销商可能只需要销量。因为他知道, 你的货可以带动其他货, 这样他可以从其他货中赚钱。

经销商需要利润率。如果你的产品是新产品, 这时经销商期望比较高的毛利。你的货可以走得慢, 但是很赚钱, 这样他也满意。

经销商需要稳定的下家。如果你的货物实在紧俏, 零售店非有不可, 你给经销商货, 经销商就可以用这个产品建立渠道, 维护自己渠道的忠诚度。当然, 如果你可以帮助他做管理, 管理渠道、管理终端, 这样你也满足了他的需求。

所以企业在制定营销政策时要知道经销商的需求是什么, 比如经销商是要长远发展, 还是要短期赢利? 企业要针对经销商的实际需求不断制定出适合经销商的销售策略、产品策略、促销策略。

(四) 满足终端的需求

很多企业都有终端策略, 制定区别于经销商的终端策略, 满足终端的需求。

终端的需求越来越多, 做终端的办法很多企业不一样, 宝洁公司的市场人员就只做终端的维护和支持, 而不管审货、不管价格。在宝洁眼中, 终端比经销商更重要。毕竟是终端的三尺柜台决定了厂家的最终成败。

(五) 满足销售队伍的需求

销售队伍是最容易被忽略的, 但一个销售代表的背叛很可能会导致一个地区业务的失控。任何营销政策, 最终都要靠销售队伍来贯彻, 销售代表执行力度的大小, 可能比策略本身的好坏更重要。营销竞争是靠团队的, 所有的经销商、终端、消费者的需求, 都要通过销售队伍来满足。销售队伍的需求有哪些呢? 他们对合理的待遇有需求, 对培训机会有需求, 对发展空间有需求。因此, 企业要在不同阶段, 发掘销售队伍的需求, 尽量来满足他们。

企业的需求是根本, 是营销管理的出发点。其中消费者的需求、营销商的需求、终端的需求是串联的, 一个环节没满足, 就可能使营销策略的执行出现偏差。作为营销管理者, 要从这 5 个方面出发, 来考虑营销问题。

(资料来源: 中国医药营销联盟网)

任务五 活动策划书

案例赏析

　　2008 年 8 月 8 日，举世瞩目的第 29 届夏季奥运会在北京开幕。中国为本届奥运会的举办付出了巨大努力，赢得了国际社会的赞扬。而在 16 天的赛会期间，中国运动员积极进取，最终保证了中国代表团以 51 枚金牌的战绩史无前例地登上了金牌榜的首席。这一巨大成就标志着中国竞技体育的整体水平已达到了一个新的高度。在奥运会取得巨大成功的背后，组织策划者们流了许多辛勤的汗水。从开始的准备工作到最后的后续总评工作，都有组织策划者忙碌的身影。

　　从以上例子可以看出，一个活动的成功举办，其活动策划是极其重要的一个环节。

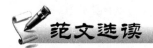
范文选读

广东首届房地产业新劳模评选活动策划书

一、主办单位

主办：广东省××会、广东省××协会、广东省××厅。
协办：××报社房产部。

二、评选内容及对象

十大职业经理人——巧干实干的销售、企划副总、总监；
十佳售楼小姐——楼市女子尖刀班；
十佳售楼先生——楼市男子尖刀班；
十佳中介广告公司——楼市催化剂。
颗颗楼市珍珠，串成一条广东楼市最光彩夺目的珍珠项链，构成楼市最美丽的风景线！劳动精英，应得到至高荣誉！

三、评选目的及原则

"中国楼市看广东"，这一响彻云霄的口号是广东房地产蓬勃发展的最佳佐证！
除却楼市经济、国泰民安、城市化大进程等气候因素，广东楼市之所以有今天的辉煌，是因为有无数默默无闻的发展商在推波助澜。
人造环境，环境造人，时势造英雄，数风流人物还看今朝……
是到了为楼市精英立传的时机了！为表彰那些为广东房地产业作出卓越贡献的

人,为推动广东房地产业更上一层楼,广东省××会、广东省××协会、广东省××厅和××报社房产部共同举办"首届广东房地产业新劳模评选活动"。

评选原则——公益性、权威性、严肃性。

四、评选时间,支持发布媒体

本着公平、公正、公开原则,评选活动时间:××××年3月6日—4月26日。

权威载体,权威发布——《××晚报》、《××工报》、《××报》、广东卫视、广州电视台。

五、活动推广

1. 一个主题——劳动最光荣,精英应得到至高荣誉!

2. 一个声音——五一国际劳动节,40个劳模佩戴大红花同唱一首劳动赞歌!

3. 两档主题活动——①评选委员将制作16开铜版纸全彩楼市群英谱精美画册,讴歌精英;②4月26日广东卫视颁奖晚会。

4. 三方鼎力支持——政府指导、专家评审、媒体支持。

5. 推广程序

(1) 评选前(3月6日—3月20日)

① 成立评选活动委员会顾问组、策划宣传组、后勤服务组、客户组、专家终审组。

② ××卫视、××电视台、《××晚报》、《××工报》发布评选信息,发布路牌车身广告。

③ 召开新闻发布会(以官方名义)。

(2) 召开新闻发布会(4月1日—4月25日)

① 发展商选送候选人材料。材料包括:姓名、性别、年龄、籍贯、文化、业绩、全身彩照。

② 初选入围新劳模在《××晚报》《××工报》一展风采,两报同时刊发读者评选选票。

③ 权威终审。

④ 权威发布——电视、报纸。

⑤ 楼市劳模谱精美特刊。

(3) 评选后(4月26日)

6. 电视颁奖晚会

压轴节目——名誉劳模××副市长和另外40名楼市精英佩戴大红花,同唱一首劳动赞歌。

六、评选程序

权威发布信息(《××晚报》《××工报》《××报》、××卫视、××电视台)一政府部门联合发布倡议书(学劳模) 一各大发展商提名—初选入围—候选人在《××晚报》《××工报》、一展风采—读者投票—专家评委终审—特刊—晚会。

七、评选办法

1. 新世纪广东楼市英雄榜：……
2. "十大劳模"入围标准：……
3. 十大职业经理人入围标准：……
4. 十佳售楼先生(小姐)入围标准：……
5. 十大中介、广告公司入围标准：……

八、评审员名单

官员：……

专家学者：……

媒体记者：……

(共 51 人组成)

九、经费及赞助商(略)

(资料来源：霍林宽. 商务策划书写作. 北京：中国科学技术大学出版社)

简评：
这份活动策划书概述了广东首届房地产业新劳模评选活动的主办单位、评选内容及对象、评选目的及原则等，语言简洁明快，内容详细具体。

一、活动策划书概述

活动策划是策划人员为达到一定目的，经过调查分析及研究后，依据实际情况和信息，判断事物的发展变化，识别并创造需求，借助一定的科学方法、手段、技术对活动的整体战略和策划进行创造性规划的全过程。

活动策划是一项复杂的系统工程，主要是利用各种手段和资源(经济、文化、人力、环境等，包括现有的和现在或未来可以利用的资源)，经过科学、有序、周密、富有创意的系统方法加以调研、分析、创想、设计和整合，形成系统的目标和手段、策划和行动高度统一的思维过程和行动方案,并在实施过程中产生经济和社会效益。

活动策划就是为了活动的成功进行，对活动的全局性、整体性战略规划。它包括从构思、分析、归纳、决策,制定方案、选择方案、实施方案,到最后总结评估的过程。

把策划过程用文字完整地记录下来就是活动策划书的写作。

二、活动策划书的结构和写法

活动策划书没有固定的格式，通常情况下可以参考以下格式。

(一) 策划书名称

尽可能具体写出策划名称，置于页面中央，也可以写出正标题后将此作为副标题写在下面。

(二) 活动背景

首先，根据策划书的特点在以下项目中选取相应内容重点阐述，具体项目有：基本情况简介、主要执行对象、近期状况、组织部门、活动开展原因社会影响以及相关目的动机。其次应说明问题的环境特征，主要考虑环境的内在优势、弱点、机会及威胁等因素，对其做好全面分析，将内容重点放在环境分析的各项因素上，对过去、现在的情况进行详细描述，并通过对情况的预测制订计划。如情况不明，则应该通过调查研究等方式进行分析加以补充。

(三) 活动的目的、意义和目标

活动的目的、意义应用简洁明了的语言将要点表述清楚。在陈述目的要点时，该活动的核心构成或策划的独到之处及由此产生的意义(经济效益、社会利益、媒体效应等)都应该明确写出。活动目标要具体化，并需要满足重要性、可行性、时效性。

(四) 资源需要

可以列为已有资源和需要资源两部分。详细列出所需人力资源、物力资源，包括使用的地方，如教室或活动中心等。

(五) 活动开展

作为策划的正文部分，表现方式要简洁明了，使人容易理解，但表述方面要力求详尽，写出每一点能设想到的东西，没有遗漏。此部分不应局限于用文字表述，也可适当加入统计图表等；对策划的各工作项目，应按照时间的先后顺序排列，绘制实施时间表有助于方案核查。人员的组织配置、活动对象、相应权责及时间地点也应在这部分加以说明，执行的应变程序也应该在这部分加以考虑。这里可以提供一些参考方面：会场布置、接待室、嘉宾座次、赞助方式、合同协议、媒体支持、校园宣传、广告制作、主持、领导讲话、司仪、会场服务、电子背景、灯光、音响、摄像、信息联络、技术支持、秩序维持、衣着、指挥中心、现场气氛调节、接送车辆、活动后清理人员、合影、餐饮招待、后续联络等。请根据实情自行调节。

(六) 经费预算

活动的各项费用根据实际情况进行具体、周密的计算后,用清晰明了的形式列出。

(七) 活动中应注意的问题及细节

内外环境的变化,不可避免地会给方案执行带来一些不确定性因素,因此,当环境变化时是否有应变措施、损失的概率是多少、造成的损失多大、应急措施等也应在策划中加以说明。

(八) 活动负责人及主要参与者

注明组织者、参与者、嘉宾的姓名与单位(如果是小组策划应注明小组名称、负责人)。

注意:

(1) 本策划书提供基本参考方面,小型策划书可以直接填充;大型策划书可以不拘泥于表格,自行设计,力求内容详尽、页面美观。

(2) 可以专门给策划书制作封面,力求简单、凝重;策划书可以进行包装,如用设计的徽标作页眉,图文并茂等。

(3) 如有附件可以附于策划书后面,也可单独装订。

(4) 策划书需从纸张的长边装订。

(5) 一个大策划书,可以有若干子策划书。

三、活动策划书的写作技巧

活动策划书的形式多种多样,要想写出一份理想的活动策划书,需要注意以下几点。

(1) 主题要单一。一次活动不可能做所有的事情,只能把一个最重要的信息传达给目标群体,因此,只能有一个主题,要"有所为,有所不为",这样才能把最想传达的信息充分传达给目标群体,才能引起受众关注。

(2) 直接说明利益点。在活动策划中很重要的一点是直接说明利益点,只有这样才能使目标群体在接触了直接的利益信息之后采取相应的行动,从而达到活动的预期效果。

(3) 活动内容要围绕主题进行并尽量精简。活动内容只有与主题相符才可能达到预期效果。同时要注意,并不是只要活动丰富多彩就能引起目标群体的注意,实际上,活动内容过多容易造成主次不分。

(4) 具有良好的可执行性。一个好的活动创意要有好的执行才能成功,而执行的成功与否,直接反映了活动策划案的可操作性。活动策划要做到具有良好的可执行性,详细的活动安排必不可少。活动的时间和方式必须考虑执行地点和执行人员的情况,在具体安排上应尽量周全。另外,还要考虑外部环境(如天气、风俗习惯等)

的影响。一份活动策划书，只有具备良好的可操作性，才可能是理想的。

(5) 变换写作风格。一般来说，每个人都会有自己的经验积累，从而在写作方面有一套自己的模式。这种模式有可能会局限策划撰写人员的思维。因此，需要适时变换一下策划书的写作风格，尤其是多次面对同一个客户。

(6) 切忌主观言论。由于活动策划案没有付诸实施，任何结果都可能会出现，因此，在策划书的写作过程中，应该避免主观想法，也切忌出现主观字眼。

特别提醒

(1) 条理清楚，分类合理。

(2) 预算合理。

(3) 语言要精练、书面化，不能啰唆或是出现大白话。

(4) 格式整齐划一，该空行的地方统一空行，包括行间距、字体大小、缩进度都要保持一致。

(5) 策划代表了思想，如果写的东西自己都没想清楚，不能做到每一块都心中有数，施行起来肯定很乱。策划活动千万不能有"得过且过"的想法，更不能自我欣赏。

> **小卡片** 名人名言
>
> 托夫勒说："主宰 21 世纪商业命脉的将是策划，因为资本时代已经过去，策划时代已经来临！"

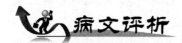 病文评析

座谈会活动策划书

一、活动背景

"长江后浪推前浪，一代要比一代强"的豪言壮语之后却隐蔽着一些危机，时代变迁，社会转型。当代学生过早承受太多压力，一颗颗还不成熟的心灵面对生活茫然不知所措，由此引发一系列心理困惑。我校今年开学初对 2008 级所作的心理档案测试表明，新生的心理健康状况并不乐观，低于全国平均水平，与往年相比也呈下降趋势，我院心理档案测试结果也很令人担忧，对此我部对我院 08 级新生的心理问题作了深入了解与调查，结果显示问题主要集中在人际关系交往、对所学专业的

认识态度、对未来 4 年大学生活的迷茫。此外，调查发现部分学生有抑郁症、强迫症反应。可见，心理问题还是大学生健康快乐生活的隐患。

为提高广大学生的心理素质，我们应重视自身潜在的心理危机，树立心理健康意识，普及心理知识。为此，人文学院心理素质发展部将举行第一期心理座谈，为同学们提供一个平台，面对面与领导、辅导员、心理学老师交流、谈心，将自己的困惑、迷茫、郁闷大胆讲出来，我们也会全力帮助你。通过丰富的互动形式，提高广大学生学习心理健康知识的兴趣，加深对心理知识的理解，提高解决现实生活中学习、生活、交际过程中产生困惑的能力，达到自助和助人的目的。

二、活动的目的和意义

(1) 主要解决大一新生学习、生活、交际方面存在的心理困惑。

(2) 宣传和普及心理知识，提高大学生的心理素质。

(3) 拉近老师和学生、学生和学生的距离，共创快乐生活。

(4) 宣传心理素质发展部，使广大师生了解、熟悉本部的职能、宗旨，使同学们有问题时能够寻求我们的帮助。

三、活动时间

11 月 20 日晚

四、活动地点

图书馆

五、特殊嘉宾

校团委书记：×××

心理学老师：×××

学院院长：×××

辅导员：×××

六、特邀主持：

××(音乐系)

七、活动内容

(1) 嘉宾发言

(2) 趣味心理测试

(3) 师生互动(主题：人际关系、专业、生活)

(4) 主持结束语

(资料来源：中国策划设计网，有删改)

评析：

这是一份有问题的活动策划书。问题主要有：①策划书名称不够明确，应清楚说明是关于××的座谈会。②人称较为混乱。③时间也不够清楚，应详细到从几点开始到几点结束。地点也不够具体。如"图书馆××室"。④活动内容也要尽可能详细介绍，如"××嘉宾关于什么的发言""和谁进行关于什么的心理测试"等。

任务演练

请根据任务导航完成写作任务。具体要求：

1. 自拟一份活动策划书。
2. 符合相应文种的写作规范和写作要求。
3. 文字流利畅达。

知识拓展　大型活动策划

活动策划是大型活动举办成功与否的前提。活动策划，顾名思义即策划人员为达到一定目的，经过调查分析和研究，依据实际情况及信息，判断事物的发展变化，识别并创造需求，借助一定的科学方法、手段和技术，对活动的整体战略和策划进行创造性规划的全过程。

一、大型活动策划的要点

(1) 策划者要高瞻远瞩，总揽全局。任何一个策划都不可能凭空产生，它来源于策划者的创意，这些创意往往是策划者的一种独特的生活经验或长期关注某些社会现象而产生的，它是一种积累和瞬间灵感巧妙结合的产物。好的策划往往就是策划人对某些问题的独特敏锐的洞察，当策划诉求产生时，通过迅速整合大脑储存的大量信息而有所顿悟，这是一种妙不可言的思维过程。策划的这些特性决定了它一开始就要受到策划者思想境界、思想意念和社会价值观等因素的影响。一些比较成功和具有广泛社会影响力的策划，一般都是从某一时期大众的心理需求出发，通过挖掘一些独特的载体，体现或倡导一种先进理念或价值观，从而达到震撼全社会的效果。

(2) 策划要大胆创新，另辟蹊径。任何大型活动的策划，一开始就应该有一个十分明确的目标，包括活动的主题、内容、效果及产生的社会影响。为了达到这个目标，必须制定出一系列实施方案的策略和运作方法。但目前有不少大型电视节目的策划是模仿别人的，缺少原创性。策划需要策划者的智慧和独特眼光，只有大胆创新，另辟蹊径，才会产生更多个性鲜明的原创策划。

二、大型活动策划实施过程的注意点

(1) 确定所要策划的项目内容，同时进行调查和分析研究。这个活动要不要做？为什么做？一定要很清晰明确。

(2) 活动要有一个能够表达主题的设计氛围和吸引人的亮点。活动亮点相当于策划书的灵魂。策划方案能否吸引参展商，其亮点是否突出是重中之重。

(3) 选择好的活动地点和恰当的活动时间。活动地点的选择要有针对性，即要考虑到人流量、交通、周围环境和针对的目标观众层次等。

(4) 具有较强的可执行性，并且对活动可能发生的状况要有预知性。一个合适的产品，一则良好的创意策划，再加上一支良好的执行队伍，才构成成功的市场活动。而执行是否能成功，直接反映了策划案的可操作性。

(资料来源：谢祁. 论大型活动的策划和实施. 现代经济信息，2008(4))

任务六　广告策划书

案例赏析

　　美国德克萨斯州的宾克桑斯货运公司为了扩大知名度，在广告宣传上煞费苦心。因为"货运业务"这种枯燥无味的内容对于娱乐第一、消费第一的美国平常百姓而言，很难引起他们的注意，他们便找了一位新闻界的朋友出谋划策，广告内容设计最好能与美国人的日常生活有关。于是，他们想到了——结婚，这是普通人最感兴趣的事情之一。后来，公司与当地著名报社协商，在一个关于本地夫妇旅游报道的栏目上做了一个广告："他们在货车上度蜜月，相爱四万五千公里。"广告登出后，立刻在人群中传开了："谁想出来的馊主意？新婚夫妇能在货车上度蜜月？""还有谁，就是那个宾克桑斯货运公司！"从此该公司闻名遐迩，效益斐然。

（资料来源：孙东. 国外的营销奇招. 青年文摘(绿版)，2003(1)）

　　宾克桑斯货运公司之所以能有斐然的效益，可以说，广告策划功不可没。

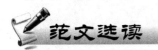

"玩家带路俱乐部"上市广告策划案

广告主：时报旅游

策划小组：王×× 李×

时间：××××年4月9号

目录

前言

一、营销目标

二、营销环境分析

三、市场区隔与定位

四、营销策略与计划

五、执行计划

六、预算编定与效益评估

七、广告推广主题

前言

目前旅游业群雄纷争，旅行社不断掀起价格战。但静观旅游业发展态势，旅游的开放将带来观念的变革，消费者的需求也日益攀升，以价格为导向的旅游已越来越不适应发展需要。于是，一些目光长远的旅行社开始推出"以价值为导向"的"品质旅游"。

2003 年 6 月，后 SARS 时代，时报旅游逆向操作，成立了"玩家带路俱乐部(Macro Travel)"，打造新概念旅游，树立高品质旅游形象。

本企划书以市场分析为突破口，进行营销、推广，为"玩家带路俱乐部"的上市做出了周密的计划。

一、营销目标

1. 塑造"玩家带路俱乐部"专业品牌形象

"玩家带路俱乐部"的产生，是传统竞争格局上的出位，追求用品质来打造旅游，以"旅游价值最大化"为导向。

本次行销企划从"Travel With Our Experts"入手，在旅游商品和讲座服务等各方面不断创造旅游主题，从而塑造一个重专业、强调品质、落实客服的专业品牌形象。

2. 集客

目前，中国台湾旅游市场进入微利时代，只有以数量和尽力降低成本来应付所需，在 Macro Travel 强调其专业品质的前提下，利润的增加只有通过集客来实现，更要在夏季旅游旺季来临之前达到此目的。

3. 网络品牌记忆

越来越多的调查表明，网络营销将是未来营销方式的主流。在"玩家带路俱乐部"品牌创建的同时，macrotravel.com.tw 的推广与之同步进行，使旅友在熟悉"玩家带路俱乐部"的同时，记住该网址，常上网与玩家互动。

二、营销环境分析

1. SWOT 分析

(1) S(优势)

- BuzzCity 与中时报联姻，使这个中国台湾发行量最大的报纸更加强大，"玩家带路俱乐部"依托时报，具有其他品牌无可比拟的媒体优势和雄厚的资金优势。
- "玩家带路"品牌定位从一开始就与文化和情感相结合，充分显示出人性化经营，具有较强的亲和力，并且代表了一种旅游时尚。
- 时报旅游发展已经趋于成熟，大众化经济市场已经稳健。"玩家带路俱乐部"是时报旅游提升的品牌，对于新品牌，原先的忠诚顾客比较容易接受，使品牌的初期推广比较容易。同时，可以节约部分开发成本。
- "玩家带路"新概念的提出，是对传统旅游模式的挑战，跳脱于团体旅行与自助旅行，独辟蹊径。

(2) W(劣势)

- 建立一支高效、专业、与新品牌符合的团队，需要一个过程。
- 新的运营模式刚刚启动，推出的是一个全新的概念，消费者对这种新理念的认识需要一个过程。
- 在中高价位市场上，主要竞争对手是"皇家国际""理想""凤凰""锡安"等，都有较长的历史和广泛、深刻的影响力，在知名度和美誉度上，我们处于劣势。
- 玩家互动、举行系列讲座等形式，是在传统程序之外的，必然导致成本的增加，在旅游业的微利时代，怎样降低成本、提高竞争力是一个问题。
- 大选造成的社会纷扰，分散了民众注意力，对品牌推广将产生影响。

(3) O(机会)

- 网络的普及程度越来越高，且与手机捆绑成为趋势，信息的不对称性不断增加，为"玩家带路俱乐部"推出的玩家互动提供了广阔的发展空间。
- 品牌刚刚创建，具有一定的可塑性。
- 中国加入世界贸易组织之后，旅游市场即将开放，境外旅行社独立经营境外旅游业务，我们与几个竞争对手处于同一起跑线。
- 习惯规律生活的人们，对新事物存在一种潜在的渴望，"玩家带路俱乐部"全新的模式使人们耳目一新。

(4) T(威胁)

- 进入的是竞争较为稳定的行业，几个主要的竞争对手经过长时间的发展，已经形成较为成熟的运营体系，形成进入壁垒，后进入的品牌必然受到排斥。

- 大选造成社会纷扰，导致年度旅游市场低迷，对新品牌的推广将产生一定的影响。
- 岛内旅游业日前竞争激烈，价格战的持续，必然影响我们的收益。
- 在暑假旅游旺季来临之前，竞争对手也会采取积极的宣传促销活动，必定分散消费者对我们品牌的注意力。

2. 竞争对手分析

(1) 现实竞争对手分析

纵观岛内现行旅游市场，虽然旅行社众多，但品牌优势与实质竞争力真正能对"玩家带路俱乐部"造成威胁的，主要有"皇家国际""理想""凤凰""锡安"等。

① 皇家国际运通旅行社(略)

② 理想旅行社(略)

③ 锡安旅游(略)

④ 凤凰旅行社(略)

根据以上分析，可以得出以下结论：

① 这4家旅行社都有几十年的发展史，品牌的知名度和影响力以及对旅游的运营经验都是不容置疑的。在产品面前，每个旅行社也都有自己的主打产品。

② 在价格方面，对中高价位市场的威胁，主要来自皇家国际和理想。

③ 在服务方面，传统方式占统治地位。

④ 网络行销地位越来越重要

(2) 潜在竞争对手分析(略)

3. 消费者分析

(1) 消费者收入分析

学　历	工作资历	工　作	待　遇	待遇比较
专科、高职(A)	大于2年、小于5年	全职	NT＄31 230	
大学或研究生(B)	大于2年、小于5年	全职	NT＄36 608	+17.2% to A
大学或研究生	大于2年、小于5年	全职(计算机软硬件、网络通信、半导体类)	NT＄39 088	+6.7% to A+25.2% to B

从表中明显看出，目标消费者的待遇完全可以负担中高价位的旅行，定价在7万～15万是可以接受的，稳定的收入和相对固定的假期使他们有能力、有时间参与更多的休闲娱乐来丰富自身的精神生活。

(2) 目标消费者总体特征分析(略)

(3) 消费者接触的媒体分析(略)

三、市场区隔与定位

1. 核心竞争优势(略)
2. 目标市场(略)
3. 定位(略)

四、行销策略与计划

1. 活动策划(略)
2. 广告推广策略(略)

五、执行计划(略)

六、预算编定与效益评估(略)

七、广告推广主题(略)

结束语

本企划案的一切策略与计划，均以如何快速推广"玩家带路俱乐部"为目的，在实施之际，还需要与贵公司进行详细的商议，力求方案操作性更强，推广效果更明显，在短时间内达到一定的市场占有率。

(资料来源：梁绪敏，石束. 广告策划. 济南：山东大学出版社)

简评：

这是一个新企业进入市场的广告策划案。全文分为 7 大部分。首先介绍营销目标。第二部分是营销环境分析。用 SWTO 方法对自身的优、劣势以及外在的机会与威胁进行了详细的分析。对竞争对手的分析分为现实和潜在两部分。对主要的现实的竞争对手分别进行了分析。对网络游戏潜在的竞争对手则进行了简要的分析。本部分还以表格形式从学历、工作资历、工作、待遇、待遇比较 5 个方面对消费者收入进行了分析。一家新企业或一种新产品进入市场前要找到自己的市场区隔，要有明确的市场定位。第三部分的分析包括了核心竞争优势、目标市场以及定位。之后则分别从"营销策略与计划""执行计划""预算编定与效益评估"及"广告推广主题"几大方面进行分析。

 知识聚焦

一、广告策划书概述

广告一词是外来语，源自拉丁文 advertere，后来演变为英文 advertise，有通知、

诱导、披露等含义。在中文中，广告就是广而告之，即广泛告知社会公众关于某种事物情况的宣传活动。

广告策划在对其运作过程的每一部分做出分析和评估，并制定出相应的实施计划后，最后要形成一个纲领式的总结文件，我们通常称为广告策划书。广告策划书是根据广告策划结果而写的，是提供给广告商审核、认可的策略性指导文件。因此，广告策划书对于需要宣传产品、形象、意图的企事业单位、政府、个人来说都是广而告之社会大众，从而实现提高销量、稳固形象、获得机会或帮助等目的的工具，对广告策划人来说是展示自己才华、获得利益和机会的工具。

广告策划书有两种形式，一种是表格式的，一种是以书面语言叙述的。以企业产品广告为例，表格式的广告策划书中包括广告委托企业此类产品的销售量或者销售金额、广告目标、广告诉求重点、广告时限、广告诉求对象、广告地区、广告内容、广告表现战略、广告媒体战略、其他促销策略等栏目。其中广告目标又分为知名度、理解度、喜爱度、愿意购买度等几个小栏目。因为销售量或销售额只是广告结果测定的一个参考数值，它们还会受商品(劳务)的包装、价格、质量、服务等因素的影响，因此，通常不把具体的销售量或销售额作为广告的目标。表格式的广告策划书比较简单，但使用面不是很广。另一种以书面语言叙述的广告策划书，运用十分广泛。这种是把广告策划意见撰写成书面形式的广告计划，因此又称广告计划书。通常，在实际的经济活动中所说的广告计划书和广告策划书没有什么大的差别，基本是一回事。

要写好广告策划书，必须注意以下几点。

(一) 真实性

广告传播的根本目的是为了满足人民群众物质及文化生活的需要。广告写作必须对社会、对人民高度负责。广告策划书必须坚持真实性原则，写作必须以事实为依据，讲求信誉。

(二) 思想性

广告涉及千家万户，不仅是一种经济现象，还是一种意识形态。广告策划书的写作必须坚持讲求精神文明，审美趣味要健康、高尚，反对一切低级、黄色、污秽的东西。

(三) 艺术性

现代广告的一个重要特点是要讲求艺术性，广告策划书的写作可以依赖美术、摄影、音乐、诗词、书法等多种艺术形式来表现主题。

(四) 科学性

科学性既是广告工作者严谨工作态度的表现，又是广告现代化的标志。广告策划者要遵循科学规律，运用科学技术和手段，创作出既能正确反映客观实际，又具有时代感的优秀广告策划书。

(五) 群众性

广告是为群众服务的，需要有广泛的群众性，因此，广告策划书所涉及的广告语要简洁明了，通俗易懂，易于被大多数人接受。

二、广告策划书的结构和写法

广告策划书没有固定的格式，通常情况下由前言、市场分析、产品分析、广告战略或广告重点、广告对象或广告诉求、广告地区或诉求地区、广告策略、广告预算及分配、广告效果预测等部分组成。

(一) 前言

前言部分简要说明广告活动的时限、任务和目标，必要时还应说明广告商的营销战略。这是全部计划的摘要，其目的是提出广告计划的要点，让企业最高层的决策者或执行人员快速阅读和了解，当最高层的决策者或执行人员对策划的某一部分有疑问时，能通过翻阅该部分迅速了解细节。这部分内容不宜太长，有的广告策划书称这部分为执行摘要。

(二) 市场分析

市场分析部分一般包括 4 方面的内容：企业经营情况分析、产品分析、市场分析、消费者研究。产品分析应本着实事求是的态度，如实介绍产品的特点、性能、功用以及本品在与其他同类产品相比较时的优劣势。撰写时应根据产品分析的结果，把广告产品与市场中的各种同类商品进行比较，并指出消费者的爱好和偏向，如果有可能，也可提出广告产品的改进或开发建议。有的广告策划书称这部分为情况分析，简短地叙述广告主及广告产品的历史，对产品、消费者和竞争者进行评估。有的广告策划书没有把产品分析放在市场分析这部分里，而是把市场分析和产品分析作为两部分来写的。

(三) 广告战略或广告重点

广告战略或广告重点的内容通常是根据产品定位和市场研究结果，阐明广告策略的重点，说明用什么方法能使广告产品在消费者心目中建立深刻的印象，能刺激消费者产生购买兴趣，能改变消费者的使用习惯，使消费者选购和使用广告产品，能扩大广告产品的销售对象范围，能使消费者形成新的购买习惯。有的广告策划书在这部分内容中增设促销活动计划，写明促销活动的目的、策略和设想，也有把促销活动计划作为单独文件分别处理的。这部分内容是非常重要的，可能直接影响广告的效果，进而影响产品销量。

(四) 广告对象或广告诉求

要做广告，首先要清楚广告商品是针对哪些消费群体的。广告对象或广告诉求部分主要是根据产品定位和市场研究来测算出广告对象有多少人、多少户，然后根据人口研究结果，列出有关人口的分析数据，概述潜在消费者的需求特征和心理特征、生活方式和消费方式等。

(五) 广告地区或诉求地区

确定好广告对象之后还需要确定广告商品的目标市场，并且说明选择这个或这些特定分布地区的理由。

(六) 广告策略

广告策略需要说明广告实施的具体细节，是对广告战略的细化。广告策划书的创作人员应该把所涉及的媒体计划清晰、完整而又简短地表述出来，细化程度可根据媒体计划的复杂性而定，至少应该清楚地叙述所使用的媒体、使用该媒体的目的、媒体策略、媒体计划。如果选用多种媒体，则需对各类媒体的刊播及如何交叉配合加以说明。

(七) 广告预算及分配

广告预算及分配，即根据广告策略的内容，详细列出媒体选用情况及所需费用、每次刊播的价格，可以制成表格，列出调研、设计、制作等费用，也可以将这部分内容列入广告预算书中专门介绍。

(八) 广告效果预测

广告效果预测，即说明经广告主认可，按照广告计划实施，预计可达到的目标，这一目标应该和前言部分规定的目标任务相呼应。

撰写广告策划书时，上面的几个部分可以有所增减或合并分列，如可增加公关计划、广告建议等部分，也可将最后部分改为结束语或结论，视具体情况而定。

广告策划书一般要求简短，避免冗长，尽量避免再三再四地重复相同概念，力求简练、易读、易懂。撰写时，不要使用太多代名词，因为广告策划的决策者和执行者不在意是谁的观念、谁的建议，他们需要的是事实，在每一部分中要说明所使用资料的来源，增加计划书的可信度。一般来说，广告策划书不要超过两万字，如果篇幅过长，可将图表及有关说明材料放在附件部分。

在撰写过程中根据具体情况，有时也将媒体策划、广告预算、总结报告等部分专门列出，形成相对独立的文案后再分别作介绍。

三、广告策划书的写作技巧

如今，社会生活的各个方面都有广告的踪影，广告策划书的作用也越来越重要，下文以商品和企业广告策划书为例，给出几点广告策划书的写作技巧。

商品广告的主要作用是推销产品，写商品广告策划书时需要注意：①介绍商品的性能、功用、科学原理等时，要实事求是。②要根据宣传对象决定语言风格。如写生活资料产品的广告策划书时，语言要通俗易懂，简洁明了，同时带有感情色彩，要能感染人，激发人们的购买欲望。写生产资料的广告策划书时，要运用有关的专业术语，语言要严谨，带有科学性。

企业广告策划的目的是介绍企业情况，树立企业形象，提高企业知名度，而不是直接推销产品。企业广告可以分为实力广告、观念广告和宣传广告 3 种类型，在策划书中，不同类型的广告要采用不同的语言风格。实力广告的语言要具体、翔实、条理清楚、文笔流畅；观念广告要写得有气势，造成声势；烘托企业形象宣传的广告，语言要恳切、诚挚、充满感情。

特别提醒

(1) 语言风格要符合广告对象的用途要求。

(2) 内容要尊重科学，实事求是。

(3) 对广告对象的定位要准确。

(4) 策划要有创意。

小卡片　名人名言

> 广告名人叶茂中说："广告是一门劝诱的艺术，劝说要有一定的量，诱就是要有技巧了。"

病文评析

×××蛋卷广告策划书

一、广告策略

1. 运用 TV、CF 作为主要的信息传播工具，以加深消费者的印象。

2. 配合市场需求，提供其他附属广告制作物，如 NP、DM、夹报、海报等，加强广告信息的传播效果。

二、表现战略

1. 以表现"×××"蛋卷的高贵感及价值感，尤其外包装的优势，加强知名度。

2. 以过年喜庆的气氛塑造"×××"第一品牌的商品印象，来表现"×××"领导者的地位，使消费者把春节与"×××"相连。

3. 确保第一品牌的优良印象，以对抗其他品牌的市场侵入。

4. 除春节固定一般送礼市场外，另做平面稿，表现公司、工厂春节犒赏员工的心理需求，加强机会性的销售。

三、CF 主题及内容设定

1. 以包装产品为主要画面，用春节团圆送礼气氛烘托，突出指名送礼佳品——"×××"。

2. CF 气氛：高级感，亲切感。

四、媒体策略

1. 根据市场的性质，除使用大众媒体，如 TV、报纸、杂志等主力媒体外，根据市场性质、不同的对象，辅以"特定媒体"加强广告表达，火力支援，如夹报、DM、电台等。

2. 拍春节篇 CF 一支，作为"×××"春节蛋卷礼盒上市的广告，以密集的方式在 3 家电视台播出，以加强春节促销。

3. 配合春节的风俗习惯，制作 4 套 TV-Slide，从除夕到初三播出一系列的"×××"蛋卷商品的广告，使商品与浓郁的过年气氛相结合。

4. 以制作针对工厂员工士气，送礼给员工的 DM 信函一套，加强机会性销售，提高成交的比率。

5. 制作海报、夹报、消息稿及电台节目的广告，加强效果，增加广告播出的频率与层次。

6. 制作系列杂志稿，强化品牌气势及商品的表现。

(资料来源：中华管理在线，有删改)

评析：

这是一份有错误的广告策划书。主要问题有：①未言明广告活动哪天开始，持续多少天等具体信息。②缺少人物感觉定位，比如可定位为：现代中国人过年，×××是最好的情感表达。③没有明确指出广告策划书的媒体选择。④媒体选择时选择了电视，但缺少有关电视广告的详情。

任务演练

结合自己熟知的、感兴趣的某种商品，为其制作一份广告策划书。具体要求：

1. 符合广告策划书的写作要求。

2. 有创意。

3. 文字流利畅达。

知识拓展 创意广告策划的语言技巧

好的广告在活动中通常能给客户引领先机，使之取得事半功倍的效果。但大凡那些做得好的广告，不仅在文化背景、媒体策略等方面下工夫，而且还非常注重语言锤炼。

(1) 以趣引人，幽默诙谐。运用幽默表现形式的广告语言，旨在引起受众的兴趣，提高注意率，加强信息的影响度与推广度，进而收到显著的广告效果。如一个脚气药水广告，"使双脚不再生'气'"。用幽默诙谐的句子做广告，使人们开心地接受产品。

(2) 以情感人，含蓄委婉。广告的语言要做到简单明了，不能和受众兜圈子，那么该怎样使用委婉的手法呢？这里的委婉手法，指的是用生动具体的表达来代替直白的说明或论证，而不是故意不把话说清楚，如人们不便张扬的生理特点等。"难言之隐，一洗了之"，用了这句广告口号的洁尔阴，其聪明之处就在于用"难言之隐"代替了一些妇科疾病，既能令受众理解产品的功能究竟是什么，又避免了受众在看广告时可能会出现的尴尬心理。

(3) 以理示人，启人深思。哲理化的广告标语虽然商业气息淡薄，但却不影响表达效果，因为它一方面提供给受众人生哲理，另一方面体现出品牌或企业精神，从而既可以引导受众对产品的选择意向，又有助于树立企业的良好形象。例如，"山高人为峰"是红塔集团的广告语。出处是大家都很熟悉的一副对联，"海到尽头天是岸，山至高处人为峰"。它有两层含义：一层意思是，红塔山这个品牌发展得再好，我们的消费者始终是至高无上的，我们一定要服务好，表达了红塔集团现在和将来都要坚持"以人为本"的经营和管理思想。另一层意思是，一个人只要肯攀登，就能达到"登泰山而小鲁"的境界，表达了红塔集团和广大勤劳朴素的中国人永不满足、努力奋进、积极进取的整体精神气概和放眼未来、永争第一的追求与理想。

(4) 以势服人，慷慨豪迈。产品广告中蕴涵哲理或深意，有的言简意赅、语短情长，有的启人深思、暗寓禅机。如多年前，在汽车广告语中，到目前为止还没有一句广告语要比丰田的"车到山前必有路，有路必有丰田车"(1982年)更自信，更有气魄，其可谓汽车广告语中的绝唱。在广告界，许多策划高手都把这句广告语当成了修炼的经典。

(资料来源：李建平. 创意广告的语言艺术. 金融教学与研究，2005(4))

 训练设计

一、填空题

1. 市场调查还经常采用询问调查法、_____、_____。
2. 市场调查报告的标题的写法有_____、_____。

3. 市场预测报告就是依据已掌握的_____，通过科学的方法分析进行研究，从而预测_____的一种预见性报告。

4. 市场预测报告的特点有_____、_____和时效性。

5. 可行性分析报告是对_____分析其必要性、可能性、客观条件与未来前景的书面报告。

6. 可行性分析报告有_____、_____和_____的特点。

7. 可行性分析报告的结构由封面和标题、_____、_____组成。

8. 营销策划书的格式要素包括_____、_____、_____、_____、_____、_____、_____7 个部分。

9. 为提高营销策划书撰写的准确性与科学性，应首先把握其编制的几个主要原则：_____、_____、_____、_____。

10. 活动策划就是为了活动的成功进行，对活动的全局性、整体性战略规划。它包括从_____、_____、_____、_____，_____、_____、实施方案，到最后_____的过程。

11. 广告策划书有两种形式，一种是_____，一种是_____。

二、判断题

1. 市场调查的内容是市场需求情况。（   ）

2. 市场调查报告的主体部分一般包括基本情况、分析或预测、对策和建议几部分。（   ）

3. 凭借丰富的实践经验就能进行准确的市场预测。（   ）

4. 市场预测报告的标题有公文式和新闻式的写法。（   ）

5. 市场调查报告与市场预测报告既有联系又有区别。（   ）

6. 可行性分析报告只适用于工业和基建领域。（   ）

7. 营销、活动策划书有固定的格式。（   ）

8. 营销策划书是一种说服性材料，它通过使人信服的材料为提案者和接受方在营销策划的实施中提供通用的语言。（   ）

9. 在市场营销中，把策划过程用文字完整地书写出来就是营销策划书。（   ）

10. 活动策划就是为了活动的成功进行，对活动的全局性、整体性战略规划。（   ）

三、分析题

1. 下面是某工业技改项目的可行性分析报告的纲要，请根据各章所列内容，将隐去的每章小标题填写在括号内，并分析其内容构成。

××带钢厂冷轧生产线技术改造可行性研究报告

第一章　（   ）

一、可行性研究工作的依据和范围

二、承办企业的概况

三、可行性研究报告的内容概要和结论

四、存在的问题和建议

第二章　（　　　　　　　　　　）

一、市场调查和供需预测

二、产品方案

三、生产规模的确定

第三章　（　　　　　　　　）

一、物料

二、外协条件

第四章　（　　　　　　　　）

（注：本项目在原厂基础上进行，故从略。）

第五章　（　　　　　　　　）

一、工艺技术方案

二、技改主要内容和措施

三、主要生产设备的选型

第六章　（　　　　　　　　）

一、总图、仓储及运输

二、土建

三、供电

四、给排水

五、热力及通风、空调

六、计量检测

七、机修

第七章　（　　　　　　　　）

一、环境保护

二、劳动卫生和安全

第八章　（　　　　　　　　）

一、组织机构、劳动定员和来源

二、人员培训

第九章　（　　　　　　　　）

一、项目实施进度表(略)

二、新增设备投资估算表(略)

三、固定资产投资估算表(略)

第十章　（　　　　　　　　）

一、投资估算

二、流动资金估算

三、资金筹措

第十一章 （　　　　　　　　　　　）
　　　一、评价说明
　　　二、基本数据
　　　三、财务评价
　　　四、不确定性分析

2. 在写关于模拟市场活动策划书的活动目的时，下面3种写法哪种最好？为什么？

(1) 繁荣校园文化活动、丰富校园生活。

(2) 增强大学生关注经济社会发展、关注市场的意识。

(3) 让学生熟悉市场运营全过程，培养学生的市场经济意识和创业意识，认识市场规律和规则，培养其组织能力、动手能力及整体思维能力。

四、请诊断下面的市场预测报告中存在的问题

××市劳保市场的发展趋势

随着我国改革开放形势的深入发展和人民群众着装条件的不断改善，××市劳保市场的商品正在向着美观化、多样化、高档化方向发展。

根据××市××统计局××××年对"××市劳保市场"的统计资料，我们可归结出以下的趋势：

1. 高级布料所制的劳保服装越来越受欢迎，昔日的纯棉劳保服装越来越受到冷遇。从劳保服装的色泽来看，深灰、浅灰、咖啡、湖蓝、橘红、米黄、大红等鲜艳色调正在日趋取代传统的黑、蓝、黄、白"老四色"。

2. 新颖的青年式、人民式、中山式、西装式劳保服装的销售形势长年不衰；而传统的夹克式、三紧式等劳动服销售趋势却长年"疲软"。

3. 档次较高的牛皮鞋、猪皮鞋、球式绝缘鞋、旅游鞋已成为热门货；而传统的劳保鞋，如棉大头鞋、棉胶鞋、解放鞋等却成了滞销品。

4. 劳保防寒帽，如狗皮软胎棉帽、解放式棉帽等几乎无人问津。

5. 高质量而美观的劳保手套，如皮布手套、全皮手套、羊皮五指手套日趋成为"抢手货"；而各种老式的布制手套、线制手套、布闷子式手套的销量日渐下落。

6. 色彩艳丽的印花毛巾、提花毛巾、彩纹毛巾等，已成为毛巾类商品的主销品；而素白毛巾的销量不断减少。

五、职场模拟题

1. 选择你熟悉的某种日用商品，对其在本地的市场销售状况作调查，写出一篇小型市场调查报告。

2. 写一篇明年毕业班学生去向的预测报告。

3. 自己选定一个小项目，进行初步可行性研究，并将研究结果按可行性报告的模式写一篇可行性分析报告。

项目二 经贸合作

能力目标

- 能够对具体的招投标文书、合同等文书就写作内容、格式、语言等方面加以分析评鉴。
- 能够熟练写作主题正确、内容充实、结构合理、语言得体、格式规范的招投标文书、合同等文书。

知识目标

- 学习招投标文书、合同文书的理论知识，明确其作用，掌握其写作要求。

项目导航

××职业技术学院拟采购一批家电，面向社会公开招标。2011 年 10 月 10 日，就校采购家电项目举行开标会。参加开标的有招投标各方代表及法律顾问。

经过激烈的竞标，××商业集团公司以其规范、成熟的运营模式、有吸引力的标底胜出！很快，该公司收到了××职业技术学院的中标通知书。机会难得，公司总经理办公室主任陈×奉命立即做好与××职业技术学院合作的相关文书，等待正式签约。

在这个项目里，需要用到招标书、投标书及合同文书，那么该如何拟写呢？

任务一 招标书

案例赏析

央视广告招标揽金 109 亿

2009 年 11 月 18 日，一年一度的"经济晴雨表"央视广告招标大会在北京召开。来自全国各行各业的 800 余家企业竞相投标，央视广告揽金 109.664 5 亿，创历年新高。

其中，四川郎酒集团以 3330 万中标 2010 年世界杯《射手榜》独家冠名权，并因此获得央视赠送的世界杯足球和足球巨星 C.罗纳尔多签名的球衣。集团副总经理李明接过这份礼物，称"这个球值 3330 万"；巨人集团董事长史玉柱最终以 1.67 亿元，赢得《新闻联播》的广告标的；蒙牛则以 2.039 亿元拿下 2010 年上半年央视特约剧场冠名权，这也是招标会上最激动人心的明标竞拍。

招标会后，各中标企业随即与央视分别签订相关合同，确立了合作事宜。

(资料来源：2009 年 11 月 19 日《重庆商报》，有删改)

一场招标大会引得众多企业竞相投标，并与央视签下天价合同，中标者欢欣鼓舞，落选者遗憾连连。那么，假如你是办公室的一名文秘，知道怎样起草招标、投标文书吗？

京九铁路×××编组站通信工程招标书

为了快、好、省地建成京九铁路×××编组站，经铁道部批准，××铁路建设指挥部对京九铁路×××编组站通信工程进行招标。

一、招标工程的准备条件

京九铁路×××编组站通信工程的以下招标条件已经具备：

1. 本工程已列入京九铁路建设计划；

2. 已有经国家批准的设计单位出的设计图和概算；

3. 资金、材料、设备分配计划和协作配套条件均已分别落实；

4. 本工程的标底已报建设主管部门和建设银行复核。

二、工程内容

1. 站场通信工程；

2. 通信站工程；

3. 无线列调工程。

三、工程范围及主要工程数量

1. 工程范围：×××编组站全部通信工程。

2. 主要工程数量：(略)

四、承包方式

1. 中标单位以包工期、包质量、包造价、包材料的原则承包本工程。

2. 中标单位不包的项目及费用：(略)

五、承包工程的工期(略)

六、工程质量技术安全要求、工程监理、工程验收标准(略)

七、物资供应(略)

八、工程价款的支付和结算

详见本工程临时施工合同条款。

九、投标注意事项

1. 投标文件的编制。(略)

2. 投标文件的递交。

标书要加盖企业及其法人代表的印章，密封后，在××××年4月×日下午4点前派专人送到××铁路建设指挥部(××市××路×号)。逾期交送标书作废标论。

3. 开标、评标时间及方式。

(1) 开标时间：××××年×月×日。

(2) 评标结束时间：×××× 年×月×日。

(3) 开标、评标方式：建设单位邀请建设主管部门、建设银行和公证处及投标方参加公开开标、审查证书，采取集体评议方式进行评标、定标。

(4) 中标依据及通知：(略)

十、其他要求(略)

××铁路建设指挥部(章)

地址：×××××

电话：×××××

电报挂号：×××××

邮政编码：××××××

联系人：×××

××××年××月××日

简评：

这篇招标书的标题由"招标单位+招标项目名称+文种"组成。正文可分为两大部分：前言和主体。前言交代招标依据、目的和标的；主体部分先说明明确招标项目已具备的条件，再明确招标内容、范围、数量、承包方式、工期等内容。全文结构完整，内容详尽。

 知识聚焦

一、招标书的概念

招标书是在招标过程中介绍情况、指导工作，履行一定程序所使用的一种实用性文书，它是业主按照规定条件发布招标信息，邀请投标人投标，在投标人中选择

理想的合作伙伴的一种方式。

招标书也称为招标通知、招标公告、招标启事，是一种告知性文件。它一般通过大众传媒公开，因此也称招标广告，具有广告性质。

招标方往往利用投标者之间的竞争来达到优选投标人的目的，为了公开、公正、公平地竞争，招标方应对招标的有关事项和要求作出明确的说明解释。

二、招标书的特点

(1) 竞争性。招标是竞争机制在经济活动中的具体体现。招标书发出后将招来众多投资者，供招标单位从中遴选，这在客观上使投标者之间形成了激烈的竞争。

(2) 紧迫性。招标是由于招标方无力自行完成任务，必须在短时间内寻找合作者，依靠外力协助解决问题的商业活动。招标书必须明确规定招标起止日期、投标书送达日期、开标日期等内容，并在限定时间内完成项目。

(3) 公开性。招标书必须公开，即通过报纸、广播及电视等媒体向外部宣传，告知投标者有关招标的内容，从而选中中标者。

三、招标书的结构与写法

招标书的基本结构是：标题＋正文＋落款。

(一) 标题

招标书的标题主要有下面几种形式：

(1) 招标单位＋招标项目＋文种，如《××市交通局过江隧道工程招标书》。

(2) 招标单位＋事由＋文种，如《××省××市高新区科学技术局关于发布科技项目公开招标的公告》。

(3) 招标单位＋文种，如《××股份有限公司招标通告》。

(4) 招标项目＋文种，如《××市园林局 2008 年公园绿地建设工程招标公告》。

(5) 文种，即《招标书》。

(二) 正文

招标公告的正文一般包括前言、主体和结尾。

(1) 前言。主要是写招标缘由，一般是招标意义、根据、背景等，然后用过渡语(如"现将招标事项公布如下")过渡到主体。

(2) 主体。主要包括招标项目和招标范围两部分内容。招标项目即招标项目名称、地址、各项技术指标、总工程量或物资名称、数量、质量、时间等。招标范围指投标者应具备的条件、投标者的资格审核，以及中标者的义务、责任和权利等。

(3) 结尾。一般说明招标的步骤、招标方的联系方式等内容。

(三) 落款

落款部分主要写明招标方的名称、招标书的撰写日期。

特别提醒

(1) 招标内容明确具体。招标项目、要求、招标程序、投标须知等内容必须明确具体。

(2) 逻辑周密严谨。招标书是签订合同的依据，是一种具有法律效应的文件，在措辞与逻辑上均须严密。

(3) 行文简洁清晰。招标书没必要长篇大论，行文详略得当，当止则止。

小卡片　招标与投标的程序

(1) 招标单位编制和报审招标文件，发布招标公告，出售标书。

(2) 欲投标者出示有关证件或材料，填写报名登记表，递交投标申请书。

(3) 招标单位组织投标者勘察设计现场，解答招标书中的疑点。

(4) 投标者填写投标书，并向招标单位报送。

(5) 招标者对投标者的资格及信誉进行审查。

(6) 招标单位按时召开揭标会议，当众开标，公布标底、标价，评定中标单位，并发出中标通知书，并向未中标者退投标书。

(7) 招标单位和中标单位签订合同，招标工作结束。

病文评析

中央电视台劳保用品采购项目招标通告

日期：2009 年×月×日

××国际招标公司受中央电视台委托，就利用其自筹资金的"中央电视台劳保用品采购项目"进行国内公开招标。现邀请合格投标人就下列货物和服务提交密封投标。

1. 招标内容

按中央电视台规定的具体时间码放在指定地点(中央电视台内：北京市××区××路×号)，并负责看管发放。

2. 招标文件售价、文件出售时间、地点、联系方式、银行信息

(1) 文件售价：人民币 200 元/包，如需邮寄，另加邮费 50 元，售后不退。

(2) 时间：2009 年×月×日至投标截止日期，每日 9:00—16:00(节假日除外)。

(3) 地点：北京市丰台区西三环中路×号××××××××××××××。

(4) 联系人：××。

(5) 收款人：×××××××。

(6) 账号：××××××××××××××。

3. 投标人资格要求

(1) 须在中华人民共和国境内合法注册、有法人资格和经营许可，注册资金在100万元人民币以上(含)。

(2) 具有良好的商业信誉和健全的财务会计制度。

(3) 有依法缴纳税收的良好记录。

(4) 近3年内，在经营活动中没有重大违法记录。

(5) 按照招标公告要求购买了招标文件。

4. 递交投标文件截止时间和地点

2009年×月×日9:30(北京时间)，北京××路×号×大厦415会议室，逾期收到或不符合规定的投标文件恕不接受。

5. 投标保证金

投标人在递交投标文件时，应附有相当于投标总价1%的投标保证金。

6. 开标地点

北京市×区×路×号××技术厦415会议室，投标人应派其法定代表人或授权代表出席。

7. 评标办法和评标标准

本项目评标采用综合评分法，其中：评标价格30分，技术部分60分，商务部分10分，合计(满分)100分。详细的评分因素和标准见招标文件。

8. 招标代理机构信息

名称：××国际招标公司

地址：北京市×区×路×号××技术大厦1110室

评析：

这是一则有问题的招标书，问题主要有：①标题招标事宜应以"公告"形式，而非"通告"。②没有××国际招标公司的联系电话和开户银行，竞标者无法联系、落实投标事项。③只有开标地点，未列开标时间，竞标者无从参加投标活动。④代理机构信息残缺，应增加联系人、联系电话及传真等内容。

任务演练

根据下述材料，拟写一份招标公告。

××学院对北校区学生公寓物业管理权进行公开招标，选定物业管理单位对北区学生公寓物业进行管理。管理范围包括：学生公寓(3~14层)28 776.5m²；周边道路、运动场6704 m²；绿化面积1171 m²。招标内容按招标单位提供的《招标文件》。凡达到××市物业管理三级以上资质的物业管理公司或高校后勤服务公司(集团)均可参加投标。

知识拓展　招标人办理招标注意事项

(1) 招标人自行编制《资格予审文件》，在此文件中应详细写明资格预审条件、资格预审办法以及确定潜在投标人的办法(包括如果资格予审合格单位超过7家时，如何确定7家以上的潜在投标人，其可采用评分法、评议法或其他办法)。

(2) 招标文件范本只提供投标须知和投标文件(格式)两部分。作为推荐文本，招标人可以修改、补充或重新编制。其他部分(目录已提供)由招标人自行准备。采用推荐文本的在招标文件填写处、修改处及增加处应采用下划线形式标明，以便招标办的备案审核(请使用16K纸)。

注意：提供备案的招标文件(除图纸外)内容应当齐全。

(3) 招标文件在发放时，应在封面注明发放时间，并于此时间同时向招标办备案，招标办在5日内将备案意见告知招标人。发放招标文件应注意分别发放给各潜在投标人，以免透露领取招标文件的潜在投标人名称和数量。另探勘现场招标人也应分别组织。

(4) 关于招标文件的修改、澄清，招标人应在投标截止日15日前全部完成，否则要相应延长投标截止期。

(5) 自招标文件发出之日至投标截止日(即开标日)不得少于20日。具体开标日期招标人在发放招标文件前应主动向招标办咨询(电话即可)，以便确定在交易中心的开标室。

(6) 不管何种评标办法，均应抽取专家评委(经济类和技术类等)。抽取时间在开标前一天，招标人派人到招标办经办人处办理。

(7) 开标会应在交易中心内由招标人组织进行，评委不得参加，可通知评委半小时后直接参加评标。

(8) 定标后，招标人应将书面报告的所有资料(已备案除外)按目录(已提供)如实填写，提供给招标办(请使用16K纸)。招标办将在5日内审核完毕，其中最后两天作为中标公示日，交易中心将自动公示。如未发生异常情况或无投诉现象，招标人即可到招标办交纳规费并办理中标通知书。办理时间即作为中标通知书发出时间。

(9) 中标通知书采用防伪纸张，由招标办统一印制，招标人不必自行制作，中标通知书一式三份，由招标人盖章后生效。报送招标办的由招标人在合同备案时一并提交。

(10) 招标人自发出中标通知书后30日内，必须与中标人将书面合同签订完毕。其应在投标有效期内完成。招标人自合同签订之日起7日内应将合同(连同中标通知书)报送招标办备案，合同内容应与中标内容一致。

任务二　投标书

案例赏析

工程投标的资格条件

某市的地铁工程招标公告称：该工程采用公开招标，工程范围包括车站主体及土石方开挖、基坑防护及钢筋工程等，投资约 1.5 亿元。投标人资质为一级资质等级，取得 ISO9000 质量认证，具有经济技术管理实力及类似工程业绩。同时市外投标人须同本市具有一级资质的投标人联合投标。

假如你是准备投标企业的负责人，能否发现公告中存在的问题，从而及时制定投标策略，维护自己公司的合法权益呢？

计算机及辅助设备采购投标书

××学校：

贵单位的计算机及辅助设备采购招标书已阅。经研究决定，我公司愿意参加贵单位计算机及辅助设备采购项目的投标，并授权签名人刘某代表我公司提交以下文件正本 1 份，副本 3 份：

1. 投标报价表(略)
2. 货物清单(略)
3. 产品合格证书(略)
4. 金额为××元的投标保证函(略)

我公司同意以下各事项：

1. 所列投标总价为××万元人民币；
2. 投标人将严格根据招标文件所规定的各项内容履行合同的责任和义务；
3. 投标人已经详细阅读全部招标文件，包括修改条款和所有供参考资料及附件，放弃要求对招标文件作进一步解释的权利；
4. 本投标书在开标之日起 60 日内有效；
5. 如在开标之日的投标有效期内撤标，投标保证金则可由贵单位没收。

投标单位：××有限公司(公章)

单位地址：××市××路××号

授权代表：×××
邮政编码：×××××
电　　话：×××××
传　　真：×××××
日　　期：×年×月×日

简评：

本文标题由项目名称和文种构成。前言写明参加项目投标的愿望，并说明代表公司提交文件的授权人。主体部分写明提交的文本及承诺事项。结尾注明投标单位的名称、通联方式、代表人姓名、投标日期，并加盖公章。全文内容具体，条款齐备，文字简洁，结构合理，符合招标书的写作要求。

一、投标书的概念

投标书与招标书相对应，又称"投标申请"或"投标申请书"，是投标单位见到招标书以后，按照招标单位在招标书中提出的标准和要求，对自身的主观条件进行自我审核后，向招标单位递交的提出自己投标意向的书面材料。从实质上讲，投标是对招标提出要约的响应、回答或承诺，同时提出具体的标价和条件承诺来竞争中标。

二、投标书的特点

(1) 竞争的公开性。目前，随着我国市场经济发展的日趋成熟，经济活动中的招投标竞争也逐步规范起来，以促进正当、合法的竞争，因而大都实行公开竞标，以体现公开、公平、公正的原则。

(2) 制作的规范性。投标书的制作既要遵守国家对招投标工作的有关规定和具体办法，又要执行国家颁布的技术规范和质量标准，不能随心所欲，任意制作。

(3) 法律的约束性。投标书和招标书一样，均为日后签订承包合同提供了原始依据。对投标书承诺的各项条件(包括项目标价、规格、数量、质量及进度要求等)，一旦中标，必须严格履行承诺，不可能反悔。

(4) 时间的限定性。招投标活动一般都有严格的时间限定，必须在限期内将投标书递交招标单位，过期将视同自动放弃。同时，对投标项目的进度要求也有严格的时间限定。

三、投标书的类型

投标书按时间，可分为长期投标书、短期投标书；按范围，可分为国内投标书、国际投标书；按投标方人员组成情况，可分为个人投标书、合伙投标书、集体投标书、全员投标书和企业投标书；按内容，可分为工程投标书、大宗商品交易投标书、企业经营承包投标书、企业租赁投标书、技术引进或转让投标书、劳务投标书等。

四、投标书的结构与写法

投标书只是投标系列文件中的一份，并在其中占据核心位置。一份完整的投标书应当包括如下几个部分：标题＋主送单位＋正文＋落款。

(一) 标题

标题主要有4种形式：一是投标方名称＋投标项目名称＋文种，如《中国银行关于××省省属大专院校助学贷款投标书》；二是投标方名称＋文种，如《第三建筑工程公司投标书》；三是招标项目＋文种，如《××机场建设工程投标书》；四是只写文种，如《投标书》或《投标单》等。

(二) 主送单位

主送单位即招标单位，应居左顶格书写。此处一般按照招标书注明的联系单位书写。

(三) 正文

正文是投标书写作的重心，一般包括前言、主体和结尾3个部分。

(1) 前言一般说明投标的缘由，包括投标意义、根据、背景、指导思想、投标方名称及投标意愿等。接着以惯用语过渡到主体。

(2) 主体往往根据招标书提出的目标、要求，介绍投标者的现状，明确投标期限及投标形式，主要包括：一是写明投标的具体指标，包括质量承诺、应标经营措施、拟定标的、提出标价、项目开工(竣工)时间等；二是说明投标书的有效期限；三是说明投标方的保证，即保证按照指标文件要求提交银行担保书与履约保证金。

(3) 结尾主要对主体进行补充说明，并留下联系方式，如投标方全称、地址、邮编、联系人、联系电话、传真、法定代表人等。

(四) 落款

落款一般在正文右下方注明投标单位或个人名称，加盖印章，并在其下一行平行注明大写日期。

> **小卡片** 投标书的常见错误
>
> 投标书6大常见错误：①投标书格式、标段、里程是否与招标文件规定相符，建设单位名称与招标单位名称是否正确。②报价金额是否与"投标报价汇总表合计""投标报价汇总表""综合报价表"一致，大小写是否一致，国际标中英文标书报价金额是否一致。③投标书所示工期是否满足招标文件要求。④投标书是否按要求盖公章。⑤法人代表或委托代理人是否按要求签字或盖章。⑥投标书日期是否正确，是否与封面所示吻合。

特别提醒

(1) 及时拟制和提交。招标单位必须确切抓住时机，在特定的时限内拟制并适时送交投标书，以便实现投标目的，否则会贻误良机，使中标的愿望落空。

(2) 坚持实事求是。投标书要认真细致权衡人员素质、技术水平、自身实力，做到量力而行、量体裁衣。切不可只为中标而夸大其词或弄虚作假，否则，会造成难以预料的损失。

(3) 知己知彼，增强针对性。在写投标书前，必须进行认真的市场情报收集工作，力求准确吃透招标单位的需求及思路，使投标书与招标书的内容合拍。同时还要认真研究参与竞争对手的实力与营销策略，知己知彼，既合理核算成本，又使报价适中，具有竞争力。

病文评析

投 标 书

1. 在研究了上述项目_____的文件和详细了解贵单位的信息后，我们愿意按人民币(大写)_____元/吨的投标价格，遵照技术规范、合同、协议承担本合同实施、完成及交付工作。

2. 如果你单位接受我们的投标，我们将保证在接到你单位的订货单后，在本投标书附录中写明的开工期内开工，并在期限内完成，达到合同规定的要求。

3. 我们同意在从规定的开标之日起_____天的投标文件有效期内严格遵守投标书的各项承诺。在此期限届满之前，本投标书将始终对我方具有约束力，并随时接受中标。

4. 在合同协议书正式签署生效之前，本投标书连同你单位的中标通知书将构成我们双方之间共同遵守的文件，对双方具有约束力。

5. 我们相信，你单位一定接受最低标价的投标书或你单位接到的其他任何投标。同时也认为，你单位应担负我们的任何投标费用。

投标单位名称：_____

投标人地址：_____

邮政编码：_____

电　　话：_____

传　　真：＿＿＿＿＿＿＿＿＿＿＿＿＿＿＿＿＿

投标人(职务)：＿＿＿＿＿＿＿＿＿＿＿＿＿＿＿

日　　期：＿＿＿＿＿年＿＿月＿＿日

评析：

　　这是一份有问题的投标书。问题如下：①没有主送单位，招标单位不明确。②正文第5条的内容武断生硬。招标单位没有义务接受最低标价的投标单位，也没有义务担负投标单位的投标费用。③结尾缺少投标单位的法人签字及单位公章，难以具有法律效力。

 任务演练

　　根据"招标书"的任务演练，为某投标单位起草一份投标书。

知识拓展　投标书的初审

　　(1) 买方将审查投标书是否完整，有无计算上的错误，是否提交了投标保证金，文件签署是否合格，投标书的总体编排是否有序。

　　(2) 算术错误将按以下方法更正。如果单价与数量乘单价的积而得到的总价不一致，以单价为准修改总价，如果投标人不接受对其错误的更正，其投标书将被拒绝，其投标保证金将被没收。如果用文字表示的数值与用数字表示的数值不一致，以文字表示的值为准。

　　(3) 对于投标书中不构成实质性偏差的小的不正规、不一致或不规则，买方可以接受，但这种接受不能损害或影响任何投标人的相对排序。

　　(4) 在详细评标之前，根据投标人须知第26条，买方要审查每份投标书是否实质上响应了招标文件的要求。实质上响应的投标应该是与招标文件要求的全部条款、条件和规格相符，没有重大偏离的投标。对关键条文的偏离、保留或反对，例如关于投标保证金(投标人须知第15条)，适用法律(通用合同条款第30条)，和税及关税(通用合同条款第32条)的偏离将被认为是实质上的偏离。买方决定投标书的响应性只根据投标书本身的内容，而不寻求外部的证据。

　　(5) 如果投标书实质上没有响应招标文件的要求，买方将予以拒绝，投标人不得通过修正或撤销不合要求的偏离或保留，从而使其投标成为实质上响应的投标。

任务三 合同

案例赏析

　　杨××是××学校酒店管理专业的一名学生。2010年7月，他与同班两位同学一起去某酒店应聘，岗位有主管、前台服务、客房服务。顺利通过面试后，酒店给他们出示了用工合同。

　　3个人仔细阅读合同条款后，一致讨论通过。其中尤为令人满意的是"月薪800元""免费提供食宿"——暑假期间，吃住不用愁，能够积累一定的工作经验，还可赚回学费……合同签订后，酒店要求每人先缴300元押金，并开具了"合同违约金"的收据。

　　次日，他们穿上酒店员工制服，从上午8点一直工作至晚上10点，中途只有短暂的"快餐"时间是自己的。工作内容是擦地板、刷盘子。

　　第二天，一切照常进行。

　　第三天，一切仍旧照常。

　　第四天，他们商量决定不干了。他们找到主管，要求退还300元"押金"，却被告知是他们不干活先违约，300元不予退回。

　　（资料来源：http://jpkc.yvtc.edu.cn）

　　上述几位同学有一定的合同意识，但忽略了对合同条款细节的推敲，没有辨别"合同违约金"与"押金"的区别。签订合同时，也没有注意用人单位的培训内容与岗位是否一致，从而给自己带来损失。这一方面是社会经验不足，其关键则在于对合同知识的了解欠缺。

范文选读

食用油购销合同

甲方：××市食品公司

乙方：××市食用油加工厂

为了繁荣市场，保证食用油供应，经双方协商，签订本合同，以资共同遵守。

1. 由甲方向乙方订购食用油 200 吨。按每吨 35 000 元计算，由甲方付给乙方货款共 700 万元。

2. 质量标准。按食用油规格水分不超过 1%为合格，不符合质量标准甲方拒收。

3. 付款办法采取银行托收承付。甲方在验收第一批货物后 5 日内先付款 50%，在验收全部货物后 5 日内付清余下货款。

4. 乙方于 2011 年 4 月至 5 月份 4 次在天津火车站向甲方交付完所订购的食用油。

5. 采用铁桶包装，铁桶回空，回空铁桶由甲方运至天津站，运杂费由乙方负担。货物发运后的铁路运费及卸车费由甲方负担。

6. 违约责任。双方按规定日期交付货物或货款，逾期不履行合同的，违约方按每天 1%的尾款或货物折价款付给对方违约金。

7. 本合同在执行中如发生争议或纠纷，甲、乙双方应协商解决，解决不了时向当地人民法院起诉。

8. 本合同自签订之日起生效。本合同一式四份，双方各执正副本一份存查，履行完毕作废。

9. 本合同附件、附表均为本合同的组成部分，且具有同等法律效力。

10. 本合同附件(由乙方提供)。食用油检测合格证书。

  ××市食品公司(盖章)   ××市食用油加工厂(盖章)

  代表人：张××(签名)   代表人：李××(签名)

  开户银行：×××××× 开户银行：××××××

  账号：×××××××   账号：×××××××

  地址：××××××   地址：××××××

  电话号码：×××××× 电话号码：××××××

签订地点：天津市
签订时间：二〇一一年三月一日

简评：

这是一份买卖合同，由标题、约首、正文、约尾构成。标题由标的加上合同种类组成。约首是签订合同双方的名称。正文包括前言、主体、结尾。前言简明扼要地写了签订合同的目的，主体写了双方约定的条款，如标的、数量、质量、价款、履行期限、交货地点和方式、违约责任、解决争议的办法。结尾写了签订合同的其他有关条款。约尾包括双方单位名称、代表人姓名(签名)，并加盖印章，还有单位地址、电话等。

一、合同的概念与分类

《中华人民共和国合同法》第二章第二条规定：合同是平等主体的自然人、法人、其他组织之间设立、变更、终止民事权利义务关系的协议。

这里的"自然人"指基于自然出生而依法在民事上享有权利和承担义务的个人。在我国，公民在民事法律地位上和自然人同义。

"法人"是具有民事权利能力和民事行为能力，依法独立享有民事权利和承担民事义务的组织。简言之，法人是具有民事权利主体资格的社会组织。

合同的签订方可以是单位与单位、单位与个人或个人与个人，合同关系是一种法律关系，具有强制性质，一经签订，各方当事人都要严格遵守，认真执行，不能单方面修改或废止。

合同的种类很多，按内容可分为经济合同、技术合同、人员聘用合同、文化交流合同和社会服务合同等。

二、合同的基本要素

合同主要包括以下基本要素：标的，数量，价款或酬金，履行期限、地点和方式，违约责任及解决争议的方法。

(1) 标的。即双方当事人权利与义务共同指向的对象，如保管合同的标的是物，运输合同的标的是行为，技术转让合同的标的是智力成果。

(2) 数量。即衡量合同当事人权利义务大小的尺度，通常用数字和计量单位来表示。

(3) 质量。即标的的物理、化学、生物、机械性能素质和外观状态标准。包括规格、性能、款式、标准及材质等。

(4) 价款或酬金。价款是取得标的物应当支付的代价，酬金是获得服务应当支付的代价。

(5) 履行期限、地点和方式。即履行合同的时间限度、交付标的物的方式、支付价款的方式等。

(6) 违约责任。即除不可抗力原因外，由于合同当事人有过错而造成合同不能履行或者不能完全履行要承担的经济责任或法律责任。承担违约责任的主要方式有支付违约金、赔偿损失等。

(7) 解决争议的方法。即当事人关于解决争议的程序、方法等的约定，比如是选择和解、调解、仲裁，还是诉讼。

三、合同的结构与写法

合同的基本结构是：标题＋约首＋正文＋结尾。

(一) 标题

合同的标题主要有两种：一是合同性质＋文种，如《借款合同》《仓储合同》等；二是合同标的＋合同性质＋文种，如《松下电视机买卖合同》《汽车租赁合同》等。

(二) 约首

约首包括订立合同各方当事人名称或姓名。为了使正文行文简便，当事人名称或姓名简称为"甲方""乙方"，或"供方""需方"，或"承包方""发包方"，或"出租方""承租方"等。其写法有以下3种形式。

(1) 开头空两格写"订立合同双方(或各方)"，然后分上下行排列写各方单位名称，其后分别写"以下简称甲方""以下简称乙方"。例如：

供货单位：××服装厂，以下简称甲方。

购货单位：××百货公司，以下简称乙方。

(2) 开头空两格分上下行排列写"甲方""乙方"，其后分别写各方单位名称。例如：

甲方：××建筑安装公司

乙方：××化工厂

(3) 开头空两格分上下行排列写"供方""需方"或"承包方"或"出租方""承租方"等，其后分别写其单位。如：

发包方：××房产公司

承包方：××市第二建筑工程公司

(三) 正文

开头很简要地写明订立合同的根据或目的，说明经双方协商一致，签订该合同；后面另起行分条写合同的法定条款(标的，数量，质量，价款或者报酬，履行期限、地点和方式，违约责任，解决争议的方法)和约定条款。一般最后的一两条写订立合同的有关事项说明。

(四) 结尾

结尾一般包括签订合同各方的公章、法定地址、法定代表人的签名、电话号码、传真号、开户银行及账号、邮政编码、签订合同地点及日期(有的把日期写在约首)等。

特别提醒

(1) 合法。订立合同必须遵守国家的法律法规与各项政策，否则合同无效。

(2) 合理。订立合同必须贯彻平等、公平、协商、等价有偿、诚实信用的原则，任何一方不得强加于人。

(3) 合乎款式。合同具有严格的款式要求，从外在形式来说，有标题、约首、正文、约尾，从内容来说，必须具备主要条款，否则在执行过程中就容易产生纠纷。

> **小卡片** 合同与协议的异同
>
> 二者的联系是：协议是合同的种概念，即所有的合同都是协议，但并非所有的协议都是合同，所以说合同是具有特定内容的协议。经济合同和以经济为内容的协议，都可以称为契约，两者都是确立当事人双方法律关系的法律文书。
>
> 二者的区别是：合同的特点是明确、详细、具体，并规定有违约责任；而协议的特点是没有具体标的，简单、概括、原则，不涉及违约责任；从其区别角度来说，协议是签订合同的基础，合同是协议的具体化。

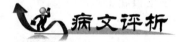

员工培训协议书

甲方：　　　　　　　　　　乙方：

甲乙双方根据平等自愿原则，达成以下培训合同，任何一方违反本协议，对方均有追究赔偿损失及法律责任的权利。

一、甲方的权利与义务

1. 为提高员工业务能力，更好地为公司所用，根据乙方自愿申请和公司部门的推荐，甲方同意乙方去培训学习花卉的相关知识。

2. 培训期间甲方照常支付乙方工资，乙方在培训期间不影响转正。

3. 甲方负责为乙方提供办理参加培训的必要手续和条件。

4. 在乙方参加培训期间，甲方负责为乙方协调各方面与培训相关的关系，做好乙方生活安排工作，以便很好地完成培训任务。

5. 乙方参加完培训，经甲方考核通过后，定岗、定薪，自签订培训协议之日起上五险。

二、乙方的责任与义务

1. 乙方自愿参加甲方组织的花卉培训学习，愿意接受甲方所提供的条件与费用，并遵守本协议的所有内容。

2. 培训期间，乙方需努力掌握培训的相关知识或达到培训的目标要求，乙方在培训中务必掌握技术要点，并做认真详细的记录。

3. 乙方参加完培训之后，必须服从甲方安排，到甲方所规定的岗位上工作，首次合同期限为5年。若因特殊情况，必须请假的，需经过甲方批准。

4. 乙方与甲方签订保密协议，严格执行公司保密制度，未经公司许可，不得将培训中所学专业技术外泄或传播给第三者。

三、甲乙双方其他约定

1. 乙方在参加完培训后，在本合同服务期内，不得以任何借口拒绝为公司服务。

2. 乙方在培训期间，如出现违反有关规定，未能通过培训考核或未达到培训要求，或因自己的原因中途退出培训等情况的，培训所发生的一切费用均由乙方承担；培训过程中，如因甲方特殊情况或人事变动，甲方有权中断培训，所发生培训费用由甲方承担。

3. 乙方参加完培训后，乙方有权选择留职或离开公司。

本协议一式两份，甲、乙双方各执一份，协议自签字之日起生效。

_____年___月___日

评析：

这是一份有问题的合同。问题如下：①标题应是"合同"而非"协议书"。②甲方、乙方分别为谁，没有界定清楚。③正文合同第一条款中培训地点和学习花卉的具体内容均模糊不清，易造成双方日后扯皮、矛盾。④条款对信息保密提出了特别要求，但没有列出"违反"此规定的处罚标准、办法和措施。⑤第三大点第三小点内容与第一大点第五小点矛盾，应统一。⑥结尾缺少双方签字盖章，不合规范。

任务演练

根据下面的材料拟写一份合同。

××服装公司与××集团公司签订合同，由××服装公司为××集团公司生产1000套工作装。服装的样式和规格由××集团公司提供。每套服装600元，在合同签订之后10日内××集团公司支付不超过总货款20%的订金给××服装公司，剩下的货款在收到服装后的一星期内支付完毕。××服装公司于20××年10月27日将服装交付给××集团公司，如果不能按期交货，则赔偿总货款的10%违约金；如果交付的衣服质量不合格，则由双方重新约定服装价格。

××服装公司地址：××市××路18号。开户银行：××市工商银行。账号：××××××。电话：××××××。

××服装公司地址：××市××路22号。开户银行：××市农业银行。账号：

××××××。电话：××××××。

知识拓展　合同谈判策略 15 条

(1) 带一点狂。审时度势，必要时可以提高嗓门，逼视对方，甚至跺脚，表现一点吓唬的情绪，以显示自己的决心，使对手气馁。

(2) 给自己留一定的余地。提出比自己的预期目标更高一些的要求，这样就等于给自己妥协时留下了一些余地。目标定得高，收获便可能更多。

(3) 装一点小气。让步要缓，而且还要显得很勉强，争取用最小的让步去换取对自己最有利的协议。

(4) 不要以"大权在握"的口吻去谈判，而要经常说"如果我能做主的话"。要告诉对方，自己还不能作最后的决定，或说自己的最后决定权有限。这样，就更有回旋的余地，使自己有推后思考的时间和摸清对方底牌的时间。

(5) 不要轻易亮出底牌。要使对手对自己的动机、权限以及最后期限知道越少越好，而自己在这方面应对对方的情况知道得越多越好。

(6) 运用竞争的力量。即使卖主认为他提供的是独门生意，也不妨告诉对方，自己还有买新产品或买二手货的路子。要显示自己还可以在买或不买、要或不要之间作选择，以造成一种竞争的态势。

(7) 伺机喊"暂停"。如果谈判陷入僵局，不妨喊"暂停"，告诉对方：自己要找合伙人、老板或专家磋商。这既可以使对方有时间重新考虑其立场，又可以使自己有机会研究对策，或者以一点小的让步重回谈判桌旁。

(8) 不要急于成交。除非自己的准备工作十分充分，而对方却毫无准备，或者自己握有百分之百的主动权，否则，不必也不能不加思考就亮出自己的底牌。要有足够的时间去考虑谈判的各种细节。

(9) 改变方法，出其不意。有时要突然改变方法、论点或步骤，使对方措手不及、陷入混乱而作出让步。如改变说话的声调、语气、表情，甚至生气等，都可能使对方改变立场和态度。

(10) 盛气凌人。有时可以威逼对方，看对方如何反应。这一手有一定冒险性，但有时很生效，可以迫使对方接受修改的合同或重新谈判。

(11) 间接求助战略。可以说："我真的喜欢你的产品，也真的有此需要，可惜我没有能力负担。"这样可以满足对方自负的心理，因而让步。

(12) 小利也争。小利也是利，有时一个小利就是几千、几万元，因而也值得一争。

(13) 要有耐性、韧性。不要期望对方立即接受自己的新构思。坚持、忍耐，对方或许最终会接纳意见。

(14) 不要逼得对方走投无路，要给人留点余地，顾及对方的面子和利益。成功的谈判是使双方都有好处、双方都愉快地离开谈判桌。谈判的原则是：没有哪一方是失败者，每一方都是胜利者。这就是所谓的"双赢"。

(15) 谈判须有完整的、正确无误的记录。谈完后，还须双方认同签字。

(资料来源：http://law.chinaue.com)

训练设计

一、填空题

1. 招标书是在招标过程中_____、_____，履行一定程序所使用的一种实用性文书，它是业主按照规定条件发布_____，邀请投标人投标，在投标人中选择理想的合作对象的一种方式。

2. 投标书又称_____或_____，是投标单位见到招标书以后，按照招标单位在招标书中提出的标准和要求，对自身的_____进行自我审核后，向招标单位递交的提出自己投标意向的书面材料。

3. 从本质上讲，投标是对招标提出要约的_____、_____或_____，同时提出具体的标价和_____来竞争中标。

4. 合同是_____的自然人、法人、其他组织之间_____、_____、_____民事权利义务关系的协议。

5. 合同的基本要素主要有：_____、_____、_____、_____、_____、违约责任及解决争议的办法。

6. 标的指双方当事人_____共同指向的对象。

二、判断题

1. 招标与投标文书产生于营销管理战略。（　　）

2. 常规式业务活动，一般采用的合同形式是文字条款加表格式。（　　）

3. 合同的非主要条款是标的、数量和质量。（　　）

4. 合同中的违约责任指由于合同当事人有过错而造成合同不能履行或者不能完全履行要承担的经济责任或法律责任。（　　）

5. 投标书和招标书一样，均为日后签订承包合同提供了原始依据。一旦中标，必须严格履行承诺，有时也可以反悔。（　　）

6. 招标书也称为招标通知、招标公告、招标启事，是一种告知性文件。它一般通过大众传媒公开，因此也称招标广告，具有广告性质。（　　）

三、问答题

1. 招标书与投标书的区别是什么？

2. 简述合同与协议的异同。

3. 招投标的流程是怎样的？

四、分析题

1. 请指出下面招标通告在内容和语言表达上存在的问题，并加以修改。

工程招标通告

根据××省"十一五"期间高速公路建设规划，××省交通厅招标投标办公室受××省高等级公路建设总指挥部委托，决定对××至××高速公路项目交通管理设施土建工程在××省内进行竞争性招标，欢迎具备资格的承包单位参加投标。

一、招标工程

第 1 合同包：3 个收费站、1 个管理所、1 个服务区及配套工程，建筑面积 9326 平方米；

第 2 合同包：2 个收费站、1 个管理所、1 个服务区及配套工程，建筑面积 6335 平方米；

第 3 合同包：4 个收费站、1 个管理所、1 个服务区及配套工程，建筑面积 13 563 平方米。

二、凡承包单位和本省交通系统的建筑施工企业，均可提出资格预审申请，非交通系统的承包单位只允许对上述任意两个合同包提出资格预审申请。

三、凡具备资格的承包单位，请到××省高等级公路建设总指挥部招标办洽购资格预审文件。资格预审文件每份 1800 元人民币。

四、提交资格预审文件的截止日期为 2001 年 12 月，送至××省高等级公路建设总指挥部招标办，迟到的资格预审文件，将不予受理。

地址：××市××区××路 18 号

邮编：××××××

电话：××××××

传真：××××××

××省交通厅招标投标办公室(印章)

2. 指出下面一则租赁合同格式、内容上的不足，并加以修改。

租 赁 合 同

出租方：陈××

承租方：××网络公司

根据《中华人民共和国经济合同法》及有关规定，为明确出租方与承租方的权利义务关系，经双方协商一致，签订本合同。

一、甲方将自有的一套公寓房出租给乙方作为办公用房。

二、租赁期限：2010 年 6 月 1 日—2015 年 6 月 1 日，共 5 年整。

三、乙方应于每月 15 日前支付下季度房租，否则按日支付应付款千分之三的违约金，直到付款日为止。

四、本合同一式两份，双方各执一份。

五、本合同自签订之日起生效，有效期 3 年。

出租方(章)：　　　　　　　　　　　承租方(章)：

单位地址：　　　　　　　　　　　　单位地址：

电话：　　　　　　　　　　　　　　电话：

五、情境模拟题

1. 根据下面一则材料拟写一则投标书，不足的材料，请予补充。

投标方××建筑工程总公司向××铁矿培训楼工程招标办公室报送《培训楼工程施工投标书》，阐述了以下 10 个问题：

一、综合说明，概述了工程简况。

二、标价。(略)

三、主要材料耗用指标。(略)

四、工期。

五、工程计划进度。(略)

六、质量保证。全面加强质量管理，严格操作规程；确保工程质量达标。

七、主要施工方法和安全措施。安装塔吊 1 台、机吊 2 台，解决垂直和水平运输；坚持文明施工，保障施工安全。

八、对招标单位的要求。招标单位提供临时设施占地及临时设施 50 间，我们将合理使用。

九、坚持勤俭节约原则，尽可能杜绝浪费现象。

2. 因学院发展需要，我院拟新建两座教学楼和两栋学生宿舍。在向社会公开招标的过程中需制作哪些文书，该如何拟制？

3. 方先生是一名下岗职工，最近正四处寻找合适的出租房屋，筹划开办一所幼儿园。邻居王太太正巧有两套闲置住房，听到这个消息后，愿意将住房租赁给方先生。经协商，双方拟签订一份 3 年期合同，月租 2500 元。请你和同桌一起代方先生和王太太谈判，并共同起草签订这份租赁合同。

项目三 法律事务

能力目标

● 能够熟练写作规范的起诉状、上诉状及答辩状等。

知识目标

● 学习起诉状、上诉状及答辩状等法律文书的理论知识，明确其重要作用，掌握其写作要求。

项目导航

　　××商业集团公司××百货公司签订了一份经济合同。合同规定：××商业集团公司 2011 年 7 月 8 日发给××百货公司洗衣机 1500 台，××百货公司收到货后即付××商业集团公司货款 32 500 元人民币。××商业集团公司于 2011 年 7 月 8 日按时发给××百货公司洗衣机 1500 台，但××百货公司直到 2011 年 12 月仍未付款，××商业集团公司几次交涉未果，决定诉诸法律。安琪接到行政经理安排，要求她 3 天内把诉状文案拟好，交与法律顾问审核后，向××区人民法院提起诉讼。经过审理，法院作出一审判决，××百货公司应立即付清货款，并赔偿××商业集团公司 10 000 元人民币的损失。××百货公司不服。

　　在这个项目中，两家公司需要用到相应的法律文书，如起诉状、答辩状及上诉状等，那么该如何拟写呢？

任务一　起诉状

案例赏析

　　清朝时，一个乡村恶棍故意打死人，然后用十两银子一埋了事，邻里乡亲敢怒不敢言。10 年后，死者的弟弟长大成人，决心报仇，无奈屡告不准。有一乡绅仗义执笔，为其写状道："白骨烧成黑炭，黄金买得青天。十两能偿一命，万金可杀千人。"仅 24 字就写透了此案的严重性，终于使恶棍伏法。

　　该故事让我们认识到，一份好的起诉状，在法律案件中发挥着重要的作用。

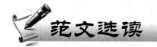

范文选读

起 诉 状

原告：邱某，男，38岁，汉族，武汉××人，××信禾城建发展有限公司施工管理员，住××区××村××组××号。电话：138×××××××××。

被告：夏某，25岁，汉族，系交通事故肇事司机，住湖北省鄂州市××区××镇××村××号。电话：133×××××××××。

诉讼请求：

1. 判令二被告赔偿原告经济损失人民币16 879.20元。

2. 判令二被告承担连带赔偿责任。

3. 判令二被告承担本案全部诉讼费用。

事实与理由：

2008年5月17日10时40分，原告邱某在××大道××村××中学路段行走，遇到被告夏某驾驶的鄂A×××××大客车违章行驶，将原告撞倒在地，原告随即被送往武钢第二职工医院治疗。同日，经青山交通大队认定：本次交通事故被告夏某负全责，原告无责任。经武钢第二职工医院诊断：原告因伤害造成L1压缩性骨折，共住院33天。7月6日武汉市荆楚法医鉴定所鉴定：原告因事故受伤成立，并需进行后续治疗，因本次事故，共造成原告医疗费、误工费、护理费、住院伙食补助费、交通费、后续治疗费等损失人民币16 879.20元。

另，被告夏某所驾驶的鄂A×××××大客车系被告肖某所有，该车无安检合格标志、无机动车第三者责任险。被告肖某将其所有的并不具备上路资格的车辆交由被告夏某驾驶，主观上存在明显过错，与交通事故的发生存在因果关系。与被告夏某构成共同侵权，应当承担连带赔偿责任。

综上所述，被告夏某与肖某的侵权行为不仅给原告精神和肉体上带来伤害，而且给原告经济上造成较大损失。二被告理应承担法律责任。为此，依据《中华人民共和国道路交通法》《中华人民共和国民法通则》的相关规定，特向贵院提起诉讼，请求法院依法判决，保护原告(受害人)的合法权益。

此呈
武汉市洪山区人民法院

起诉人：××

二〇〇八年九月十日

附件：1. 本状副本 2 份

　　　2. 物证 3 件

简评：

这是一份民事诉讼状，要素齐全，是一份较正规的起诉状。

知识聚焦

一、起诉状概述

起诉状是法律文书中应用最广泛的一类文书，是指在诉讼过程中，公民、法人或其他组织，其权益受到侵害或与其他公民、法人或其他组织发生权益争端时，为维护自身的合法权益，向有管辖权的人民法院提出诉讼，要求依法裁判的法律文书。

在诉讼过程中提出诉讼者，即为原告，被诉讼者即为被告。原告诉讼时应向人民法院提交诉状，并具有正本和副本，其中正本一份，副本份数根据被告人数确定。根据诉讼法规定，自己书写诉状确有困难而又没有请人代书的当事人可以口头诉讼，并由人民法院制作笔录。

要写好起诉状，必须注意起诉状的以下特点：

(1) 特定的作者资格。起诉状的作者，需要具备两个基本条件：①应是纠纷案件的当事人，即必须是与本案有直接利害关系的公民或法人。如购销合同纠纷，只有本合同的供方或需方才能向人民法院提起诉讼。②应以自己的名义起诉。如父母与子女间的家庭纠纷，父亲向人民法院提起诉讼，必须以自己的名义，而不能以爱人的名义起诉。以上这两个必备条件构成了起诉状具状人的特定作者资格。

(2) 特定的写作缘由。起诉状的写作缘由有明确的规定性：或是具状人认为自身的合法权益受到侵害，或是具状人与他人发生争执，两者必居其一，起诉状才能成立，否则就不具有诉讼程序上的法律意义。

(3) 独有的法律意义。起诉状与其他诉状文书的根本区别之一是，具有引起诉讼程序发生的法律意义。一旦向人民法院呈递了起诉状，诉讼程序即告成立，起诉状的具状人即成为原告，纠纷当事人另一方即成为被告，人民法院即开始按诉讼程序审理此案。

二、起诉状的结构与写法

起诉状一般由标题、首部、诉讼请求、事实和理由、尾部、附项组成。

(一) 标题

起诉状标题一般分为两种，第一种是直接采用文种即"起诉状"作为标题；第二种是由案件的案由＋文种构成，如"李××财产纠纷起诉状"。标题位于诉状上方，居中。

(二) 首部

这一部分要写清诉状当事人的基本情况，包括原告、被告和第三人。基本情况包含姓名、性别、年龄、民族、籍贯、职业、住址及联系电话。当原被告是法人或其他组织时，应当写明单位全称和所在地址，邮政编码，法人代表的姓名、职务和电话号码，企业性质、工商登记号和账号、开户银行、经营范围和方式等。如果委托代为诉讼，若代理人是非律师，要写明委托代理人的基本情况，包括姓名、性别、年龄、职业、住址和与被告关系等；若代理人是律师，要写明律师的姓名和其所在的律师事务所。

(三) 诉讼请求

这一部分应写明原告向法院提起诉讼的目的和要求。如请求履行合同、离婚、损害赔偿、产权纠纷、追索劳动报酬，指出被告人所犯的罪名，以及向人民法院提出具体要求，请求人民法院或撤销、或变更、或强制行政机关履行的某种具体行政行为，以及是否请求行政赔偿等。要求明确具体，有多项请求的，则要分项列出。

(四) 事实和理由

事实和理由是起诉状的核心内容。所谓事实，是指原告、被告之间法律关系发生、变更、消灭的事实，应该清楚地陈述纠纷产生的时间、地点、原因及给原告造成的损失。着重论述双方争执的焦点，双方对权益争执的具体内容，被告行为造成的后果以及应当承担的法律责任，同时还要说明自己是否应该承担责任以及应当承担什么样的责任，并列出能证明事实的有关证据。

所谓理由，是指原告为何要向人民法院提出具体诉讼请求的主要依据。分析被告的行为以及造成的后果，证明其应当承担的责任，充分论证诉讼请求的合理性和合法性，并准确引用相关法律条款，为其诉讼确立法律依据。

证据名称应当规范，必须符合法律规定；要写清证据来源；涉及证人证言时，应当写明证人的姓名和联系住址。

叙述事实要客观真实；申明理由要条理清晰，有法可依；证据充分有力。

(五) 尾部

尾部主要写明诉状递送受诉法院的名称、起诉人的签名或盖章、委托代理人、具状日期等。

(六) 附项

附项一般需写明诉状正、副本份数，附送证据的名称及件数。

三、起诉状的写作技巧

起诉状作为法律文书，其目的就是维护自身的合法权益，如何在法庭的辩论中不输他人，在起诉状的写作中，要注意以下几点。

(一) 诉讼请求要明确、具体、合法

诉讼请求是诉讼所要达到的目的。目的明确，法院和被告才知道原告想做什么，以便进行审理和答辩。目的不明确，诉讼就无法进行。

诉讼请求要具体。不要笼统地写"请求法院秉公而断，保护我(原告)的合法权益"之类的话。

诉讼请求要合法。诉讼请求就是原告请求法庭批准自己对被告的要求。法庭既要维护原告的权益，也要维护被告的权益。原告要使自己的请求获得法庭批准，诉讼请求就必须合法，合乎相关法律、法规的规定。

(二) 事实要客观、清楚

起诉状的重点内容和关键部位是"事实与理由"。人民法院审理案件，以事实为根据，以法律为准绳。事实是法院审理的基础和根据，更是原告提起诉讼、实现诉讼请求的基础和前提。

叙事客观，就是要实事求是，不夸大有利于自己的情节，不缩小有利于对方的情节；也不夸大不利于对方的情节，不缩小不利于自己的情节。要如实反映事情的原委和本来面目，不可着意渲染，不能添枝加叶，更不能无中生有、捏造事实强加给被告。如果起诉状中叙述的事实不实，在法庭调查时，原告将处于十分不利的地位。

叙事清楚，一是要讲清楚案件当事人之间的法律关系，如雇佣关系、合同关系、婚姻关系、亲属关系等，为叙述案情作铺垫。二是要讲清案情各要素，即纠纷的起因、时间、地点、授权行为、侵害客体、侵害过程、侵害结果、争执的焦点等。三是叙述顺序要清楚，一般按照案件发生的自然时间顺序叙述，案情比较复杂的，也可以先概述，然后再按时间顺序叙述。

(三) 理由要有法律依据

诉讼必须有理由，这也是诉讼请求的理由。在起诉状中，事实是理由的依据和佐证，理由是从事实中得出的结论。

起诉状中的说理，以正面立论为主，以驳论为辅。其立论的中心论点为诉讼请求，要阐明为什么会提出这样的诉讼请求，依据哪些相应的法律、法规、政策以及一般的情理，得出被告行为构成侵权的结论，正面强调诉讼请求的合法性。在问明理由的过程中，要批驳被告掩饰错误、推卸责任的各种借口，并用事实予以证明。

(四) 证据要确实、充分

证据要确实，是指原告提供的证据必须查证属实，也就是证据本身还要有能证实自身真实的证明，即证明自己是真凭实据。

证据要充分，是指证据要有一定的数量，足以证明事实的客观存在。提供证据要防止孤证。

 特别提醒

(1) 请求事项要合理合法，明确具体。
(2) 叙事既要突出法律性质，又要实事求是。
(3) 证据要兼具客观性和关联性。
(4) 阐述理由要言之有物，言之成理。

小卡片 法律术语

法律术语往往有固定的解释，比如"罪犯"一词，只有当法院判决有罪之后才能用来指称被裁决的人，在此之前，只能用"犯罪嫌疑人"这样的字眼。

病文评析

起 诉 状

原告：××市××饲料厂。

住所地：××市××街×号。

法定代表人：黄××，45岁，系饲料厂厂长。

委托代理人：林××，男，42岁，系饲料厂副厂长。

被告：×市××养殖场。

场址：×市××路×号，电话：××××××

诉讼请求：索要贷款4万元，并由被告偿付利息。诉讼费由双方承担。

事实与理由：

2005年1月，被告与原告签订了购销饲料合同。合同规定，被告向原告购买国产饲料20吨，总货款为4万元，货到付款。2月20日，饲料送到后，被告不履行合同规定，以"现有钱款急于买饲料，暂欠几日，卖完鸡蛋即还"为理由，不付货款。原告因生产急需资金，故派人常驻沈阳索要，但被告均以同样理由一再拖欠，原告为维护正常生产，不得不支付利息到银行贷款。2005年5月7日被告以效益不好，连年亏损，现已转为个人承包为理由写下一纸欠据，企图继续赖账。被告既然无钱，为什么能去购买饲料？为什么能扩建场舍，修筑院墙？既然连年亏损，付不起饲料钱，为什么还要和饲料厂签订购销饲料的合同，转嫁亏损于他人？被告无理抵赖货款。与此同时，不顾他人利益，利用他人资金，扩大生产，为己赚钱，缺乏社会主义经营道德。原告系集体企业，靠贷款和职工集资生存，被告占用原告大量生产资金，使原告生产陷入危机，已无法忍受，故诉至法院，请求人民法院判令被告一次性偿付货款 4 万元。另外，按原告在银行贷款利率，每月付利息×××元至还清贷款止。

　　此致
××市××区人民法院

具状人：××市××饲料厂(章)

法定代表人：黄××(签字)

委托代理人：林××(签字)

二〇〇五年十二月七日

　　附件：1. 起诉状副本一份

　　　　　2. 法定代表人身份证明书

　　　　　3. 授权委托书一份

　　　　　4. 购销合同复印件一份

　　　　　5. 原告营业执照复印件一份

评析：

　　这是一份有问题的起诉状。问题如下：①首部被告应追加法定代表人及其基本情况。②诉讼请求不明了。由被告偿付利息一项，利息如何计算不明，可添加"利息按银行贷款利率计算，每月为×××元"；诉讼费由双方承担一项，没有明确具体各承担多少。③事实与理由缺乏有力的法律依据，可以增加"依照经济合同法第三十五条和民法通则第八十四条第二款规定"。④附项中还应列出原告在银行贷款及其利率证书、被告的欠据各一份。

任务演练

　　结合任务导航中的情境，写一份起诉书，具体要求：

1. 符合写作格式与写作规范。

2. 语言合乎法律用语要求。

3. 语句流畅，用词严谨。

知识拓展　被告与管辖法院的确定

一、被告的确定

在诉状中，起诉的当事人称"原告"，被诉的当事人称"被告"。"被告"该怎样确定，具体情形如下。

(1) 公民、法人或其他组织均可以成为被告。未成年人也能成为被告，其监护人作为法定代理人写明。

(2) 法人或者其他组织的工作人员因职务行为或者授权行为被起诉时，该法人或其他组织为被告。

(3) 个体工商户、农村承包经营户、合伙组织雇佣的成员在进行雇佣活动规定的生产经营活动中造成他人损害而被起诉的，其雇主是被告。

(4) 在行政诉讼中，被告恒定，即被告只能是做出具体行政行为的行政机关。

二、管辖法院的确定

一般情况下，基层人民法院(县、县级市、市辖区的法院)管辖第一审民事案件。对公民提起的民事诉讼，由被告住所地人民法院管辖，被告住所地与经常居住地不一致的，由经常居住地人民法院管辖。因合同纠纷提起的诉讼，由被告住所地或者合同履行地人民法院管辖。

下列民事诉讼，由原告住所地人民法院管辖(原告住所地与经常居住地不一致的，由原告经常居住地人民法院管辖)。

(1) 对不在中华人民共和国领域内居住的人提起的有关身份关系的诉讼;

(2) 对下落不明或者宣告失踪人提起的有关身份关系的诉讼;

(3) 对劳动教养的人提起的诉讼;

(4) 对被监禁的人提起的诉讼。

任务二　上诉状

案例赏析

晚清时，"杨乃武与小白菜"一案，杨三姐告状多年未果，后将诉状中"江南无日月，神州无青天"改为"江南无日月，神州有青天"，仅一字之差，让看到状子的慈禧太后改变了原来的态度，由怒变喜，平反了这件冤案。

在晚清历史中，杨乃武与小白菜一案绵延日久，冤情重重，而最后的解决得益于一字之力，从中可以看出，在写作上诉状时，字斟句酌、严谨认真有多么重要。

上 诉 状

上诉人：××百货商场

地址：××市××路×号

电话：×××××

法定代表人：林××，男

委托代理人：吴××，男

被上诉人：××服装厂

地址：××市×××路××号

电话：×××××

法定代表人：杜××，男，50岁，厂长

上诉人因销售代理合同纠纷一案，不服××区人民法院〔2006〕×法经字第 6 号判决，现提起上诉。

上诉请求：撤销原判，依法重审、改判。

上诉理由：

1. 原审认定事实不实

(1) 原审诉讼标的物系上诉人与被上诉人双方明示的未生效合同，原审主观认定为有效合同，是没有事实根据的。

第一，根据上诉人与被上诉人双方的明确约定，双方草签的合同并没有生效。2005 年 9 月 12 日，上诉人与被上诉人草签了一份销售代理合同。该合同第 7 条明确规定："本合同经双方签字并经公证后生效。"(证据一)该条款是对合同生效所附加的前提条件。根据《中华人民共和国民法通则》第六十二条规定："附条件的法律行为，只有在符合所附条件时才生效。"那么，本合同只有同时符合双方签字和经过公证两个条件时，才发生法律效力，才对双方产生约束力。但由于公证机关认为合同条款不完备，不予公证，因此，该合同缺乏所附"经过公证"之条件(证据二)，当然应视为无效合同。

第二，上诉人与被上诉人草签的合同仅是双方的初步意向，并不是双方一致认可有效的最终协议。在草签合同后，双方还就一些实质性问题进行磋商。2005 年 11 月 8 日，被上诉人曾以书面形式就代理佣金、运输费用等问题与上诉人进行新的讨价还价，提出了新的合约，并特别注明重新草拟合同时以新条款替代旧条款(证据三)。据此，说明该合同并不是双方一致认可的最终生效的合同，草签合同对双方均无约束作用。

(2) 原审将无效合同推定为有效合同，没有任何法律依据。双方已在合同中明示合同生效条件，故认定草签合同是否为有效合同必须以此为据，不应推定，也无须推定。否则，既推定合同有效，又违反合同条款，自相矛盾，不符合《中华人民共和国合同法》第六条和第十二条第二款的规定。

2. 原审适用法律不当

我国法律法规关于默示、默认的规定不适用本案。《最高人民法院关于贯彻民法通则若干问题意见》第六十六条规定的"默示"，仅指一方当事人提出民事权利的要求，另一方未作出合理答复，在一定条件下可视为默示，而本案的合同是权利与义务的混合体，故不适用。《工矿产品购销合同条例》《农副产品购销合同条例》《全民所有制小型工业企业租赁经营暂行条例》中规定的默认，严格限定为一方提出书面异议、书面通知，对方未予合理答复，在一定条件下，才可视为默认，故亦不适用于本案。

3. 原审审判程序不合法

(1) 原审庭审中上诉人当庭提出反诉，审判员不置可否，书记员不做记录。本案2006年1月3日受理，2月23日审理，5月9日判决，而判决书寄送时间是6月3日，时间长达5个月，违反了《中华人民共和国民事诉讼法》第一百三十三、第一百四十四条之规定。

(2) 审判员公然在法庭辩论阶段替被上诉人出谋划策，甚至代其辩论，违反了《执法工作人员守则》。

综上所述，原审法院认定事实不实，适用法律不当，违反审判程序。故特此上诉，请求上级人民法院查明事实真相，撤销原判，依法重审、改判。

此致

××人民法院

上诉人：盛大百货商店

20××年××月××日

(资料来源：百度网)

简评：

这份上诉状由标题、首部、正文和尾部4部分构成。首部主要写了当事人的基本情况；正文包括"上诉案由""上诉请求"和"上诉理由"3个方面的内容；尾部写明提交机关。此上诉状注重摆事实、讲道理，合理合法，论证充分。

一、上诉状概述

上诉状是民事、行政或刑事案件的当事人对地方各级人民法院作出的第一审民事、行政或刑事判决或裁定不服，按照法定的程序和期限，向上一级人民法院提起上诉时使用的文书。

按照案件性质的不同，上诉状可分为民事上诉状、行政上诉状和刑事上诉状。

写作上诉状，需要注意以下几点。

(1) 提起上诉的直接性。有权提出上诉状的必须是当事人或其诉讼权利承担人、法定代表人、特别授权委托代理人。

(2) 针对性。上诉状是针对法院第一审判决和裁定而写的，因此要直接指出原判认定事实的错误、原判理由的不充足或适用法律的错误，并有针对性地写出不服一审判决意见、看法以及自己的请求。

(3) 时限性。上诉有时间限制，上诉人必须在法院规定的有效时间内进行上诉.超过了规定时间则会被视作服从一审判决。

二、上诉状的结构和写法

上诉状一般由标题、首部、正文、尾部和附项组成。

(一) 标题

上诉状可直接用"上诉状"作标题，也可由案件性质＋文种构成。标题位于诉状上方，居中。

(二) 首部

首部需写清当事人基本情况，即上诉人和被上诉人的姓名、性别、出生年月、籍贯、职业或工作单位、住址等情况。当事人是法人、其他组织或行政机关的，还应写出名称、地址、法定代表人的情况；并在各自的后面用括号注明在原审中所处的诉讼地位，即是原审原告，还是原审被告或第三人。公诉的刑事案件无被上诉人，只写上诉人的基本情况。上诉人有法定代理人的，写明法定代理人的基本情况及与上诉人的关系。如代理人是律师，只列写姓名、职务、所在律师事务所。

(三) 正文

正文包括案由、上诉请求和上诉理由等。

1. 案由

案由是上诉人不服一审判决或裁定的事由，具体包括原审人民法院的名称、处理时间、文书编号、文书名称与上诉的意思表达等内容，行文格式一般为："上诉人因××(案由)一案，不服××人民法院于××××年×月×日(××)法×字第×号判决(或裁定)，现提出上诉。"

2. 上诉请求

上诉人提出一审人民法院裁判或裁定的不当之处，向二审人民法院说明因不服一审判决或裁定，请求二审人民法院撤销(或部分撤销)原判、重新审理和改判。是要求撤销原审裁判，全部改变原审的处理决定，还是要求对原审裁判作部分变更，请求目的需要写得明确、具体、详尽，切忌模棱两可、含糊其辞。

3. 上诉理由

上诉理由是上诉状最重要的核心部分。主要写明不服原审裁判而提出上诉的依据。包含以下 3 部分内容。

(1) 认定事实方面的错误。各种性质的案件有各种不同内容的事实，当某一案件的原审裁判在认定事实上有不实、不清、不准或者不当，或认定的事实全部错误时，上诉人就可以根据具体情况，有针对性地反驳一审法院的错误认定，陈述正确的事实，举出有关的证据，摆明其中的道理，提出上诉理由。不论何种案件，只要是认定事实上有错误，都可以根据其错误认定提出上诉理由。但所摆的事实，应当客观全面、符合实际，所讲的道理应当透彻明确、合情合理。

(2) 适用法律方面的错误。上诉人对原审裁判在适用法律上认为不当时，应当找出适用法律不当的关键所在。或者因为认定事实上有错误而不适当地引用了法律；或者因为错误地理解了法律条文而不适当地引用了法律，等等。应该在上诉状中明确指出错误援引法律的具体条款，说明其错误引用法律条款的原因，同时应说明正确适用法律的依据，以便第二审人民法院全面正确地审查。

(3) 运用程序法方面的错误。上诉人认为原审裁判是违反诉讼程序的(如应当回避的人员而没有回避，应当传唤新的证人而没有传唤等)，都可以作为上诉的理由提出。

上述 3 部分内容既可单独使用，也可综合使用。

上诉理由之后，通常的写法是："综上所述，说明××人民法院(或原审)所作的判决(或裁定)不当，特向你院提起上诉，请求撤销原判(或裁定)，给予依法改判(或重新审理)。"

(四) 尾部

尾部包括致送人民法院的名称、上诉人签名盖章和具状日期等。

(五) 附项

附项包括上诉状副本份数、证物名称件数、书证名称件数等。

三、上诉状的写作技巧

(1) 对象明确，具有针对性。上诉状主要是针对原审判决，而不是针对当事人。写作时要说清哪些地方不服，部分不服还是全部不服，为什么不服，将不服的理由写得详尽明白。

(2) 驳论为主，立论为辅，有破有立，破立结合。一般先列出不服的论点，列论点时可将判决书或裁定书中不当之处加以综合归纳，概括成几点再集中列出来，进行反驳；也可把概括出的几点，逐个列出，列一个反驳一个。反驳要针锋相对，

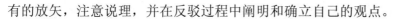

有的放矢，注意说理，并在反驳过程中阐明和确立自己的观点。

(3) 格式完整，事项齐全，语体庄重，表达准确。

特别提醒

(1) 针锋相对，有的放矢。

(2) 摆事实、讲道理，以理服人。

病文评析

上 诉 状

上诉人(原审被告)：江苏××公司，住××市××路×号，电话：××××××。

被上诉人(原审原告)：××市××有限公司，住本市××路××号，电话：××××××。

原审被告：××市××环保技术公司，住××市××路××号，电话：×××× ×××。

上诉人(下称：本司)不服苏州市××区人民法院〔2004〕海民二初字第×号民事判决，上诉的事由与请求如下：

2000 年 11 月 4 日，本司与原审被告订立《啤酒废水处理扩建工程合同书》(总包)一份，规定由原审被告总包本案之争诉工程。为了符合招投标的有关规定，原审被告委托被上诉人参与投标，并在初步确定被上诉人中标后的 2002 年 5 月 14 日，本司与原审被告、被上诉人三方订立《协议书》一份，规定一旦被上诉人中标，仍执行上述总包合同。2002 年 6 月 17 日，原审被告与被上诉人订立了《啤酒废水处理扩建工程合同书》(分包)一份。次日，三方再次订立《协议书》一份，强调如果本司与被上诉人订立的合同与上述总包合同有冲突，仍以总包合同为准。2002 年 7 月 3 日，××市××××招标投标管理办公室正式向被上诉人发出中标通知。其后，本司与被上诉人未在该通知规定时间内正式签订合同。争诉三方均按总包合同执行，原审被告对工程负技术、经济总责，本司每次付款也都是按原审被告的指令支付的。

综上所述，被上诉人无权直接向本司主张权利，请撤销原判，驳回被上诉人的诉讼主张。

此致
××市中级人民法院

上诉人：江苏××公司
二〇〇五年×月×日

(资料来源：百度网)

评析：

这是一份有问题的上诉状。主要问题有：①当事人基本情况不明。因当事人都为法人，所以都应写明法定代表人的基本情况。②过渡语中缺少"现提出上诉"语句。③事实与理由结尾处缺少总结性语言，特别是针对原审的态度，应加上"因此不存在本司与被上诉人之间的事实合同关系，本司也不是被上诉人的债务人，只有原审被告才是被上诉人的债务人"。④尾部缺少上诉人的公章与法定代表人的签字。⑤缺少附件。

任务三　答辩状

案例赏析

在旧中国的农村，一个地主看好邻地农民的土地，就不断地侵占，年年蚕食。这个农民忍无可忍，就到县衙告状。地主有钱，雇个秀才给写答辩状。状中写道：多占的土地是因为"牛奔青草，多耥一犁"。县官一看，认为有道理，地主不是故意侵占他人土地，农民为这点小事儿就来告状，纯属无理取闹，就判农民败诉。

尽管我们今天的法官不会像那位县令那样头脑简单，但这个故事也清楚地说明，诉状对是否能打赢官司起着重要作用。

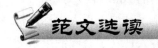
范文选读

答　辩　状

答辩人：××人民医院，院址为××市××路×号，邮编××××××。

法定代表人：辛××，院长，电话××××××。

因王××要求××人民医院人身损害赔偿一案，现提出答辩意见如下：

1. 答辩人与王××之间不存在直接的合同关系，答辩人 2003 年 6 月 10 日与××第二建筑安装工程公司订立了一份口头合同，由××第二建筑安装工程公司负责把答辩人的一个高压电表柜拆除，王××是受××第二建筑安装工程公司的委托来拆除高压电表柜的，与答辩人之间不存在直接合同关系。

2. 王××的伤害赔偿应由××第二建筑安装工程公司负责。其一，根据我国法律和有关司法解释规定，××第二建筑安装工程公司对其职工在履行合同的范围内所受到伤害应负责任，王××的伤害并不是由于合同客体以外的事物造成的。其二，受××第二建筑安装工程公司委托的王××在拆除高压电表柜的过程中，存在着严重违反操作程序的行为。

3. 答辩人对王××伤害赔偿不应承担责任。根据我国《民法通则》的规定，从事高度危险作业的人致他人损害的，应负赔偿责任。而本案中答辩人与××第二建筑安装工程公司订有合同，高度危险来源已通过合同合法地转移给××第二建筑安装工程公司。××第二建筑安装工程公司成为该危险作业物的主体。王××在操作过程中受到伤害，这是××第二建筑安装工程公司在履行合同过程中，合同客体造成自己员工的伤害行为，与答辩人无关。

综上所述，××人民医院为不合格被告，请贵院依法驳回原告起诉。

此致
××市中级人民法院

答辩人：××人民医院
二○○三年×月×日

简评：

这是一份民事答辩状，全文由答辩人基本情况、案由、答辩理由和答辩请求、尾部和附项构成。要素齐全，格式规范。

一、答辩状概述

答辩状是指被告人或被上诉人在收到人民法院送达的起诉书或上诉状副本后，在法定的时间内，针对起诉状或上诉状陈述的事实和理由，进行答复和辩解的法律文书。

答辩状可分为民事答辩状、行政答辩状和刑事答辩状。

答辩状具有以下特点：

(1) 答辩状是由被告、被上诉人提出的；

(2) 答辩状必须在法定的期限内提出；

(3) 答辩的内容是针对起诉状和上诉状而提出的。

二、答辩状的结构和写法

答辩状包括标题、首部、正文、尾部和附项 5 个部分。

(一) 标题

答辩状的标题可以用"答辩状"直接作标题，也可以由纠纷案件性质＋文种构成，如《民事答辩状》。

(二) 首部

首部表明当事人的基本情况，写于标题下方。

首先，当事人的排列顺序是答辩人、答辩人的法定代理人(委托代理人、指定代理人)。如果答辩人有两人以上，按在本案应享受权利的大小顺序排列。

其次，当事人的基本情况，应具体写明答辩人姓名、性别、年龄、民族、籍贯、职业或职务、单位或住址等内容。答辩人是法人或其他组织的，应写明法人或组织的名称、所在地址，然后写明法定代表人的姓名、职务、电话，再写企业性质、工商登记核准号、经营范围和方式、开户银行、账号。如果代理人是答辩人的亲属，应注明与答辩人的关系。如果代理人是律师，基本情况只写其姓名和所在律师事务所名称。

(三) 正文

正文包括案由、答辩理由、答辩请求 3 部分。

1. 案由

案由应当写明对何人起诉或上诉的何案进行答辩。一般用"答辩人因原告×××提起×××诉讼一案，提出答辩如下："或"答辩人因上诉人×××就×××一案提起上诉，现对其上诉内容答辩如下："的习惯用语引出正文。

2. 答辩理由

答辩理由应当针对原告或上诉人的诉讼请求及所依据的事实和理由进行反驳与辩解。通常从以下两个方面入手。

(1) 以民事实体法为依据，对原告人的起诉状内容或上诉人的上诉状内容进行辩驳。或是举证确凿的事实和证据，揭示原告人或上诉人提出的部分或全部事实证据的虚假性，进而指出起诉请求或上诉请求部分或全部不成立；或是准确阐释有关民事实体法法律条文的含义，揭示原告人或上诉人对有关法律条文的错误理解和引用，进而指出起诉请求或上诉请求不成立。

(2) 以民事程序法为依据，对原告人起诉状的诉讼程序或上诉人上诉状的诉讼程序进行辩驳。其中对起诉状诉讼程序的辩驳有 4 条思路，或依法指出原告人不具备原告资格；或依法指出原告人起诉的案件不属民事案件，不属受诉法院主管；或依法指出原告人起诉一案不属受诉法院管辖；或依法指出原告人的起诉不具备完整的起诉实体，进而指出原告人起诉状不具备诉讼程序上的法律意义，从而彻底否定原告人的起诉状。

对上诉状诉讼程序的辩驳，具体有 3 条思路：或依法指出上诉人不是本民事诉讼案的当事人及其法定代理人，不具备上诉人资格；或依法指出上诉人对一审判决提起上诉超过了法定的 15 日期限或对一审裁定提起上诉超过了法定的 10 日期限，有违法律程序；或依法指出上诉人是对二审判决或裁定提起上诉，不符法律规定，进而指出上诉人上诉状不具有诉讼程序上的法律意义，彻底否定上诉人的上诉状。

一审答辩状和二审答辩状的写作目的和方法略有不同。一审答辩状的目的是对原告的起诉进行反驳；二审答辩状的写作目的是要求二审法院维持一审裁判，驳回上诉，写作方法要采用反驳，即根据一审法院查明案件的事实和审理情况，对上诉理由逐条驳斥，证明一审裁判的正确性。

3. 答辩请求

向人民法院提出答辩人的主张和要求，即在提出事实、法律方面的答辩后，引出自己的答辩主张，对原告诉状中的请求是完全不接受还是部分不接受，请求人民法院裁判时予以考虑。

(四) 尾部

尾部一般包括答辩状致送人民法院的名称和答辩人的签名、日期。

(五) 附项

附项是对答辩状的有关材料进行造册登记，依次列写答辩状副本的份数、证据名称和件数等有关证据的情况。

三、答辩状的写作技巧

(一) 立足法律关系进行论辩

答辩状要辩明纠纷案件的是非曲直，要辩清是谁的合法权益真正受到侵害或真正受到最大侵害就必须立足于法律关系，在澄清答辩人与被答辩人之间存在的特定法律关系的基础上，进行顺理成章的有力论辩。如一购销合同纠纷案，原告供方在起诉状中指控被告需方"逾期提货"，侵害了原告如期得到贷款的权益，请求人民法院维护原告人的合法权益。被告即答辩人对此进行答辩，首先须引用双方共同签订的《购销合同》中的主要条款。明确答辩人与原告人即被答辩人之间存在的特定法律关系是：被答辩人按期交货在先，答辩人按期付款在后。在此基础上举证被答辩人"逾期交货"的事实，自然明辨出是被答辩人的违约，不履行合同，直接导致答辩人的合法权益受到侵害，"逾期提货"正是被答辩人侵害答辩人权益的证据。这样就从法理上驳倒了被答辩人的事实和理由，否定了被答辩人的起诉请求，也就能有根有据地提出维护答辩人合法权益的答辩请求。这种以法律关系为基点展开论辩思路的方式，是民事答辩状进行答辩的一种基本写法。

(二) 采用多种方式方法论证

答辩状从写作上讲是论证答辩人诉讼请求的诉状。答辩人的诉讼请求具体分为两种不同性质的诉讼请求，由此决定了答辩状须采用不同的方式论证。第一种是答辩请求，在答辩起诉状或上诉状的基础上，提出维护答辩人合法权益的请求。对这种答辩请求进行论证，需要使用驳中有立的驳论方式方法。第二种是反诉请求，在举证答辩人合法权益受到侵害的事实中，突出与起诉状诉讼标的相对抗的诉讼标的，依法提出与起诉请求针锋相对的独立请求。对这种答辩请求进行论证，需采用以立为主的立论方式方法。

(三) 持客观态度答辩

答辩不是诡辩，应有实事求是的科学态度。首先，辩驳起诉状或上诉状要诚实客观，对起诉状或上诉状中的真实情况、正确理由、合理请求应给予肯定和赞同，而不能强词夺理。其次，答辩请求反诉请求应合情合理合法，应是在作出充分的事实和法律方面答辩的基础上，自然地引证出来，而不能牵强诡辩，这样既能表现出答辩人对解决纠纷所持的诚意，又有利于纠纷案件的公正审理。

特别提醒

(1) 澄清事实，依事论理。
(2) 有法有据，以理服人。
(3) 具有鲜明的针对性和时间上的法定性。
(4) 要熟悉相关的法律条文。

> **小卡片　诉讼期限**
>
> 我国相关法律规定，被告收到人民法院送达的起诉状副本后 15 日内应该提交答辩状；人民法院收到答辩状后，应当在 5 日内将答辩状的副本发送原告；被上诉人收到原审人民法院送达的上诉状副本后 15 日内应当提出答辩状。当事人不提交答辩状的，不影响人民法院对案件的审理。

病文评析

答 辩 状

答辩人沈××，××××年×月×日收到××市××区人民法院送达的原告××区服装一厂所诉建房纠纷一案的民事诉状副本一份。现依法答辩如下：

原告在诉状中指控答辩人拆毁了原告建筑物，要求答辩人"承担一切损失"。事实是，原告因翻修厂房，在我自有房后施工，准备盖两层楼的建筑。原告施工的南墙与我的北墙相邻，距离很近。我的住房是两层的楼房，上下各三小间筒子房。第一层只有不大的一个窗子，与原告计划修建中的男女厕所窗子基本相对。因此，原告的建筑物将会遮住我室内的光线，建成后的厕所将会污染我室内的空气。为此，我多次与原告交涉，但原告根本不予考虑，仍然继续施工。我出于不得已，才拆除了原告南墙的东段(约一米长)。如果原告接受我的建议，双方平等协商，根本不会发生此事。由于拆墙的事件是由原告的无理行为引起的，因此，我不能同意原告的指控，也绝不承担任何"损失"责任。原告还指控我"纠缠领导，无理取闹，影响正常施工"。这是掩盖事实真相的不实之词。原告计划施工中的二楼是一个车间，今后将安放几十台电动缝纫机，我楼上两个窗子正好与车间相对，一旦开工生产，每天至少是两班倒，巨大的噪音将使我家日夜不得安宁。我就此向原告反映意见，原告根本不予理睬，这怎么是我"无理取闹"？原告以建筑图纸已经市规划局批准，不可随意更改为由，支持其诉讼请求。我认为这条理由是站不住脚的。规划局仅是就原告的建房请求进行审查，未必充分考虑了我可能因此而遭受的危害。凡事总难周到备至，确有不妥之处，为什么不可以通过适当的途径请求规划局作出修改呢？退一步讲，若图纸修改有困难，施工仍需按原方案进行。那么，原告也可以通过调换撤迁等办法来合理解决我的困难。这也是我向原告建议的解决办法之一。原告以"规划局已批准"为借口，连这样的建议也断然拒绝，可见其毫无解决问题的诚意。建造房屋，尤其是建造车间、厕所等应考虑到不污染环境、不影响他人的正常生活、不损害他人的健康，否则就侵犯了他人的合法权益，应当负相应的民事责任。综上所述，我请求法院维护我的合法权益。

此致

××市××区人民法院

答辩人：(盖章)

××××年

评析:

这是一份有问题的答辩状。问题如下:①答辩人基本情况没有写。②"距离很近""不大"都是模糊语言,应用确切数据说服力才强。③"窗子"过于口语化,不合适。④理由不够充分,特别是缺乏必要的法律条文的引用。⑤答辩请求不明确,"我的合法权益"具体是什么要写明,如"要求原告人改变建房设计或者为我调换相当的住房"等。⑥答辩人应签字,时间应具体到月日。⑦缺少附件。

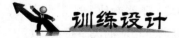

任务演练

结合任务导航中的具体情境,写一份起诉书,具体要求:

1. 符合答辩状的写作格式与规范。
2. 语言合乎法律用语要求。
3. 言辞流畅,语句通达。

知识拓展 答辩状的作用

(1) 有利于人民法院全面审理案件。原告人、上诉人向人民法院起诉之后,人民法院听到的只是"一面之词"。为了"兼听则明",公平合理地断案,人民法院按法律规定将起诉状、上诉状的副本送达被告人、被上诉人,并限期要他们提出答辩状,使人民法院能了解到两方面的情况。这对于人民法院查明案情事实,全面分析案情,分清是非,辨别真伪,恰当、准确地行使审判权,有着重要作用。

(2) 有利于维护当事人的合法权益。被告人、被上诉人使用答辩状,能够使他们充分陈述有关事实和明确提出自己的意见与理由。具有辩驳性质的答辩状,在诉讼中进行公开答辩,可以保护被告人、被上诉人的正当合法权益,使他们充分行使自己的平等权利。

训练设计

一、填空题

1. 起诉状,是案件的原告或其法定代理人为维护_____权益,依照有关法律和事实,就有关_____和_____的争执向_____提起诉讼的书状。

2. 如果原告是不满18岁的未成年人,应写明_____的姓名和职务以及_____。

3. 答辩状,是指被告人或被上诉人在收到人民法院送达的_____或_____后,在法定的时间内,针对_____或_____的事实和理由、请求,进行_____或

_____的法律文书。

4. 上诉状分为_____、_____和_____3 种。

5. 对判决提出上诉的期限为_____日，对裁定提出上诉的期限是_____日。上述期限都是从接到判决或裁定书的第_____日开始计算。

二、判断题

1. 在诉状的第一行居中应写上标题"起诉状"。（　　）

2. 民事起诉状可以附带刑事诉讼的请求。（　　）

3. 附注中，本诉状副本的份数与被告人数是相等的。（　　）

4. 要写明起诉状所递交的人民检察院名称。（　　）

5. 答辩是应诉行为，是法律赋予被告人和被上诉人的诉讼权利。（　　）

6. 我国的《民事诉讼法》规定："原审人民法院收到上诉状，应当在 5 日内将上诉状副本送达对方当事人，对方当事人在收到上诉状副本之日起 10 日内提出答辩状。"（　　）

7. 二审程序的答辩状，是被上诉人对上诉人提出的。（　　）

8. 二审程序的答辩状，是被告人针对原告人的诉状提出的。（　　）

三、问答题

1. 起诉状由哪几部分构成？

2. 写事实和理由应该注意哪些问题？

3. 上诉状、答辩状各是由案件中的什么人向什么机关提出的？

四、分析题

某公司为一合同案件的当事人，因不服地方人民法院对案件的一审判决，在一审判决书送达之日起的 15 日内，通过原审人民法院向上一级人民法院提起了上诉，并按照对方当事人的人数提出了上诉状副本。该公司的做法符合我国的法律法规吗？试结合所学知识简要分析。

五、写作题

请根据下列材料，代李某拟写一份民事起诉状。

我叫李某，男，40 岁，汉族，××市人，家住××市建设路 18 号 302 室。

我是一名自由音乐人，专门从事音乐创作。2013 年 5 月，我与朋友孙某等聚会时，无意中听到孙某的手机铃声响起，该手机音乐铃声是我创作的《星雨××》乐曲。我对此感到非常吃惊。经询问得知，××通信公司开设了一个叫"彩铃业务"的服务项目，在其网站上所有的音乐铃声都可以免费下载。听后，我随即上网查询，果然在××通信公司的网页上找到了该业务，而《星雨××》的音乐也在其上，且并未注明作者名字。该乐曲是我在 2012 年创作完成，并发表在 2012 年第 10 期《××杂志》上，同年获得本年度原创音乐一等奖。我有创作手稿和获奖证书为证。2013 年 1 月经我本人润色、配器、演奏，由××影音公司出版专辑。

我曾多次致电、致函给××通信公司，要求其停止侵权，并要求支付稿酬，均被拒绝。在交涉过程中，我还发现，"×××"网站也赫然挂着我的作品，还配有文字："知名音乐人和他的新作《星雨××》。"直接点击就可以免费下载。同时与其建立友情链接的"××"网站也在其主打网页上刊登了我的《星雨××》作品。为此，我同样与上述两家网站交涉，要求其停止侵权。但 5 次协调无效。由于他们的侵权行为，使得我《星雨××》音乐专辑的销量逐月下降，造成重大经济损失。

我要让××通信公司、"×××"网站和"××"网站停止侵权，公开赔礼道歉，并赔偿由此给我造成的经济损失。

二〇一三年十月十六日

参 考 文 献

[1] 杨靖，傅样. 新编应用写作实训教程[M]. 合肥：安徽大学出版社，2012.

[2] 杨文丰. 财经写作写作[M]. 北京：中国人民大学出版社，2014.

[3] 王首成. 应用文写作[M]. 北京：高等教育出版社，2009.

[4] 刘云兴，孙德廉. 应用文写作综合教程[M]. 北京：北京师范大学出版社，2007.

[5] 赵志强. 财经应用文实训教程[M]. 北京：科学出版社，2008.

[6] 李佩英. 应用写作实训教程[M]. 北京：高等教育出版社，2009.

[7] 卢如华. 新编秘书写作[M]. 北京：高等教育出版社，2009.

[8] 杜菁锋. 现代应用写作[M]. 广州：华南理工大学出版社，2006.

[9] 邹志生. 应用写作教程创意新编[M]. 武汉：华中科技大学出版社，2006.

[10] 潘大华. 应用文写作教程[M]. 武汉：湖北人民出版社，2007.

[11] 刘文琦. 现代应用文教程[M]. 上海：立信会计出版社，2006.

[12] 曾湘宜. 应用文写作基础[M]. 成都：西南财经大学出版社，2007.

[13] 郭雪峰. 应用文实训教程[M]. 北京：北京交通大学出版社，2009.